期货冠军的逆思维与盲点获利

老 纪 目不丁 著

图书在版编目（CIP）数据

期货冠军的逆思维与盲点获利/老纪，目不丁著．
—北京：地震出版社，2021.9
ISBN 978-7-5028-5295-5

Ⅰ.①期… Ⅱ.①老…②目… Ⅲ.①期货交易-研究 Ⅳ.①F830.93

中国版本图书馆 CIP 数据核字（2021）第 085352 号

地震版　XM4775/F（6071）

期货冠军的逆思维与盲点获利

老　纪　目不丁　著
责任编辑：王亚明
责任校对：凌　樱

出版发行：**地震出版社**
北京市海淀区民族大学南路9号　　邮编：100081
发行部：68423031　68467991　　传真：68467991
总编办：68462709　68423029
证券图书事业部：68426052
http：//seismologicalpress.com
E-mail：zqbj68426052@163.com

经销：全国各地新华书店
印刷：北京广达印刷有限公司

版（印）次：2021年9月第一版　2021年9月第一次印刷
开本：710×1000　1/16
字数：206千字
印张：17
书号：ISBN 978-7-5028-5295-5
定价：68.00元

版权所有　翻印必究

（图书出现印装问题，本社负责调换）

前　　言

　　无论是期货交易还是股票投资，大多新入市的朋友都有一种跟风心理、从众心理。跟风与从众最终必然导致亏损，因为交易市场中的赢家永远是少数人。

　　要想成为交易市场中为数不多的赢家，交易者要跳出大众，建立自己独特的思维模式与交易模式。要想成为赢家，交易者必须要实现差异化——在吸收传统智慧与学识的基础上实现自己的差异化。只有注意到了别人没有注意到的细节，思考了别人还没来得及思考的问题，拥有了别人还不曾拥有的本领，才有可能超越其他交易者。

　　为了培养大家的差异化意识，我们决定重点进行一次逆思维的培养。在与网友的交流中，大家反响很大，交流学习的气氛非常热烈。很多网友觉得，从另外一个角度看待事物，分析问题，有一种眼前一亮的感觉；从另外一个角度去思考自己的交易过程，总能发现曾经不曾注意的细节。

　　应地震出版社约稿，在大白菜、蓝天、Jacky、听风紫云、不死鸟.虹、紫岳等几位网友的帮助下，我们将这些交流内容汇集成册，希望通过逆思维的建立，让更多的朋友能够在传统的、经典的思维模式上，再进行一次突破，进行一次升级。

　　逆思维的培养是一次升级、超越之旅，也是一次画龙点睛之旅。希望广大读者朋友学习愉快，财源广进。

目 录

第一章 逆思维的交易思考

第一节 建立逆向思维模式 ······ 2

第二节 尊重市场与相信自己 ······ 8

第三节 从知道到悟道的升华 ······ 13

第四节 把握好当下，就掌握了未来 ······ 17

第五节 学习既是获取的过程，也是纠错的过程 ······ 21

第二章 正确认知市场交易行为

第一节 追杀与顺势的辩证关系 ······ 28

第二节 预测与跟随的逻辑关系 ······ 36

第三节 平仓与反向开仓的前因后果 ······ 44

第四节 如何拥有期货交易的"后悔药" ······ 51

第三章　扭转传统的操作思路

第一节　对力竭阳线的分析与相关操作技巧 ………………… 60
第二节　对力竭阴线的分析与相关操作技巧 ………………… 69
第三节　对趋势反向突破的分析与相关操作技巧 …………… 79
第四节　对平台反向突破的分析与相关操作技巧 …………… 86
第五节　对箱体反向突破的分析与相关操作技巧 …………… 94
第六节　对重要价格反向突破的分析与相关操作技巧 ……… 101

第四章　指标的逆向思维与使用

第一节　金叉不看多，死叉不看空的逆思维 ………………… 110
第二节　上涨不做多，下跌不做空的逆思维 ………………… 119
第三节　压力位做多，支撑位做空的逆思维 ………………… 127
第四节　通过把握外强中干的逆向涨跌获取利润 …………… 135
第五节　跟随突破之后的逆向波动寻找机会 ………………… 142
第六节　通过指标的趋势变化看懂期价涨跌 ………………… 150
第七节　运用旋转分析法打破传统思维模式 ………………… 158

第五章　平仓的交易思维与技巧

第一节　减亏与平仓的交易思维 ……………………………… 166
第二节　获利与平仓的交易思维 ……………………………… 172
第三节　阻力与平仓的交易思维 ……………………………… 178

第四节　形态与平仓的交易思维 …………………… 184

第五节　判断与平仓的交易思维 …………………… 190

第六节　目标与平仓的交易思维 …………………… 196

第七节　环境与平仓的交易思维 …………………… 202

第八节　状态与平仓的交易思维 …………………… 208

第六章　关联品种分时盲点获利法

第一节　关联品种盲点获利交易基础 ……………… 216

第二节　关联品种共振跟随获利技巧 ……………… 226

第三节　关联品种共振逆向获利技巧 ……………… 235

第四节　关联品种双向保护获利技巧 ……………… 243

第五节　关联品种分时盲点获利综述 ……………… 252

附　录　短线交易成功的秘密是什么？ ……………… 259

后　记 …………………………………………………… 263

第一章　逆思维的交易思考

学习与思考二者必须结合起来，不可偏废。单思不学，会变成空想、妄想；单学不思，会变成书呆子。我们不需要书呆子，也不需要妄想家。我们希望大家能够勤学习，常思考，明辨是非，正确理解和掌握逆思维与传统交易的辩证关系。

第一节
建立逆向思维模式

网友：听大家说，近期老师要给我们"洗洗脑"，要传授逆向思维模式，非常期待，就是不明白准备怎样"洗脑"，如何"洗脑"。

老纪：呵呵，有些夸张了，不至于"洗脑"，只是想通过一些操作案例开拓一下大家的思维宽度，对一些实战小技巧从另一个角度进行解析，让大家学会多方面看待和分析问题，这样有利于大家更好地形成独立思考习惯，避免形成羊群效应的交易习惯。同时，在培养自己的交易风格时，不断丰富交易技巧，逐步培养理性的交易习惯，再通过不断磨合，建立和完善属于自己的交易系统。

网友：用逆向思维模式考虑问题，是不是要求我们先摒弃那些传统的思维模式，不再使用大家都知道和认可的那些操作方法呢？

老纪：不是的，大家一定不要误解。

我们近期将重点用逆向思维模式考虑问题、分析问题，这并不是要否定传统和经典的分析思路。无论是以前咱们学习交流过的，还是被广大交易者认可，交易大师总结后流传下来的那些东西，都是宝贵且不能够遗忘的。

在后面的章节中，我们会学习到"金叉不看多，死叉不

第一章
逆思维的交易思考

看空""上涨不做多，下跌不做空""压力位做多，支撑位做空"等等逆向思维模式。我们知道，"金叉多，死叉空""追涨杀跌""遇到压力做空，遇到支撑位做多"这些是多少交易大师总结的经典理论，是经过多少次市场验证的传统技巧，可以说这些是市场给我们留下的宝贵交易经验。

但是，有过丰富交易经历的投资者一定知道，如果按照这些经典的交易理论来进行实盘交易，效果是不会很好的，亏损是会时常发生的。

网友： 是啊！我也深有感触，经典的东西确实经典，但是感觉用起来并不是非常得心应手。

老纪： 我们来看几个问答。

问：这些经典的交易理论是错误的吗？答：可以肯定地回答，不是！

问：我们按照这些理论来操作能够获利吗？答：准确地说，仅仅依靠这些就想实现持续盈利，是不可能的！

问：那这些经典理论重要吗？答：非常重要，是每位投资者必须要学习和掌握的东西。

问：那我们应该怎么办呢？答：把这些经典的传统理论作为基础，然后在此基础上进行升华，做到既能够遵守经典，又能够超越大众。

网友： 我知道了。经典交易理论是大师们的经验，是前人经过多少次的失败总结出来的真理，所以要遵守；而大众交易者大多是亏损的，所以不能和他们一样思考问题，要超越大众。

老师是想通过逆向思维模式的建立，让我们在传统的、经典的思维模式上，再进行一次升级，看到问题的另一面，学会从另外的角度发现别人不容易发现的东西。

老纪： 是的。在期货交易市场中，只有你掌握了别人还不曾掌握的，考虑了别人没有考虑的，拥有了别人还不曾拥有的本领，才有可能超越其他交易者，成为赢家。

所以，逆向思维模式是一次升级，是一次超越，是一次画龙点睛之旅。

禅宗大师青原行思提出参禅的三重境界：参禅之初，看山是山，看水是水；禅有悟时，看山不是山，看水不是水；禅中彻悟，看山还是山，看水还是水。

期货交易亦然。

网友：我觉得我现在应该属于第一重境界：看山是山，看水是水。要想提升，我还真得跳出圈子，向第二重境界迈进：看山不是山，看水不是水。不知何时，我才能达到第三重境界。

老纪：无论是期货交易还是股票投资，很多人都有一种跟风心理、从众心理。跟风与从众使交易者总认为自己在做正确的事情，但总是在不断亏损。

要想成为交易市场中的赢家，交易者就要跳出大众，建立自己独特的思维模式与交易模式。当然，这不是要求大家与一些传统的经验逆着干，更不能有敌对心理，而是要实现差异化——在智慧与学识基础上的差异化。

我们来举三个逆向思维的例子。这三个例子大家可能都听说过，是比较经典的逆向思维的例子。

故事一：

法国有个女高音歌唱家，她有一个美丽的大花园。周末，常有人在里面郊游，留下一片狼藉。管家想尽办法制止，可无济于事。最后，女歌唱家写了一块牌子，立在花园门口。从此，人们就不再进来了。

当大家猜测这块牌子上写了什么时，有的说是"本园不对外开放"，有的说是"进园罚款"，也有的说是"园内有猛兽，请勿进入"……

然而答案是：请注意！如果在园中被蛇咬伤，距此最近的医院有50多公里，驾车要半个小时。

故事二：

司马光跟小伙伴们在后院玩耍。院子里有一口大水缸，有个小孩儿爬到缸沿上玩，一不小心，掉到了缸里。缸大水深，眼看那孩子快要沉下去了。别的孩子一见出了事，吓得边哭边喊，跑到外面向大人求救。司马光却急中生智，从地上捡起一块大石头，使劲向水缸砸去。"砰！"水缸破了，缸里的水流了出来，水里的小孩儿也得救了。

故事三：

古代，一位母亲有两个儿子，大儿子开染布作坊，小儿子做雨伞生意。每天这位母亲都愁眉苦脸，天下雨了怕大儿子染的布没法晒干，天晴了又怕小儿子做的伞没有人买。一位邻居开导她，叫她反过来想：雨天，小儿子的雨伞生意做得红火；晴天，大儿子染的布很快就能晒干。逆向思维模式使得这位老母亲眉开眼笑，活力再现。

这三个故事虽然古老，但是经典，被很多学者引用到各类书籍和演讲中。故事中有智慧的逆思维，也有心态的逆思维。故事中的主人翁通过使用逆向思维模式，对事物的认识更加深入，创造了神奇的效果。

在期货交易中，交易者也可在一些传统的走势分析中，加入逆向思考的元素，开阔思路。

网友：我明白了。也就是说，并不是真正要通过"洗脑""洗"掉以前学习的传统的操作方法和积累的经典操作经验，而是要通过使用逆向思维模式深化对期货交易的认识，从更深层次、另一个角度来解读期价波动的内因。

老纪：在这里我要重点强调一下：在后面的学习中，我们可能会对一些传统的交易思维进行颠覆，这也是在与投资者的很多次交流中，我们所说的一些想法不被认可的重要原因。但是，正是在不被大众所认可的东西中，才有真东西，才显真功夫。

要想正确接受后面我们所要学习的东西，交易者必须具备以下几个条件。

一是要有一些基础的市场知识，明白那些被市场认可的经典理论，学习过我们以前学习的那些方法技巧，知道那些被大师奉为军规的交易信条。

二是要有交易阅历，有过收获，有过失败，有过感悟，对市场有自己独立的思考。

三是曾对书中提到的经典理论有过解读，最少能够抓住要点，知道是什么，在实盘操作中对这些知识点有过感触则更好。若不了解、不知道，那么交易者必须通过互联网或其他方式进行补课。

四是在使用逆向思维模式的同时，要告诉自己对传统理论的学习还必须延续。要明白，我们是通过使用逆向思维模式来跳出大众的，而不是来推翻经典的。

五是要有空杯心态，敢于放弃自己的观点，乐于接受别人的方法，择优吸纳。千万不要抱着批判的态度来看待问题，而是要持沙中淘金的态度。

只有这样，我们接下来的学习才不会对大家造成误导，因为逆向思维模式不一定适合各个交易阶段的投资者。只有经历过，才会引起共鸣，才会懂我们想说什么，而不是只看到我们说了些什么。

对适合的投资者来说，我们的交流是一剂良药，但是对不适合的投资者，也许会让他们一头雾水，弄不好还是一剂毒药。

但是，要想成为交易高手，交易者必须要经历这个跳出大众、逆向思考的交易过程。若你现在需要这剂良药，一定要认真学习领会其内涵。若你现在暂时还不需要这剂良药，只要你想成为交易高手,请保留这些内容,希望在你需要的时候,我们后面的交流能够对你有一定的帮助。

网友:我感觉我非常需要这剂良药,而且对于这种学习模式,我非常感兴趣,我想一定会对我的交易思维模式有很大的提升作用。

老纪:只要你认真学,用心悟,就一定能够从第一重到第二重,再到第三重境界,成为高手。

网友:我有信心,谢谢老师的鼓励。

网友大白菜的笔记

逆向思维模式是一次升级,是一次超越,是一次画龙点睛之旅。

要想成为交易市场中的赢家,交易者就要跳出大众,建立自己独特的思维模式和交易模式。当然,这不是要求大家与一些传统的经验逆着干,更不能有敌对心理,而是要实现差异化——在智慧与学识基础上的差异化。

在期货交易中,交易者也可在一些传统的走势分析中,加入逆向思考的元素,开阔思路。建立逆向思维模式,并不是真正要通过"洗脑""洗"掉以前学习的传统的操作方法和积累的经典操作经验,而是要深化对期货交易的认识,从更深层次和另一个角度来解读期价波动的内因。

第二节
尊重市场与相信自己

网友：期货的波动有时候真的很倔强。种种信号表明要涨了，结果却出现了下跌；有时候明明符合下跌的各种条件，却迟迟不下跌。真是倔强的期货。

老纪：呵呵，哪里有必须要上涨的走势？又怎么可能找到必须要下跌的条件呢？

如果真的有，我们能够提前把握住这些，那不就成神仙了？期货的市场波动是不可能完全被掌控的，百分之百预测正确只是一种奢求。

网友：其实，我也明白这个道理，就是总是不甘心，看来还是不够成熟啊！发发牢骚，老师别见怪啊！看来我需要进一步地做心理辅导喽！

老纪：我们反复强调，我们交易的只是一种大概率事件，通过运用大概率的操作模型，辅以相对科学的交易策略，从而实现相对较大概率的盈利。相信大家都应该掌握了。

网友：是的。这种交易模型我是比较认可的，也一直在完善自己的交易系统。尊重市场，相信自己，这两句话我也作为座右铭牢记，可自己就是不争气，总是不能理性看待问题，总是容易激动和抱怨，以后一定改正。

老纪：能够发现自己的问题，并认识到问题的严重性，这是好事呀！

市场的波动涉及很多因素，众多的参与者是最大的不确定性因素。要时常告诫自己什么事都可能发生，我们只有尊重市场走势，跟随市场波动，才能够处之泰然，安之若素。

网友：如何理解尊重市场这个理念呢？

老纪：我们常说，市场走势既符合一定的规律，也有一定的偶然性，其实，归根结底是符合市场波动根本法则的。

我们所看到的那些所谓的特殊、异常的走势，并不是不符合市场波动的规律，而是我们不能够有效掌握，了解不全，解读不对全部的市场信息，而造成了错误的分析结果。

我始终认为，如果某交易者能够把这些影响市场波动的信息全部正确解读，就可以正确预测市场波动，成为市场行情的预言家。但是，实际上能够做到这一点的人是不存在的，只是有的投资者这方面的能力相对强，有的相对弱些，谁也不可能完全做到。

网友：有时候，市场明明是向上的多头市场，如果政策面突发利空，影响了市场波动，那么这些不可控的事件是不是就属于偶尔发生的特殊事件？

老纪：所谓的全部信息，不仅仅包括市场交易标的物的供求变化信息，还包括经济形势、金融货币、经济波动周期、政治因素影响、市场交易者的情绪变化等信息，只不过这些信息有所谓的关键信息和次要信息之分。

有的信息在某一个时期对市场的影响相对大一些，而有的会相对小一些。

比如在关键的技术位置，市场的变化会引起投资者的恐慌，那么此时对市场短期影响最为严重的可能是投资者情绪这一因素。而供求变化对市场的影响可能会相对长久一些，经济波动周期对市场的影响会相对理性一些，这些都要分类别、分时段地进行区别对待。

你所说的政策面突发利空对市场造成巨大影响，当然也属于影响市场变化的信息之一。我们之所以认为这些信息是突发的，是因为我们没有能力提前了解到这些政策信息，不能够正确解读这些信息。

如果我们能够对政策信息有正确的解读，预测到了这条消息，那么会是怎样的结果呢？

网友：也就是说，市场的变化让我们出乎意料，主要是因为我们还有很多信息不知道。

老纪：是的。就拿自然灾害来说吧，自然灾害突发的时候，必定会对市场相关品种造成影响。有的投资者觉得，这些因素是突发的，影响了市场变化，是具有一定偶然性的。

其实，我们完全可以换个角度来思考。

如果我们的能力足够强大，掌握的信息足够多，具备预测这些自然灾害的能力，就可以让这些自然灾害的发生变成可预知的，提前知道市场会怎么变化。

为什么做不到？还是因为没有人具有掌握所有信息的能力。

网友：对啊！要是我们能够在地震来临之前预测到地震发生的时间、地点、烈度，就可以提前对地震所影响到的相关品种进行布局，盈利就容易多了。关键是我们现在做不到，我们不具备这些能力，还掌握不了这些信息。

老纪：呵呵！就算大家都掌握了这些信息，那么这些信息会怎么传播？会影响到什么样的人？多少人会因为这些信息进行操作？这些人又掌控着多大量的资金？……所有的信息覆盖面太大了，我们是根本不可能全部了解和照顾到的。

网友：那我们应该怎么办呢？

老纪：尊重市场走势。

第一章
逆思维的交易思考

一定要从根本上认识到市场的波动是正确的，是符合其波动规律的，我们只能对市场的波动进行分析判断，而不要怀疑市场走势。市场波动与我们的分析判断出现不同的时候，不是市场错了，要么是我们的能力有问题，分析错了，要么是我们了解到的信息不是当前影响市场变化最主要的信息。

要先跟着市场走，再分析、判断、预测。

网友： 跟着市场走是第一步，在此基础上再不断调整自己的交易思路，进行判断和交易。

老纪： 我们在尊重市场走势的同时，还必须做到有交易自信。

要相信自己，敢于执行自己的操作计划。如果市场波动方向与我们的分析方向发生了偏离，市场没错，我们也不一定是错的。要想交易，就必须要有容错能力。

一个正确的交易模型中，必定会有相对应的容错机制。我们以前说过的短线持续盈利十二字秘诀是什么？你还记得吗？

网友： 我记得，是"胜多败少，小亏大盈，持续增值"！

这十二个字我们曾经详细地探讨过，后来收录在"短线快枪手"系列丛书中了。

老纪： 虽然这十二个字比较适合短线交易，但是它也说明了亏损是盈利的一部分。只能接受盈利，而不会正确地面对亏损、处理亏损，是不行的。

我们与大家交流的每一个技巧、方法都不会有百分之百的成功率，只不过用对了获利的概率会相对大一些而已。我曾经遇到过一些交易者，当告诉他一种交易方法后，他没做多久就不再坚持了，问他原因，得到的回答是："有时候还行，有时候不准。"

是的，不可否认，我们只能够掌握一些"有时候还行，有时候不准"的交易方法。但是，这些方法已经可以让我们实现持续盈利了。

我们不能放弃对更高、更快、更强的追求,但是我们既然进入了这个市场,就要勇敢地面对当前我们所具备的能力,不能唯唯诺诺,更不能患得患失。

敢于对错误进行及时纠正,用相对正确的分析,让我们的操作更接近市场的真实走势?少一些抱怨,少一些怀疑,多做一些功课,逐步地完善自己的交易系统,只有这样,我们才能心平气和、理智地进行交易。

网友：好的。我一定严于律己,保持身心健康,努力提高交易境界,增长交易智慧。

网友大白菜的笔记

我们交易的只是一种大概率事件,通过运用大概率的操作模型,辅以相对科学的交易策略,从而实现相对较大概率的盈利。

市场的波动涉及很多因素,众多的参与者是最大的不确定性因素。要时常告诫自己什么事都可能发生,我们只有尊重市场走势,跟随市场波动,才能够处之泰然,安之若素。

但是,同时我们还要有自信,要相信自己,敢于执行自己的操作计划,敢于对错误进行及时纠正,用相对正确的分析,接近市场的真实走势,只有这样,才能心平气和、理智地进行交易。

第三节
从知道到悟道的升华

老纪：知道是表，悟道是里。只做到知道，道永远是别人的；只有做到悟道，道才有可能是自己的。

初入风险交易市场时，我们可能什么都不知道，不明白什么是 K 线，不明白什么是多空，不明白涨跌的原因，甚至连如何开户，如何买卖都不知道。

只要进入了交易市场，想要进行股票或者期货交易的交易者，就必须要学习，必须要从不知道到知道。无论是通过哪个渠道学习，只有将不知道的基础知识了解了、知道了，才能真正地成为一名踏入风险投资市场的初级交易者，才能顺利地完成每一笔操作。

网友：刚开始买股票的时候，我什么都不懂，一步一步地学习。股票投资是我进入风险投资市场的第一步，然后经过这么多年的学习，才拥有一些属于自己的东西。

老纪：当我们能操作了，要想盈利，还要继续学习提高，从不知道价格为什么会涨跌，到知道价格涨跌的基本原因；从不知道什么是技术指标，KDJ、RSI 各自代表什么意思，到知道这些指标的基本含义；从什么技术分析方法都不知道，到学习并且了解了一些自己认可的技术分析方法。

这时候，我们才能算一名可以独立完成交易的初级交易者。但是，此时亏损可能时刻伴随左右。

网友：我也有同感。这是初学者必走之路，这些基础知识不知道不行，知道了也不一定行。有很多用法和技巧自己总结不来，学习别人的需要验证，有时候还用不好，总觉得没有那么好的技术指标和方法。

老纪：成长中，有很多弯路是必须要走的，只不过有的人走弯路的时间久些、长些，而有的人会更快地走出误区。一些经典的理论、方法不知道还真不行，知道了想靠这些来盈利也不一定行。

要想学会打架，就必须要先学会挨打，扛得住别人的攻击，掌握一些基本的攻击对手的要领。在这之后，你虽然学会了打架，但是还算不上高手。有一天，你成为高手以后，会发现还是要能够扛住别人的攻击，还是要把握以前所知道的那些攻击对手的要领，只不过理解的程度不一样了。

网友：是的。很多事情都是这个过程，打球、跳舞、处事、做人等等，入门容易，要想成为高手，就需要不断地用心努力了。

老纪：风险投资更是这样。要想盈利，就必须用心。要想成为市场中少数的成功者，就必须掌握别人没有掌握的方法，思考别人考虑不到的问题。别人的经验是用时间和金钱换来的，我们现在有很多渠道可以通过学习别人的经验来提升自己，这样可以少走很多弯路，这是前辈们所不具备的优势。

当我们知道了这些以后，就需要进行悟道了。

网友：也就是从表到里地学习和体会。

老纪：是的。小时候，父母和老师教了我们许多为人处世之道，当时并不知道里头的道理，模仿着学习；懂事后，知道了其中一些道理的含义，然后在不断的成长中从这些道理中悟出一些属于自己的真理！

任何知识的获得都是这样的。当你知道一种方法、一种技巧后，你可能觉得它对，也可能觉得它不对，但只要记住了，就可以拿来使用。但是要想成为自己的，你需要不断地去总结，再寻找更适合自己的。

有的投资者喜欢照搬别人的东西，通过看书、参加学习班了解到一些所谓的好方法后就拿来用，不思考、不消化、不吸收怎么行？不知道这些人是否认真想过：哪里有一劳永逸的事情？这个市场中不可能存在完全适用任何时期的好方法。

市场在不断地变化，参与市场的投资者在不断地变化，交易的大格局也在不断地变化，只明其表的学习是不可取的，今天你用这种方法可以盈利，以后呢？

网友：真是这样。如同人生，总是要经历从知道到悟道的过程，最初凭借感性认识，只是流于表面的"知道"，经过一段时间的沉淀，却发现事情并非所想的那样浅显。

老纪：在悟道的过程中，我们要想对知道的东西进行过滤，需要去观察，需要用心去感悟，需要挖掘其内在的原因。悟道是一个非常难的阶段，但也是快速提升水平的阶段。

我们可能永远达不到"菩提本无树，明镜亦非台。本来无一物，何处惹尘埃"的境界，但是我们必须要明白其中的道理。

听到的知识，是别人悟出的道理，模仿照做，永远是别人的。只有去实践，去领悟，领悟了其中的道理，才能够变成自己的，才能够正确应对。

当你领悟了每一种技巧、方法的使用原则，明白了为什么要在这个时候应用的时候，使用起来才会得心应手，才能够使其不变形、不走样。

接下来需要的是执行力，执行到位才是关键。关于执行力，我们以前多次讨论过，这里就不再详细讨论了。

网友： 好的，我一定从表到里地学习和体会，争取早日做到悟道。

网友不死鸟·虹的笔记

知道是表，悟道是里。只做到知道，道永远是别人的；只有做到悟道，道才有可能是自己的。

要想盈利，成为市场中少数的成功者，就必须掌握别人没有掌握的方法，思考别人考虑不到的问题。

听到的知识，是别人悟出的道理，模仿照做，永远是别人的。只有去实践，去领悟，领悟了其中的道理，才能够变成自己的，才能够正确应对。

当你领悟了每一种技巧、方法的使用原则，明白了为什么要在这个时候应用的时候，使用起来才会得心应手，才能够使其不变形、不走样。

第四节
把握好当下，就掌握了未来

目不丁：问你个问题：期货交易中，你觉得预测未来走势和把握当下操作哪个更重要？

网友：我觉得两个都重要，哪个都不可缺少。要是我选择的话，我两个都想做好，两个都想学好。

目不丁：够贪心的了。哈哈！

网友：哈哈，是有点儿贪心。不过真的是迫切地希望自己能够管好自己的操作情绪，把握好当下操作，也能够预测好未来。

目不丁：很多人都把预测作为技术目标，希望能够通过自己的分析预测未来期价波动的方向和幅度。其实，预测是一件比较有难度的事情。毫不夸张地说，在期货交易市场，只要你能够准确预测下一秒的波动，就可以成为赢家；拥有预测下一分钟走势能力的交易者，就可以致富。

我们可以向这个方向努力，但是更为重要的是，要在当下做正确的事情，做应该做的事情。只有处理好了当下的操作，才有可能让对未来的预测与自己的当下操作保持同步。

网友：确实有这种情况，本来自己的分析预测与市场走势同步，却因为当下的操作处理不当而形成了错误的操作。我也经常听到其他交易者说：看对了方向，做错了单子。

目不丁：其实预测不是很难，难的是如何使自己的分析预测与实际操作保持同步，让自己的所想跟所做达成共识。

只有在交易中把握好当下，不受情绪的影响，做应该做的事情，做正确的事情，才可能让预测为交易服务。

把握好当下，要求我们不留恋过去。过去我们做过的交易，无论是对是错，对我们当前的操作有利还是不利，我们都要忘掉。我们只需要思考现在应该怎么做，现在做什么才是正确的，现在就做应该做的事情。

比如，我们正在做多，而现在市场的盘面传递给我们的信息是进一步下跌，那么无论我们已经被套多少，都要尊重当前我们的分析结果，而不要有亏损了不能离场，盈利了就可以离场的想法。

在与一些投资者的交流中，我发现有些投资者在咨询某只股票走势时会说："我是××元的成本，被套了应该怎么办？还能够解套吗？"

其实，这些并不是我所关心的，我关心的是你的交易习惯是什么，你有多大的资金量，是投机者还是价值投资者，是看中了这家企业的成长，还是出于近几个交易日盘中资金博弈的性质，短线杀进去，博取个价格短差。

这些才是影响你如何操作的关键因素。

网友：呵呵。我以前也这样，向老师请教的时候总是想知道下一步价格是涨是跌，能否解套，能获利多少。

现在我明白了，不同的交易预期是需要采用不同交易方式的。

目不丁：是啊！若你是长线的价值投资者，看中了某家企业的成长性，买入该企业的股票进行价值投资，你问我该股票后市操作，我分析出近两周该股要下跌，然后让你卖出，下跌两周后股价慢牛上涨，你不骂我才怪呢。

若你买入某只股票的原因是看出了该股做多力量突然入

第一章
逆思维的交易思考

场，想博几毛钱的短线利润，我觉得该股业绩不错，告诉你可以持股，此后股价连续跌个三五天，你就该说我的不是了。

网友： 可不是嘛！真是这样的。

目不丁： 把握好当下，要求我们做好现在应该做的事情，制订的交易计划的止损条件在当下被触发了，就无条件地止损好了。就算止损后后期价格再次回到一个对你有利的波动范围内，那也不值得懊恼。

如果你连当前应该做的事情都做不好，那么还如何保证后期价格对你有利的时候，你能够克服贪婪而做正确的事情？

处理好当下的事情，也是为了培养良好的交易习惯，为让我们拥有一个健康的交易心态做铺垫。没有良好的交易习惯，操作起来总喜欢左顾右盼、瞻前顾后、犹豫不决，无论你怎么操作，都会认为是不完美的，是不对的，这样你就会天天在懊悔中交易，天天在郁闷中度过，最终乱了心态。

网友： 其实，赚钱的道理和技术，大多数人都是很容易弄明白的，难在对自己心态的控制上，难在对情绪的控制上。

我记得在老纪的一本书中看到过这句话："每一次的操作都是错误的。"为了说明这个观点，他用了一节的篇幅。刚开始我还不理解，后来一琢磨还真是这个道理。如果总是这么懊恼，交易者就把握不好当下，就算拥有了预测未来走势的能力，也会在复杂、混乱的不良心态驱使下，实现不了盈利。

目不丁： 是啊，这就是看对了方向而做错了单子的直接原因。

如果把握不了当下，就休息。休息时做好功课，跟随市场寻找机会就可以了。

如果连当下的事情都处理不好，那还谈什么预测未来。把当下的交易处理好了，一步一步地按照预测来操作，就等于掌握了未来。

网友： 把握好当下，就掌握了未来。

网友 Jacky 的笔记

预测不是很难,难的是如何使自己的分析预测与实际操作保持同步,让自己的所想跟所做达成共识。只有在交易中把握好当下,不受情绪的影响,做应该做的事情,做正确的事情,才可能让预测为交易服务。

如果把握不了当下,就休息。休息时做好功课,跟随市场寻找机会就可以了。

如果连当下的事情都处理不好,那还谈什么预测未来。把当下的交易处理好了,一步一步地按照预测来操作,就等于掌握了未来。

第五节
学习既是获取的过程，也是纠错的过程

网友：我自己深知在风险交易方面知识匮乏，只有通过不断学习，才能够掌握更多的东西，才有可能成为交易高手。我已经下定了决心，也制订了长期学习计划，我相信一定能够成功。

老纪：风险交易和风险投资其实并不适合所有人，也并不是拥有了非常多的知识才可以盈利，或者说，必须要拥有大量的风险交易知识，才能够成为优秀的交易者。有些人的风险交易素质是与生俱来的；有些人的脾气秉性已经根深蒂固，根本无法适应风险交易对心理素质的要求。

如果只想成为期货交易市场中的一名盈利者，有的人不需要掌握非常多的交易知识；有的人掌握了期货交易市场所有的知识，也不能够盈利。

但是，要想在期货市场实现长期盈利，基本的交易知识和交易素质是必需的，而且要不断地补充新知识，适应新的市场环境。

当然，要想成为高手，交易者必须要有一个成长的过程。在这个过程中，少不了不断学习。

任何一名交易者，无论他是新手还是老手，无论他是高手还是低手，都需要不断地学习——学习新的市场行为，学习新的交易规则，学习新的技巧、方法。市场是在不断变化

的，交易者只有随着市场的变化不断地完善自己，适应市场，才有可能长期持续盈利。

网友：我也知道学习的重要性，但是有时候比较茫然。学习有没有什么好的方法？重点学习什么、掌握什么？

老纪：我对学习的理解是：学习首先是一种知识积累的过程，是对自己交易能力提升的铺垫；其次，学习是一种纠错的过程，对自己交易中的错误习惯、错误方法进行不断纠正，通过不断完善，形成正确的交易习惯。

第一，要明白你需要什么，学习你需要的。

风险投资方面的知识太多了，要想全部掌握实在是太难了，也没有必要。我们只需要根据我们所做的事情，寻找自己需要的，学习那些对自己有用的就可以了。

网友：也就是说，不能学杂了，对吧？

老纪：可以这么说。十八般兵器你不需要都掌握，只要将一两个称手的用得出神入化就可以。要想成为武林高手，你也不需要熟知所有的拳路，有几个绝招就能够成为高手。

专心做趋势的，认真研究好趋势就可以；做超级短线的，就专注研究短线，拥有良好的盘感才是必需的。

网友：是的。对一些基础的知识进行补充，然后规划自己的学习路线，不能别人学什么自己就学什么，别人做什么自己就眼红。

老纪：第二，不能急于求成，要坚持学。

学习不是一天两天的事情。有些经验需要积累，有些感觉需要慢慢培养，有些认识需要在吃亏后才能够刻骨铭心。很多过程是不可缺少的，缺少了就会在后期市场交易中给你补课。

我们说过风险交易市场时刻都在变化——交易的对象在变化，交易的大环境在变化，大家的交易风格和对风险交易的认知在变化,所以想要"一招鲜吃遍天"是不现实的。

今天你能够盈利,不代表你的方法可以让你一直盈利。今天你适应了市场,不代表你能够永远适应市场。交易者必须要在不断学习和更新中,逐步地提高自己。

网友: 所以我特别喜欢跟着老师学习,因为老师不仅仅告诉我们一些方法,还将这些方法的前因后果说得清楚明白,让我们知道为什么这样做,为什么采取那样的对策。这样就算是市场变了,也能够正确应对。

老纪: 第三,学习别人的经验和方法,形成自己的认识。

学习别人的经验和方法可以让自己少走很多弯路,可以缩短在市场中自我摸索的时间,但是,别人的永远是别人的,不一定完全适合你。你可以照搬,照搬可以让你盈利,但是,你不可以长期照搬别人的,那样你就会永远被别人牵制,怎可能实现长期盈利?

方法再好,不适合自己,也是没有意义的。

谁也不可能替你总结,谁也不可能替你制订方法,所以有了别人的经验与方法之后,一定要学会形成自己的东西。只有形成了自己的东西,你账户里面的盈利才是你自己赚取的,是属于你自己的资产。

网友: 这点我深有感触,完全照搬别人的方法,总觉得心里不踏实和没把握。把别人的方法理解透了,对自己的操作习惯进行适当修改后,什么时候止损,什么时候开仓,有理有据,感觉非常有底气。

老纪: 第四,不能人云亦云,要正确认识自己。

自己适应什么样的操作步调,能够承受多大的风险压力,资金状况如何,操作习惯如何,这些只有自己最了解。

每位交易者都是一个独立的个体,就如同医生给病人看病,有大的通用的诊断方向,但是细节必须要因人而异,因个体病症不同而制订不同的医治方法。大的交易方向和原则是每个交易者必须要遵守的，但是每个人应该选择怎样的交易方法，必须要在正确认识自己的基础上做正确选择。

第五，要善于完善和升级。

要在交易中不断地总结，然后对自己的交易系统进行完善，使交易系统在实践中得到检验和升级。

只有不断地完善和升级交易系统，才能够让交易盈利水平不断地提高。

网友：其实，当自己不前进，别人都在前进的时候，就等于自己后退了。大家都在提高，或者说其他交易者都越来越聪明了，自己不变得聪明点儿就等于变笨了。呵呵。

老纪：第六，要敢于摒弃老传统。

这一条要求我们既要传承一些宝贵经验，又要敢于摒弃一些不适合自己或者被市场淘汰的技巧和方法。

只有善变，才能应变。

总之，学习是一种自己与市场相适应的过程，也是一种纠错的过程，改掉自己不适应市场、不能在市场中实现盈利的坏习惯、错误的思维模式、错误的交易方法，建立正确的、适应市场、适合自己的交易模式，就可以了。

不要把期货交易想得有多难，想得有多神秘，若不能盈利，只是没有找到窍门而已。

网友：谢谢老师。我正在严格按照培训计划进行自我练习，并且启动了纠错程序。我相信，只要按照这个路子不断提升，我一定能够独立地实现期货交易长期持续盈利。

网友不死鸟·虹的笔记

　　交易者要不断学习——学习新的市场行为、新的交易规则和新的技巧方法。市场是在不断变化的，只有随着市场的变化不断地完善自己，适应市场，才有可能长期持续盈利。

　　（1）要明白你需要什么，学习你需要的。

　　（2）不能急于求成，要坚持学。

　　（3）学习别人的经验和方法，形成自己的认识。

　　（4）不能人云亦云，要正确认识自己。

　　（5）要善于完善和升级。

第二章　正确认知市场交易行为

在进行交易之前，我们要统一大家的交易行为。有了一致的交易思想和规范的交易行为，才能让大家更容易理解我们的逆向思维模式，才能让大家容易理解逆向思维所带来的各种看似逆向，实则符合逻辑规律的交易方式。

第一节
追杀与顺势的辩证关系

网友：顺势而为是不是说，当期货价格上涨的时候，我们要跟随上涨的趋势进行做多，而当期价下跌的时候，要进行做空的操作？

也就是说，顺势而为就是追涨杀跌。

目不丁：追涨杀跌与顺势而为有一定的关联，但是两者又有本质上的区别。如果简单地把追涨杀跌理解为顺势而为，就显得有些肤浅了。把顺势而为操作成追涨杀跌，很容易将自己置身于风险之中。

网友：看来我的理解有错误，以前我总是觉得涨的时候买入开仓，跌的时候卖出开仓就是顺势操作了。

老师还是详细地说说，帮我纠纠偏吧。

目不丁：我们来看图2-1所示的沪铜1401合约3分钟走势图，期货价格形成的K线形态很明显形成了一种比较稳定的上涨态势。

这种比较稳定的价格波动底部抬高，顶部不断创新高的走势，形成了比较明显的波动规律和形态。我们可以将其理解为一种惯性形成的波动趋势。当波动趋势向上运行的时候，就是上涨趋势，向下运行时就是下跌趋势。

在这种涨跌趋势内，顺着趋势的方向进行同向开仓就叫

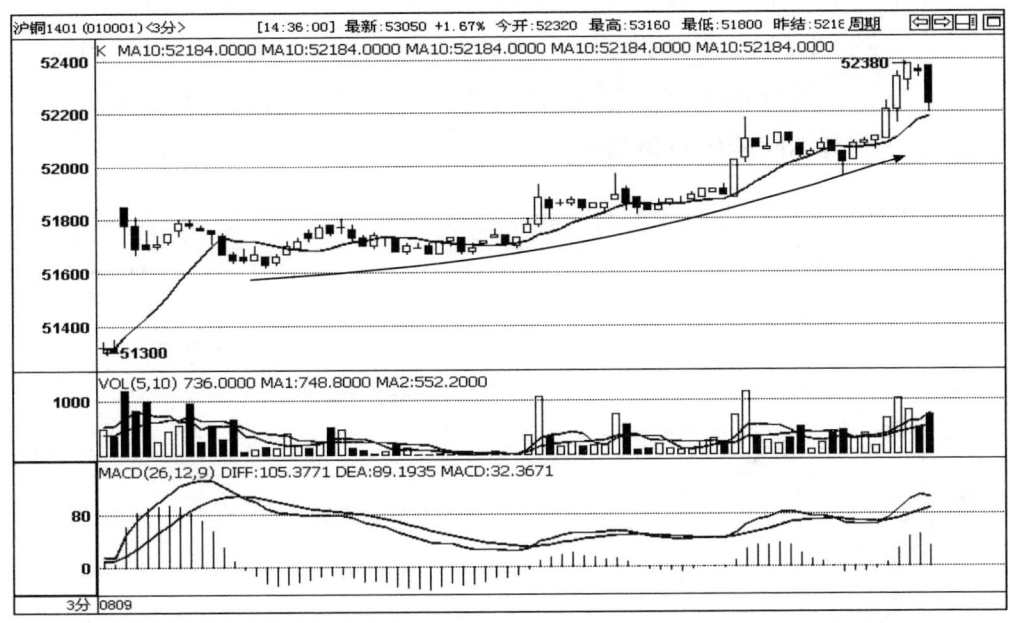

图 2-1

作顺势操作。比如说，当前形成的是上涨趋势，我们只做多，那么就是顺势而为。

网友：你是说在这种趋势中，无论期货价格是涨还是跌，无论是阴线还是阳线，都只做多才叫作顺势而为？

目不丁：是的。只要期货价格波动不打破当前这种上涨趋势，保持在趋势波动范围内有规律地运行，都只能开仓做多。任何一次的做空操作，都是不顺势的操作。

网友：也就是说，在上涨趋势中，当期货价格下跌时，我们只能观察和等待，而不能进行做空的操作；同理，在下跌趋势中，当期价上涨时，我们只能进行观察和等待，而不能进行做多的操作。

目不丁：严格意义上讲，是这样的。

网友：那么，追涨杀跌与趋势操作又有什么不同呢？

目不丁：我们来看图 2-2 所示的沪铜 1401 合约 3 分钟走势图。该图与图 2-1 是沪铜 1401 合约同一时段的走势截图。同样的时段，同样的走势，同样的形态，但是在不同的操作思路下，会有不同的应对策略。

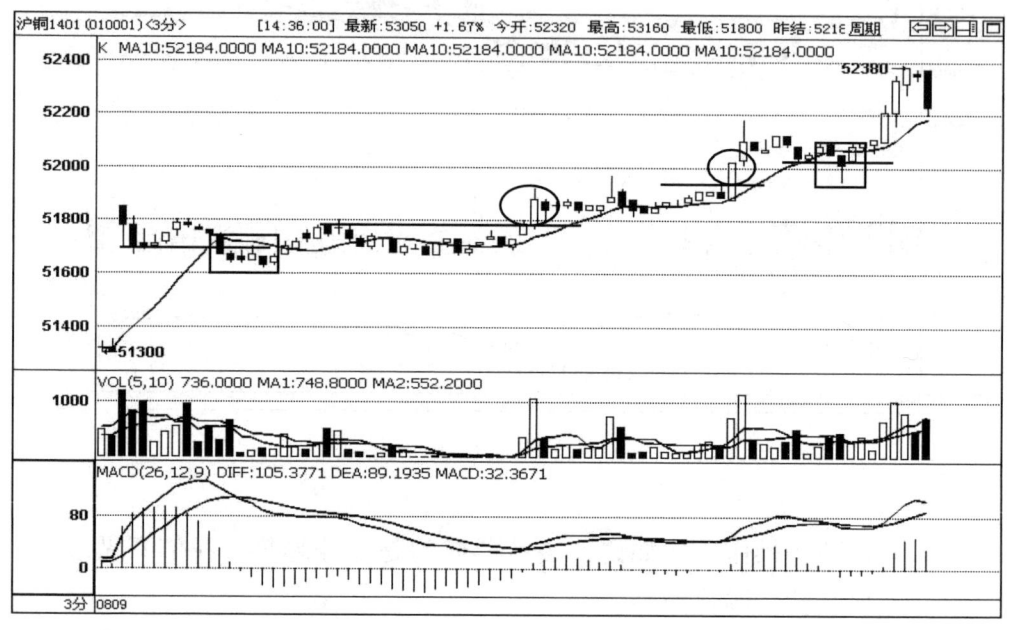

图 2-2

在图 2-2 中，如果运用追涨杀跌的操作方法，那么当期价形成快速上涨时，就需要做多开仓，当期价形成快速下跌或者下跌有重要支撑的时候，就要进行做空开仓了。

网友：图 2-2 中的圆圈位置为追涨，矩形位置为杀跌，也就是涨的时候就买，跌的时候就卖。这种方法比较简单，跟着期货价格涨跌方向操作就可以了。

实盘中，我经常采用这种方法操作。呵呵。

目不丁：对追涨杀跌简单的理解就是涨的时候买，跌的时候卖。但是，实盘操作中，交易者坚决不能这样简单理解。追涨杀跌只是一种操作思路，是需要建立在很多其他辅助因素上，进行综合分析后采取的一种操作行为。如果只是这样简单地进行追涨杀跌，不亏才怪呢。

网友：那么，追涨杀跌与顺势而为之间又有什么必要的联系呢？

目不丁：我们结合上涨环境进行分析。简单地说，追涨杀跌与顺势而为相结合的操作思路是：顺势操作的时候要追大涨而买小跌，顺大势而逆小势；破势操作的时候要追涨杀跌。

首先，我们必须要结合操作周期来确定趋势，然后顺势操作。如图 2-3 所示，当前的趋势是上涨趋势，也就是说，大的市场环境和氛围是上涨的，所以确定的操作思路是只能进行顺大势的做多操作。

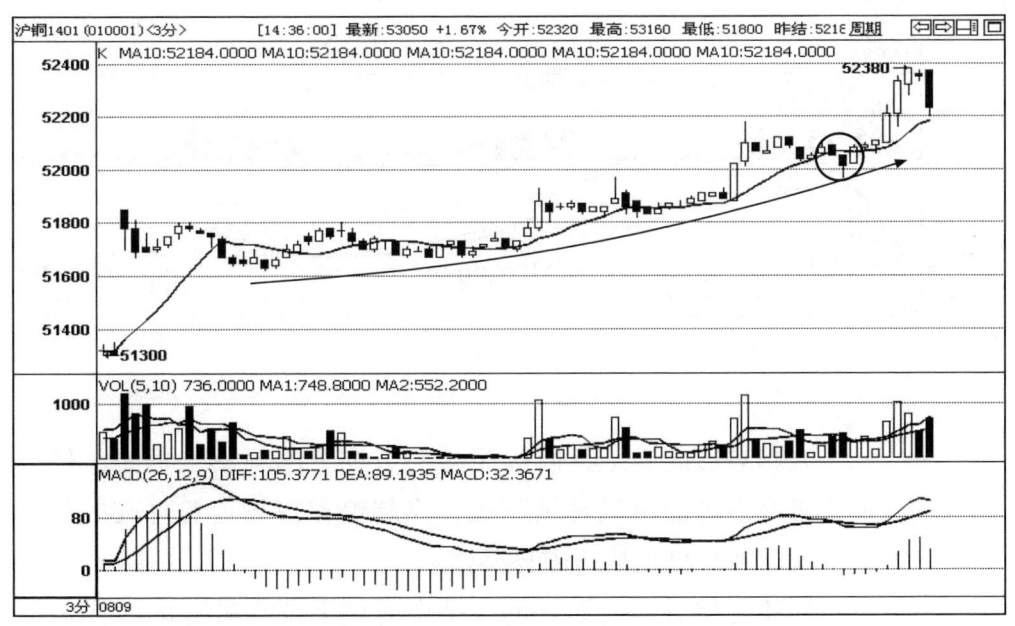

图 2-3

其次，根据实盘中的操作细节来确定操作时点，也就是要买小跌，逆小势地进行开仓时机的选择。在图 2-3 中，在每一次下跌到趋势底部,受到上涨支撑的位置开多仓。

这是顺势操作。

网友:那么破势操作呢?

目不丁:我们来看图2-4所示的沪铜1401合约另外一个时段的走势图。

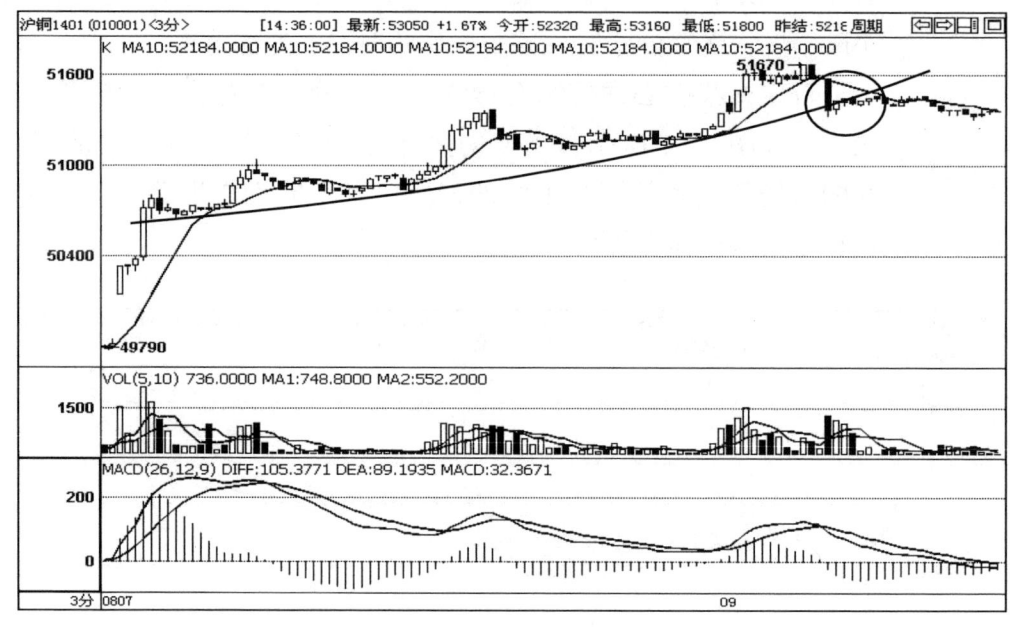

图2-4

当趋势形成后,我们按照趋势方向开仓做多。但是,任何趋势都不可能永远延续下去,当趋势被市场走势打破的时候,就需要严格地执行破势操作。

顺势是相对开仓而言的,平仓时则需要在破势的时候坚决杀跌。

在图2-4中的圆圈位置,期价打破了上涨趋势,同时与止损操作形成共振,这时候就需要杀跌。

至于追涨杀跌中的追涨是针对趋势被同向打破时的破势,

这里暂且不详细说明。

网友：开仓的时候要坚持顺势而为，平仓的时候要坚决地遵守破势杀跌的操作，这点很重要，我要认真地记下来。

目不丁：刚才我们是以上涨趋势为例进行的详细说明。图 2-5 所示为沪铜 1401 合约某一时段的 3 分钟 K 线走势图，是明显的下跌趋势。

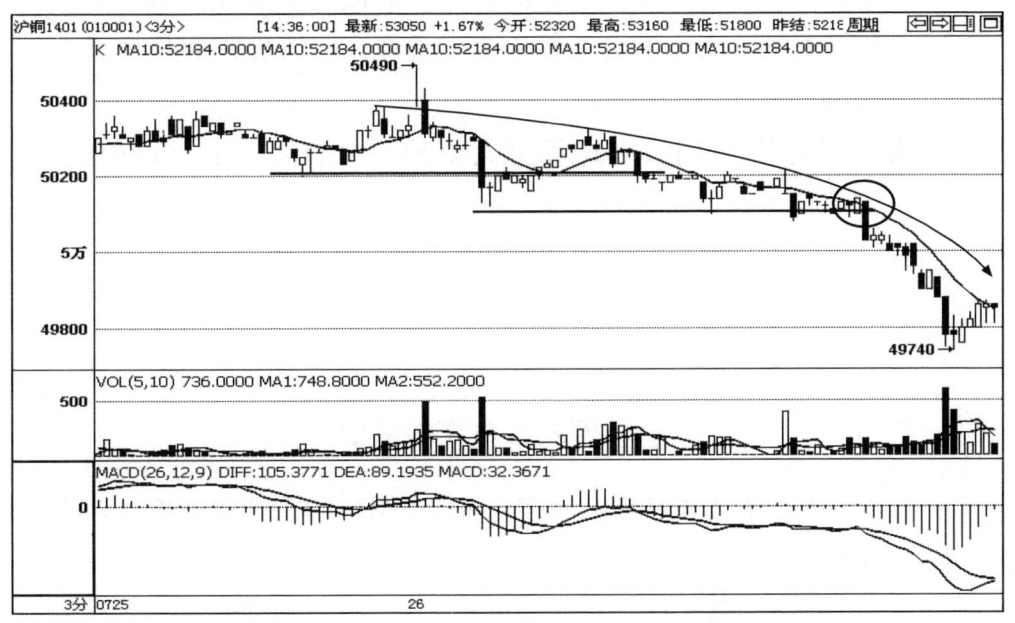

图 2-5

我们既然明白了上涨趋势中的追涨杀跌和顺势而为的操作关系，反过来，在下跌趋势中，我们同样能够理解顺势而为应该怎样与追跌杀涨操作相结合了。

网友：当期价开始逐步进入下跌走势中时，我们需要观察是否形成了可以延续的下跌趋势。当判断出下跌趋势形成后，我们就要遵循顺势而为的操作思路，持续地选择做空机会，进行卖出开仓的操作。

在图2-5中，当下跌趋势初步形成，期货价格首次跌破支撑的时候，交易者可以考虑顺势开仓，这既是顺势而为，又是追跌杀涨中的追跌操作。

同理，在第二次跌破支撑时，期价加速下跌，在这里交易者可以再次进行做空开仓的操作。

目不丁：确定了操作方向后，再在趋势中寻找小的时点，进行更为精确的开仓，可以大大提高操作的成功率和获利幅度。所以，对细节的分析交易者一定要重视，短线操作时更要注重细节。

网友：谢谢老师帮我纠偏，我再好好地消化消化，有不懂的地方再请教。

网友大白菜的笔记

追涨杀跌与顺势而为有一定的关联，但是两者又有本质上的区别。

在涨跌趋势内，顺着趋势的方向进行同向开仓就叫作顺势操作。比如说，当前形成的是上涨趋势，我们只做多，那么就是顺势而为。

对追涨杀跌简单的理解就是涨的时候买，跌的时候卖。

追涨杀跌与顺势而为相结合的操作思路是：顺势操作的时候要追大涨而买小跌，顺大势而逆小势；破势操作的时候要追涨杀跌。

首先，我们必须要结合操作周期来确定趋势，然后顺势操作。

其次，根据实盘中的操作细节来确定操作时点，也就是要买小跌，逆小势地进行开仓时机的选择。

开仓的时候要坚持顺势而为，平仓的时候要坚决地遵守破势杀跌的操作。

确定了操作方向后，再在趋势中寻找小的时点，进行更为精确的开仓，可以大大提高操作的成功率和获利幅度。对细节的分析交易者一定要重视，短线操作时更要注重细节。

第二节
预测与跟随的逻辑关系

网友： 在实盘操作中，我有一个苦恼。我们做的是大概率事件，也就是说，我们进行技术分析的时候，不能够保证每一次的预测都是正确的。那么，如果预测对了，接下来的操作就非常好做了；如果预测错了，接下来的操作就比较痛苦了。

如何处理好这方面的关系呢？

老纪： 首先，要强调一个操作理念：在实盘操作中，跟随比预测更重要。我们要跟随市场的变化格局，以进行决策；跟随期货价格的波动、变化，以不断调整交易思路；跟随多空双方博弈情况，以决定入场方向。

不可否认，我们进行技术分析，是想预测未来期货价格的波动方向。预测是为了提前发现期价波动最有可能偏向的方向，从而为我们的操作服务。

更确切地说，预测是为跟随服务的，预测是为了更好地确保我们能够跟上市场的节奏，跟上期货价格的波动，跟上市场的方向。

网友： 也就是说，进行技术分析是为了让预测更准确，而预测是为更好地跟随市场波动进行操作做铺垫的。

老纪： 是这样的。比如图2-6所示的橡胶1401合约，通过图中K

线的形态和走势，结合以前我们学习过的各种技术分析方法，能得出怎样的分析结果？

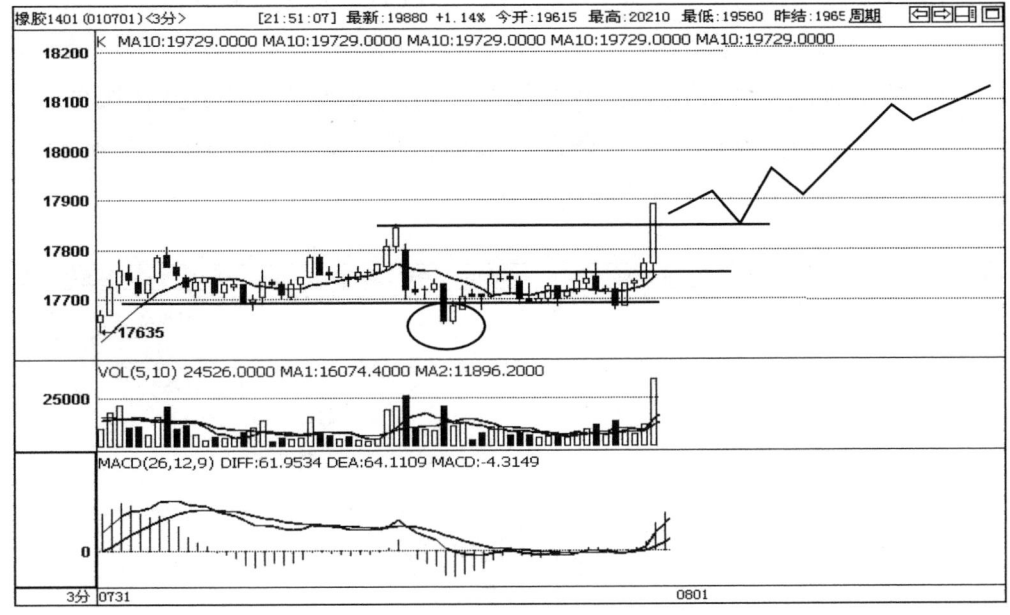

图 2-6

网友：首先，本次的价格波动延续了一个平台走势。在平台的底部，形成了较为明显的支撑作用。而在图 2-6 中的圆圈位置，出现了一个较为明显的突破与反向突破的技术走势，这个技术点值得我们对该品种进行一次重点关注。

反向突破走势出现后，期价再次运行在原平台上，经过一个阶段的运行，在最后几个交易日形成了突破压力的走势，同时交易量放大，MACD 指标也形成了支持上涨的走势。

由多方因素分析得出结论，该品种合约有进一步上涨的机会，所以可以伺机做多。

老纪：你说得很对。这些都是技术分析，通过技术分析我们得到了预测结果，即期价有可能进一步上涨，所以可以考虑在后期寻找做多机会。

那么,预测后应该如何做呢?

网友:是跟随吗?怎么跟随呢?如何把握和理解跟随的操作思想呢?

老纪:预测工作完成后,我们就要用预测的结果为跟随操作服务。至于如何跟随,怎么跟随,如何把握,我们来看图2-7所示的橡胶1401合约的后期走势。

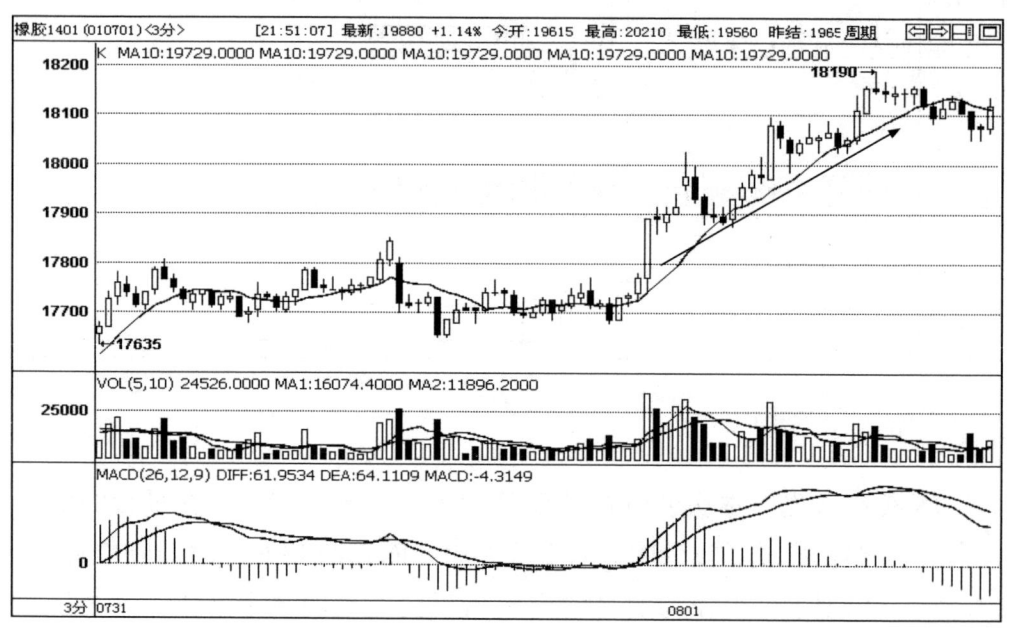

图 2-7

我们预测期价要逐步上涨,形成上涨趋势,那么,只要期价波动符合预测,我们就可以按照预测进行跟随操作。

当拉出大阳线以后,期货价格形成了沿着10个周期均线波动的走势,市场波动方向是向上的,趋势是上涨趋势,同时符合技术分析后的预测结果,我们就可以执行操作计划,进行择机做多的获利操作。

网友：当预测市场变化与操作预期同向时，简单地跟随市场波动方向操作就可以了。原来操作这么简单。

老纪：预测、市场变化与操作预期同向时我们跟随，那么反过来，三者不同向，不能发生共振时，我们就不能进行跟随操作了。

如图2-8所示的橡胶1401合约3分钟走势图，结合盘面变化，能得出怎样的预测？

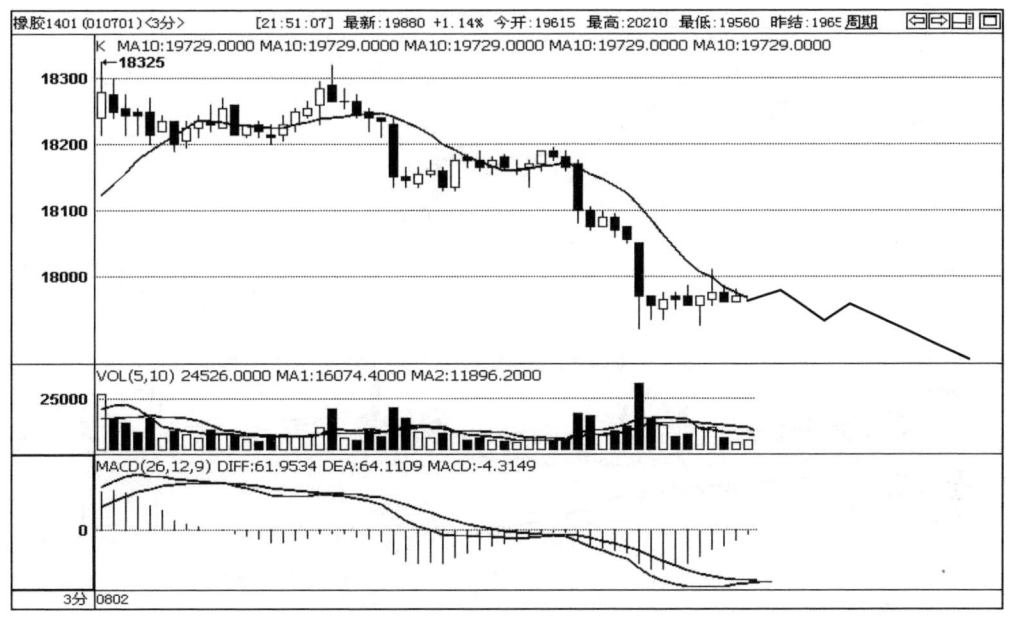

图2-8

网友：当前是下跌趋势，盘中形成了持续下跌走势，而且下跌趋势没有任何减缓和止跌的征兆，同时K线所处的位置经过调整后，正好面临趋势压力线。综上所述，下跌压力应该大于上涨压力，是持续做空的盘面特征，应该做空。

老纪：是的。从盘面上看是这样的，但是任何技术分析都没有绝对正确的时候，只是大概率会形成再度下跌的走势。

当我们进行综合分析，得出持续下跌这一预测结果后，就要跟随市场变化，寻找做空的机会了。

那么，后期具体是如何变化的呢？

网友：图 2-9 所示为橡胶 1401 合约接下来的走势图。在接下来的走势中，期价并没有像我们预测的那样形成持续下跌，而是再次进行横盘整理。横盘整理持续的时间相对较长，有了初步打破下跌趋势的前期征兆。

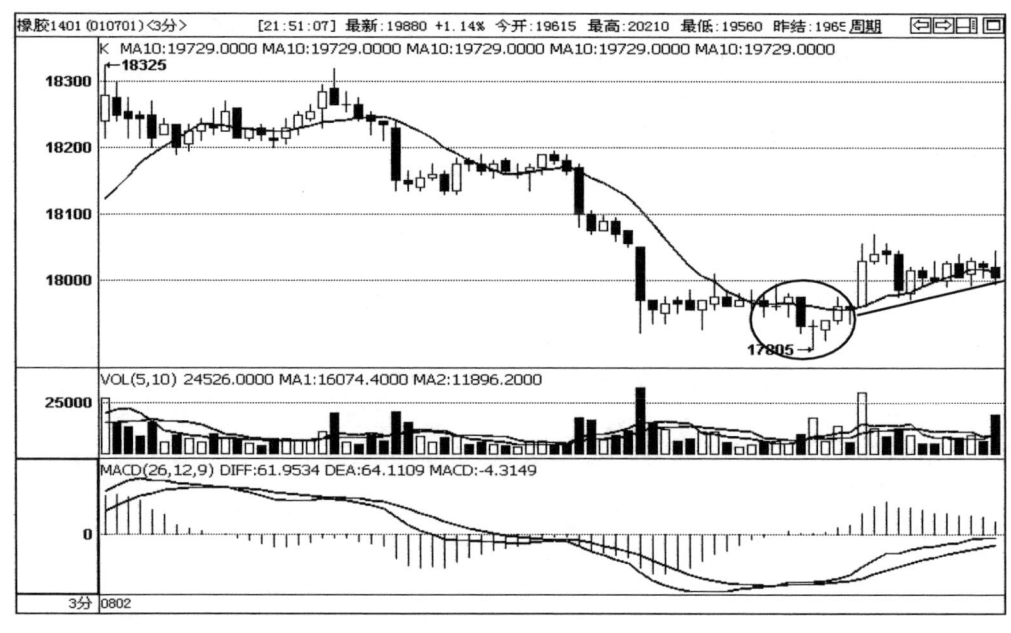

图 2-9

老纪：这就是预测与实际走势不同步，不能发生共振的案例。技术分析具有局限性，出现这种预测失败的现象是非常常见和正常的，不值得纠结，只要有较好的应对措施，就可以解决所有问题。

当预测与后期走势不符，我们依然要执行跟随操作。这时候的跟随不是跟随市场方向开仓，而是要跟随市场波动方向削减前期预测结果的权重。

当市场的实际走势与预测结果的偏离程度逐步增大，预测结果最终会被削减得毫无价值，这时就需要执行新的操作了。

网友：简单地说，就是我们预测要跌，结果涨了，这时候我们要跟随市场上涨这个方向，否定前期预测下跌的操作思路；同样，我们预测要涨，结果在后期对市场的跟随中发现实际是在下跌，那么我们就要否定做多的操作思路，重新建立新的操作思路。

老纪：是这样的。预测不是为了操作，而是为跟随市场下单操作服务的。

我们再来看图2-10，应该有怎样的预测结果？

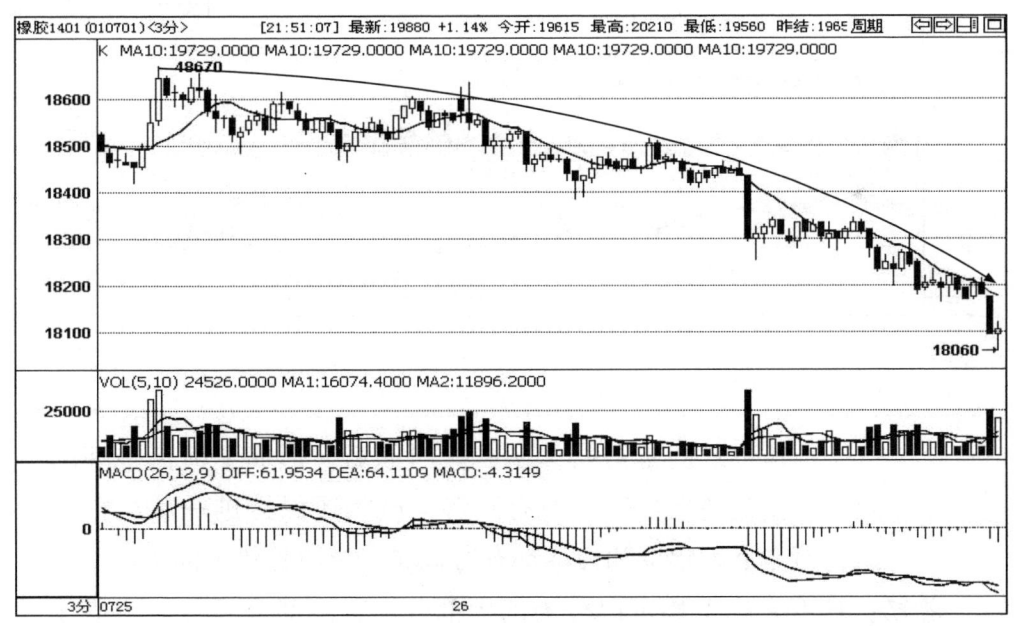

图2-10

网友：当前是明确的下跌趋势，而且下跌趋势有进一步加快的迹象，所以当前只能寻找机会进行做空，不能妄想做多。

这是顺势而为、尊重市场的表现。

老纪：看跌就做空。只要预测得对，就一路跟随市场，寻找合适的开仓时点做空，这没有任何异议。

那么，后期的实际变化如何呢？

网友：图 2-11 所示为橡胶 1401 合约接下来的走势图。

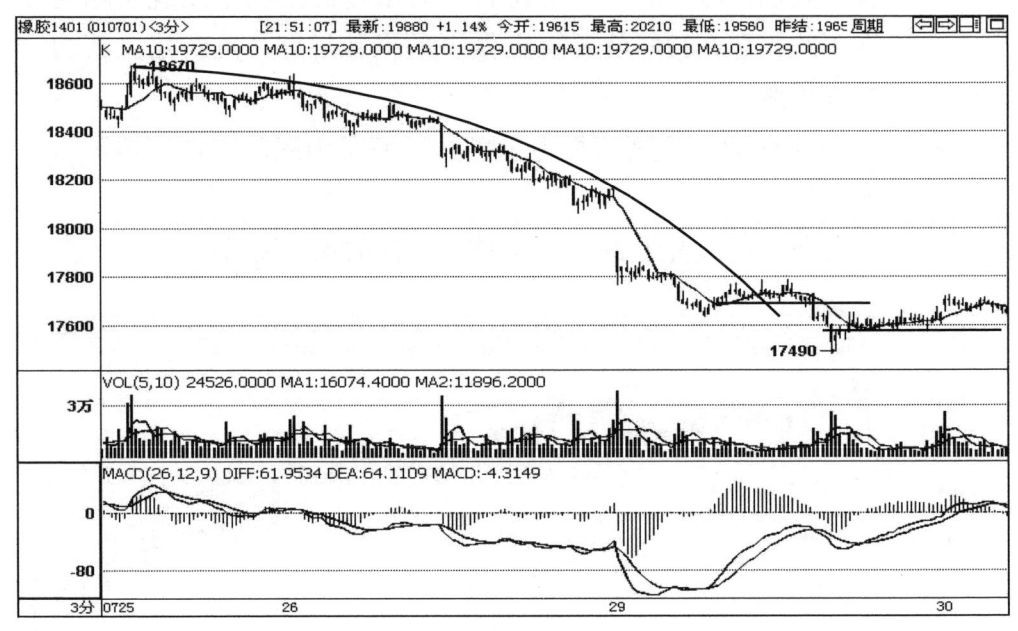

图 2-11

加速下跌的走势持续了一段时间后，形成了横盘整理的走势。横盘整理打破了原有趋势，虽然还保持进一步小幅下跌，但是下跌幅度和力度都有所减弱，与原趋势不同了。

老纪：接下来的走势可以分为两大部分：第一部分是市场环境没有变化的部分，期价能够延续原下跌趋势，形成持续下跌，且能够保持原有的下跌幅度和力度；第二部分是市场环境发生变化的部分，期货价格开始横盘整理，打破了原下降趋势，形成了新的波动节奏。

在这两部分中，第一部分与我们预测位置能够形成共振，所以可以跟随原有思路进行做空操作，而第二部分没有延续原有预测方向，所以要放弃原有操作思路，跟随市场变化，重新确定新的操作思路。

网友： 市场环境变了，预测不能为下一步的跟随服务了，所以跟随做空的思路就要调整了。

老纪： 这里我们所说的"跟随"其实有两层含义：一层是当市场变化与预测共振时，就跟随原有操作思路进行操作；另一层是对市场波动进行跟随，市场波动发生了变化，就要跟随市场波动，放弃原有预测。

所以说，跟随是顺势而为，是一种操作态度，也是一种操作理念。在准确预测的前提下，用预测服务跟随操作，将会让获利变得很简单。

网友： 本次交流的内容看似有点儿绕，但仔细品味，实在是太精彩了。

老纪： 呵呵！其实只要明白了其中的道理，一点儿都不绕，很容易理解，很容易掌握。本次交流到此结束，下次再见。

网友： 好的，再见。

网友 Jacky 的笔记

在实盘操作中，跟随比预测更重要。我们要跟随市场的变化格局，以进行决策；跟随期货价格的波动、变化，以不断调整交易思路；跟随多空双方博弈情况，以决定入场方向。

第三节
平仓与反向开仓的前因后果

网友：每次平仓以后，我总是想去反向开仓。期价要向对自己不利的持仓方向波动，所以平仓，平仓后总是有一种反向开仓的冲动。

在跟老师的交流中，我发现，基本上老师每次说到平仓时都不要求立即反向开仓，似乎平仓是平仓，反向开仓是反向开仓，两者没有任何关系。

老纪：平仓主要是为了终结手中持有头寸的交易，并不是预测到下一步期价要向着对持仓不利的方向波动才平仓的。以前我们说过，开仓运用的是技术分析，而平仓运用的是策略。

也就是说，更多地运用技术分析来决定是否开仓，用合理的交易策略来决定在什么位置、什么情况下平仓。

股票和期货投资都是风险投资，所以很多道理是相通的。关于平仓后为什么我不提倡立即反向开仓，我们先用图 2-12 橡胶 1405 分时走势图来进行说明。

图 2-12 所示的中期货的分时走势延续了下跌，首先打破了分时均价线，然后展开了快速杀跌。在第一波杀跌结束后，如果我们持有的是空单，那么第一个圆圈位置就是一个比较明显的平仓位置。

第二章
正确认知市场交易行为

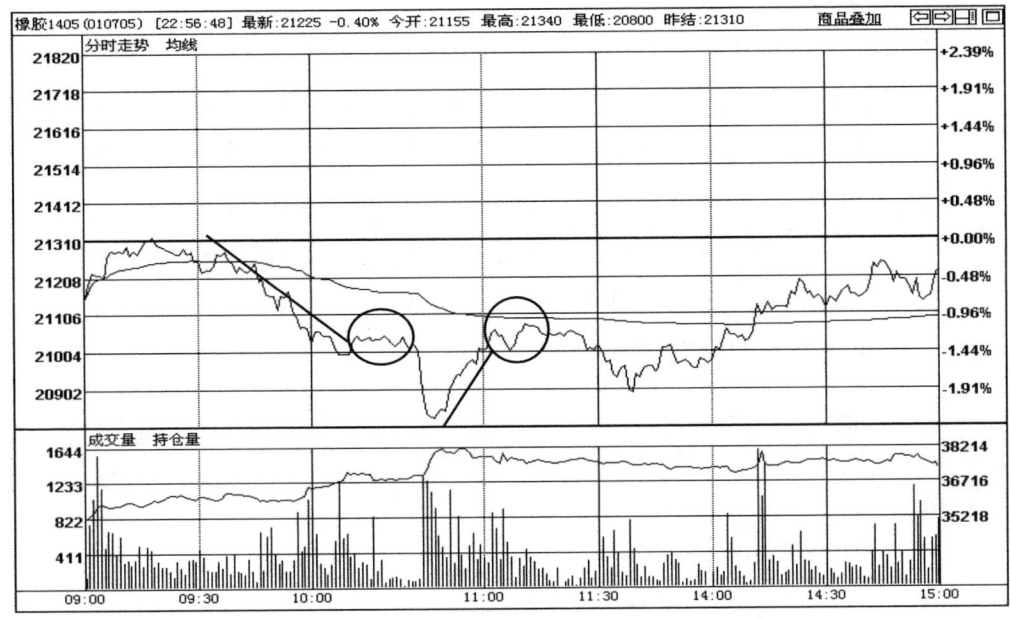

图 2-12

网友： 为什么是平仓位置，而不是可以同时反向开仓的位置呢？

老纪： 期价下跌趋势被横盘整理打破后，我们可以判断这波下跌结束，有理由对追随下跌趋势的日内短线进行平仓。但是，下跌趋势虽然被打破，却依然处在下跌环境中，我们只知道当前停止了下跌，会不会继续下跌还不知道，所以先平仓。

　　平仓后当大环境改变，或者新的下跌走势形成，我们可以根据新的走势判断执行新的操作。

网友： 第二个圆圈位置也属于这种情况。如果已经开始做多，那么在圆圈位置应该平仓，平仓后再看是不是还有机会。

老纪： 是的。第二个圆圈的位置是期价面临分时均价线压力的位置。从传统意义上来讲，此时分时均价线对期价的上涨有一定的压制作用，但是并不表明必然会形成下跌。当我们看到压力的时候，可以采取平仓的策略，规避不可预期的风险，而没必要立即反向开仓。

网友：看不懂了可以平仓，反向开仓是有些太着急了。

老纪：对于位置风险，我们可以采取平仓策略来规避；当出现需要平仓的明显技术走势时，我们也必须平仓。但是，需要平仓的技术形态并不等于可以反向开仓的技术形态。

比如，图 2-13 中的橡胶 1405 合约 3 分钟走势一直延续了上涨走势，在上涨走势中若已经有了多单，在怎样的位置平仓或者反向开仓呢？

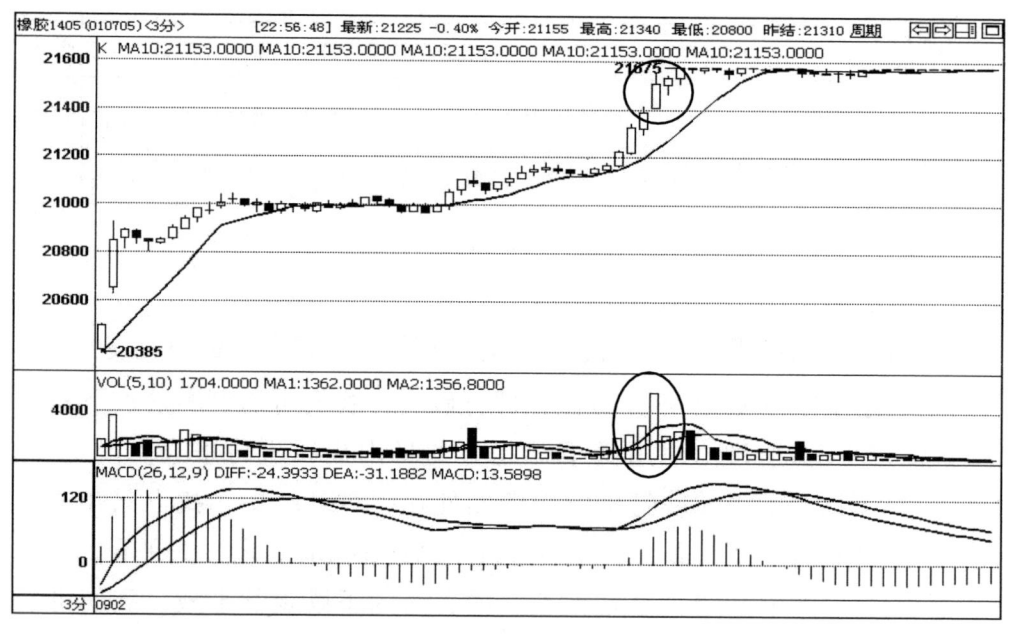

图 2-13

图 2-13 中圆圈的位置属于力竭阳线位置，力竭阳线具有做多力量过多消耗而后续做多力量相对减弱的技术特征。在力竭阳线相关内容的交流中，我们说过，力竭阳线是平仓的技术形态。力竭阳线的出现，传递的最大信号是上涨动力不足，而不是要立即下跌。

所以，面对这种只能传递单向信号的技术形态，我们只能平仓。我所研究的这些技术形态中，大部分只能传递单向信号，支持开仓的形态仅支持开仓，支持平仓的形态仅支持平仓。

网友： 回想跟老师的交流，好像真是这样，平仓就平仓，开仓就开仓，让平仓后立即反向开仓的情况比较少。

老纪： 不否认其他交易高手有直接反向开仓的好方法，每个人的交易习惯不同。我的交易习惯就是，一次交易就是一次交易，平仓只是对开仓的闭环操作。

网友： 对于上涨的品种，有可能不涨了就需要平仓，或者涨的形态不符合我们的要求了，就可以平仓。对于下跌的品种，有可能不跌了就需要平仓，或者下跌的形态不符合我们的要求了，就可以平仓。

不涨并不代表必然会下跌，不跌也并不代表一定会上涨。有点儿绕吧？但的确是这个道理。

老纪： 理解不透你也不能总结出上面的内容，这说明你理解了。

图2-14所示为螺纹1401合约3分钟走势图，期价在高位横盘整理一段时间后，受到隔夜外部环境的影响，跳空后快速下跌。本次我们暂且不讨论下跌的原因和如何抓住这波下跌走势，仅来看如何平仓，平仓后面对上涨如何开仓。

网友： 这波下跌的力度还是较大的，在下跌的末期阴线不断放大，而且有较大的成交量配合。我觉得平仓位置应该是下跌趋势改变的位置，虽然在这个位置期价有了一定的反弹，但是属于标准的技术形态支持的平仓位置。

老纪： 是的。也就是在图2-14中的圆圈位置我们平仓，平仓后是不是可以立即反向开仓呢？

我不建议立即反向开仓，因为反弹是否能够延续，并不是由前期的下跌趋势改变决定的。平仓后，我们可以再次寻

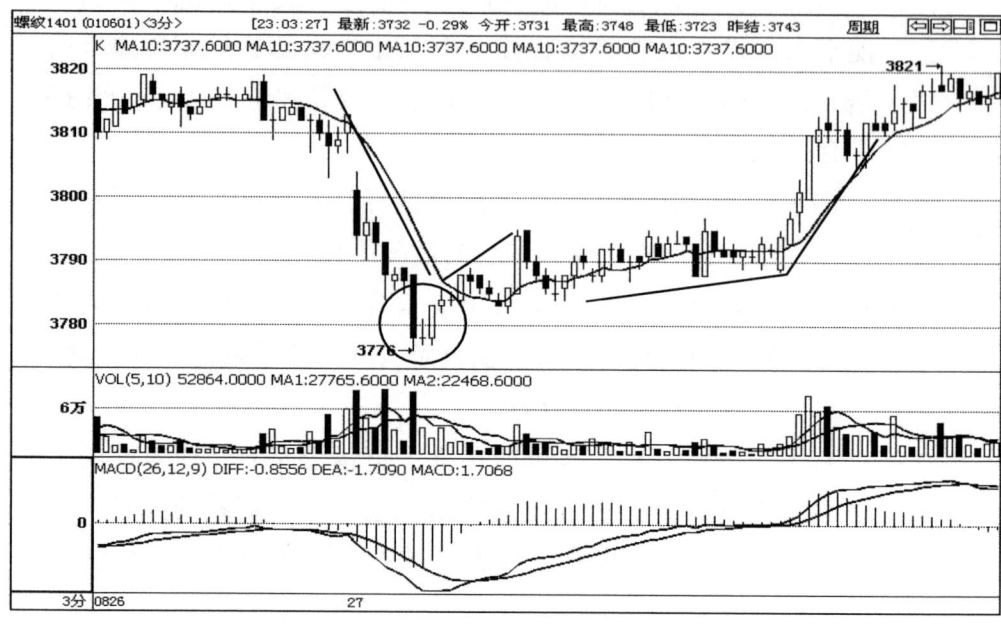

图 2-14

找新的操作机会，如果期价继续上涨，符合我们的操作模式，可以做多的时候，再开仓。

也就是平仓与反向开仓是不同步的，没必要，也没理由同步进行。

网友：后面期货价格再次向上放量快速拉升的时候，应该是比较好的做多位置。在这个位置做多，资金利用率也会提升。

其实，平仓后立即反向开仓是一种着急的操作心态，不想放过市场中的每一次获利机会。没有反向开仓并不可惜，只要能够保全资金，机会还可以再次把握。

老纪：对于突发的极限走势，我们也要平仓。后期，我们将专门对平仓面临的环境、应该采取的操作进行详细讨论，这里我们先来看图 2-15 所示的白糖 1401 合约 1 分钟 K 线走势图。

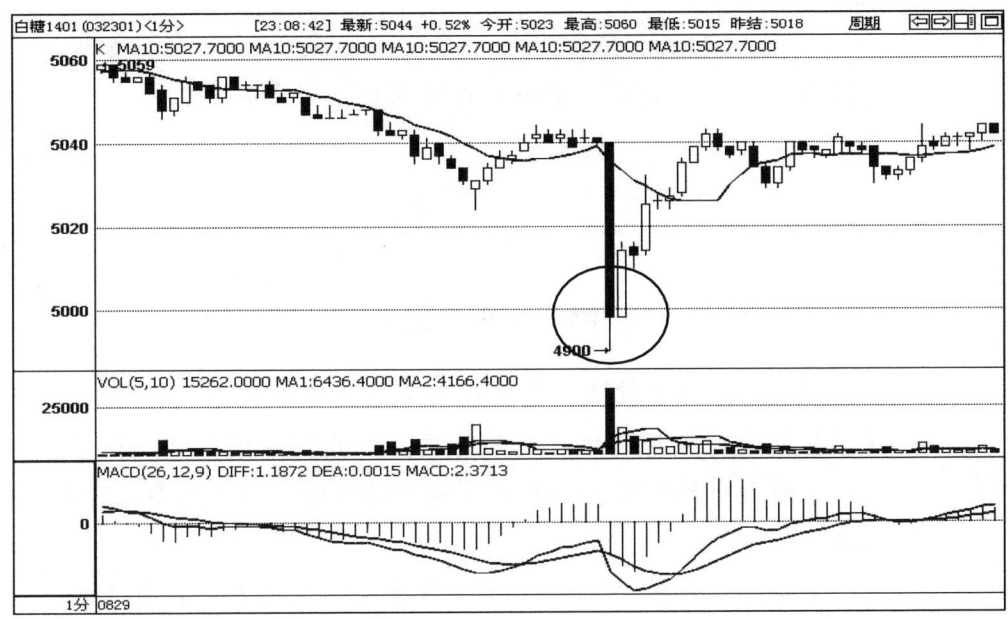

图 2-15

期价逐步下跌，并且能够保持持续下跌状态。在图 2-15 中的圆圈位置，突然涌现的做空力量，瞬间把期价打低。这种走势完全打破了前面持续稳定的下跌，对于超级短线交易者，无论是出于止损还是盈利原因，若触动平仓底线，则可以平仓。

但是，平仓并不表明不认可后面不会持续下跌，平仓是为了终结前面无论错误还是正确的开仓，而不是对新行情的展开所做的。

在这里我再次重申：平仓后不立即反向开仓，只是我个人的操作习惯，是我所推崇和使用的操作方法及理念所遵循的原则，并不要求大家都接受，也并不一定符合所有交易者的操作习惯。

网友：这是一种稳健和保守的交易策略，符合宁可放过机会也不冒险的操作原则。

　　这是我比较支持，也是完全能够接受的一种交易策略，我非常认同，决定在今后的操作中贯彻执行下去。

网友大白菜的笔记

　　平仓后大环境改变，或者新的下跌走势形成，我们可以再次根据新的走势判断执行新的操作。当我们看到压力的时候，可以采取平仓的策略，规避不可预期的风险，而没必要立即反向开仓。

　　不涨并不代表必然会下跌，不跌也并不代表一定会上涨。平仓后不立即反向开仓，这只是个人的操作习惯，并不要求大家都接受，也并不一定符合所有交易者的操作习惯。这是一种稳健和保守的交易策略，符合宁可放过机会也不冒险的操作原则。

第四节
如何拥有期货交易的"后悔药"

网友：这几天的操作总是不理想，懊恼死了，几次都是一念之差，就错过了利润。唉！做期货交易要是错了能够推倒重来，有"后悔药"就好了。

老纪：呵呵！要注意调整操作理念，端正操作心态。输掉了机会不可惜，要是输掉了原则就不利于交易了。

不过话说回来，平和了交易心态之后，还真能在交易中给自己留下"后悔药"。

网友：真的？太神奇了！我迫不及待地想知道如何寻找到"后悔药"。

老纪：对于我所认同的交易思维来说，市场上永远不缺乏机会，所以，损失了机会不算损失，而损失了资金才算是损失。基于这一思维模式，交易者就可以用交易机会来换取资金的安全，用获利空间来换取"后悔药"。

比如图 2-16 所示的螺纹 1401 合约 3 分钟走势图，我们在相对高点本来保持持有多单的状态，在圆圈位置，期价形成了破位前期平台的走势和下跌趋势的初步特征，此时看空平仓是可以的。

但是，实际走势中，接下来期价再次上涨，不仅没有下跌，还形成了持续上涨，创出了新高，形成了新一轮的上涨

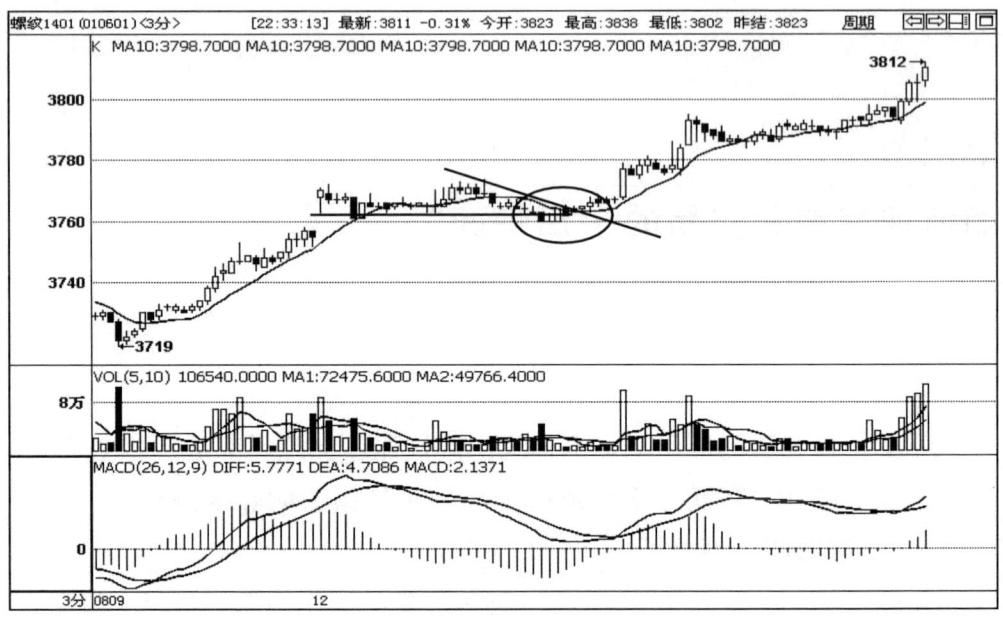

图 2-16

趋势。

回过头来分析我们在图 2-16 所示圆圈位置处的操作，显然平仓在最低点，丧失了后期获利的机会，但是，就是因为在这个位置做了看似错误的平仓，我们才有了使用"后悔药"的机会。

网友：那么，我可以理解老师所说的"后悔药"是一种操作机会吗？

老纪：确切地说，是一种损失了获利空间或者获利机会，换来调整操作思路的机会。

就拿图 2-16 中在圆圈位置处我们做多单平仓来说，如果在后期期价上涨时后悔了，那么后悔的原因是平仓后期价上涨，让我们少挣钱了。这时候的后悔是可以用再次入场这个"后悔药"来补救的。

我们发现前面分析出现了错误,新的机会再次来临时,我们再次入场,延续前面的做多思路,同样可以获取后面的大部分利润,损失的只是一小部分利润空间和交易机会。

网友:我明白了。分析错误平仓了,但是平仓后就有了买"后悔药"的机会,如果发现错了,可以再开仓。

老纪:如果因害怕分析错误,害怕在圆圈位置离场后期货价格上涨,而犹豫不决,不平仓,会是一种怎样的结果呢?

我们来看图2-17所示的螺纹1401合约3分钟走势图。在这个走势图中,我们做了修改,圆圈位置和前面的走势与我们上一张图是完全一样的,只是后面假设延续下跌走势,将原本上涨的K线反转成了下跌。这时我们再来考虑"后悔药"的重要性和机会。

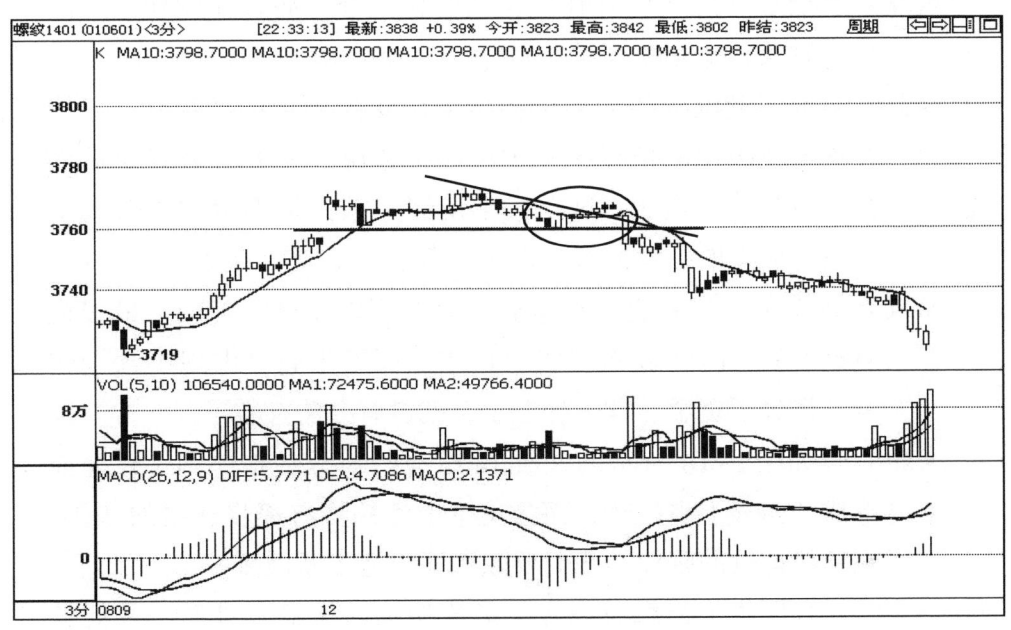

图2-17

网友:是的。任何走势都有随意性,前面走势完全相同,后面出现涨或跌都是有可能的，况且这种走势下诱发下跌的概率是非常大的。所以，考虑上涨，也考虑下跌才是更加完整的分析。

老纪：前面我们说过，在图 2-17 所示圆圈位置平仓后，我们不仅规避了下跌这个大概率事件，而且，如果接下来上涨，我们还有了"后悔药"这个武器，可以说占尽了优势。

但是，若因害怕分析错误，害怕在圆圈位置离场后期货价格上涨，而犹豫不决，不平仓，那么接下来的下跌，我们损失的是什么？

网友：损失的是真金白银，是资金呀！

老纪：无论是利润缩水还是本金亏损，都是真正的损失。这时候如果后悔将会后悔什么？

网友：我会后悔怎么没有在破位的时候平仓，如果在发现下跌的势头时及早平仓就好了。

老纪：这时候就没有什么办法补救了，没有所谓的"后悔药"能让你再在破位的位置平仓了，也就是说，失去了拥有"后悔药"的机会。当然，这是一个辩证关系，是不考虑机会成本和时间成本的。我们做的也是不考虑这个成本的交易。

网友：我懂了。就是说，平仓后可以对原操作进行补救，最多也就是损失了时间成本和机会成本。而不平仓，出现了预期错误，损失了资金后就不好办了，就没有办法补救了。

老纪：再如图 2-18 所示的螺纹 1401 合约 3 分钟走势图，在初期形成了明显上涨趋势，而且这个上涨趋势有逐步递增的势头。在趋势持续的阶段，我们要顺势而为地不断做多。

当期货价格触及高点，形成持续的横盘整理时，我们就有必要考虑是上涨趋势中的中继走势，还是要发生趋势的转向或者改变。此时，最为可取的操作方法是平仓后进一步观察，等待市场行情明朗后再做决定。

图 2-18

网友：是的。在高点平仓后，如果跌了，说明我们平仓的操作是正确的；如果涨了，还可以再次开仓做多，等于有了回旋的余地。平仓，让我们拥有了享用"后悔药"的权利。

　　实盘走势中，见到高点后，逐步形成了下降趋势，这时候可以再次转换交易思路，从原来的做多变为做空，寻找新的做空获利机会。

老纪：图 2-19 所示为螺纹 1401 合约下一时段的 3 分钟走势图，上涨趋势在高点横盘整理后，转为了下跌趋势，此时我们需要顺势而为，持续看空。

　　但是，在图 2-19 中的圆圈位置，出现了我们学习过的重要 K 线组合形态，你还记得是什么形态吗？

网友：我知道，是下跌力竭阴线的组合形态。这种形态的出现，说明下一步期价止跌的概率极大。期价止跌后要么会形成上

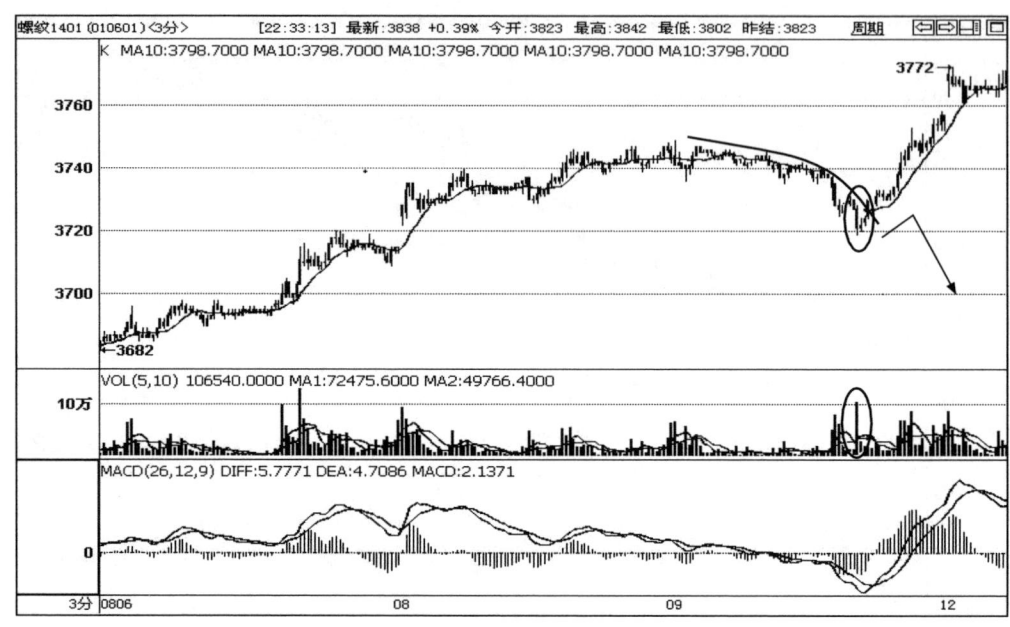

图 2-19

涨走势，要么会形成横盘整理走势。当然，再次延续下跌的可能性也是有的。

老纪：是的。此时顺势而为的操作是看空，而重要的 K 线形态提示我们需要平仓，那么我们应该顺势继续做空，还是平仓或者做多呢？

网友：如果想保险一些，稳健的做法应该是平仓后等待，这样我们就有了使用"后悔药"的权利。

老纪：你说得很对。如果我们主动做空，当看到力竭阴线的时候，就需要平仓后进一步观察。当发现还处在空头趋势中，我们可以使用"后悔药"继续做空开仓；发现趋势转变了，我们就要开多仓转换思路。如果不出来，趋势真的转换了，那么就只能面临亏损了。

"后悔药"不仅可以用在重要的技术支撑与压力位置上，

还可以用在重要的标志性 K 线上。图 2-19 中，力竭阴线出现后，我们也可以冒险做多，但是必须确保判断错误后及早平仓，给自己留下拥有"后悔药"的机会。

网友：看来要想做好风险投资，不仅技术要好，策略还要运用得当。谢谢老师送的这一剂良药。

网友蓝天的笔记

"后悔药"是一种损失了获利空间或者获利机会，换来的调整操作思路的机会。平仓后我们可以对原操作进行补救，最多也就是损失了时间成本和机会成本。而不平仓，出现了预期错误，损失了资金后就不好办了，就没有办法补救了。

"后悔药"不仅可以用在重要的技术支撑与压力位置上，还可以用在重要的标志性 K 线上。我们也可以冒险，但是必须要给自己留下拥有"后悔药"的机会。

第三章　扭转传统的操作思路

传统的并不一定在任何环境中都是对的，经典的也并不一定适合所有的市场变化。在继承传统交易模式的基础上，建立逆向思维的操作模型，这是对传统交易模式的一种升华。其实，辩证地来看待逆向思维，它就是传统操作思路中的一种正常思维模式。

第一节
对力竭阳线的分析与相关操作技巧

网友： 以前我们学习过运用"五超越"的分析模式，寻找技术分析的关键点。关于这方面的内容，我们能否再进行深入的展开讲解，举几个实用的小技巧呢？

老纪： 当然可以了。"五超越"分析模式是一种理念，是一个方向，也是让我们把握技术分析要点的框架。将其真正运用到实盘上时，需要我们结合盘面变化来使用。

在所有的技术分析中，比较重要的应该是量价分析：交易量、持仓量的变化直接反映了市场的资金动向，而资金动向又直接影响着价格的变化。价格的波动是真金白银达成交易的真实反映，所以量价是直接影响交易的最为关键的因素之一。

今天我们就结合量价分析来挖掘一个操作技巧，通过量价的变化来剖析多空资金博弈后反映在盘面上的语言信息。

网友： 好啊！好啊！那我们开始吧，我做好记录。

张纪： 本节我们先来说说其中的一个小技巧：力竭阳线相关操作技巧。

所谓力竭阳线，就是在上涨过程中多方集中发力后，做多的力量被大量消耗，形成的反映多方力量相对衰竭情况的K线形态。这种情况下，多方力量衰竭，若空方能量聚集，就会形成下跌或者停止上涨的走势。其技术特征如下。

一是在形成短期突破上涨或者趋势上涨后，收出比较有攻击力的阳线。

二是伴随阳线的成交量相对较大，与前期成交量相比成倍增加。

三是后续成交量不能有效跟上，做多的力量明显衰竭，在分时走势中有较为明显的滞涨征兆，同时多空力量快速形成平衡后，交易相对再次趋于清淡。

四是选用的K线的周期不能太长，以3分钟、5分钟、15分钟为佳，坚决不能以超过30分钟的K线为参考。

当力竭阳线形成后，多半会形成短期停止上涨或者转向的走势，所以我们要对手中的多单进行平仓。

我们以橡胶1401合约15分钟K线图为例，在图3-1中的圆圈位置，期货价格已经上涨了一段时间，其上涨趋势初步形成。突然，随着量能的放大，收出了力竭阳线，做多力量得到了集中释放，这时候我们需要警惕空方力量压倒做多力量，对手中的多单要进行适当平仓或者减仓处理。

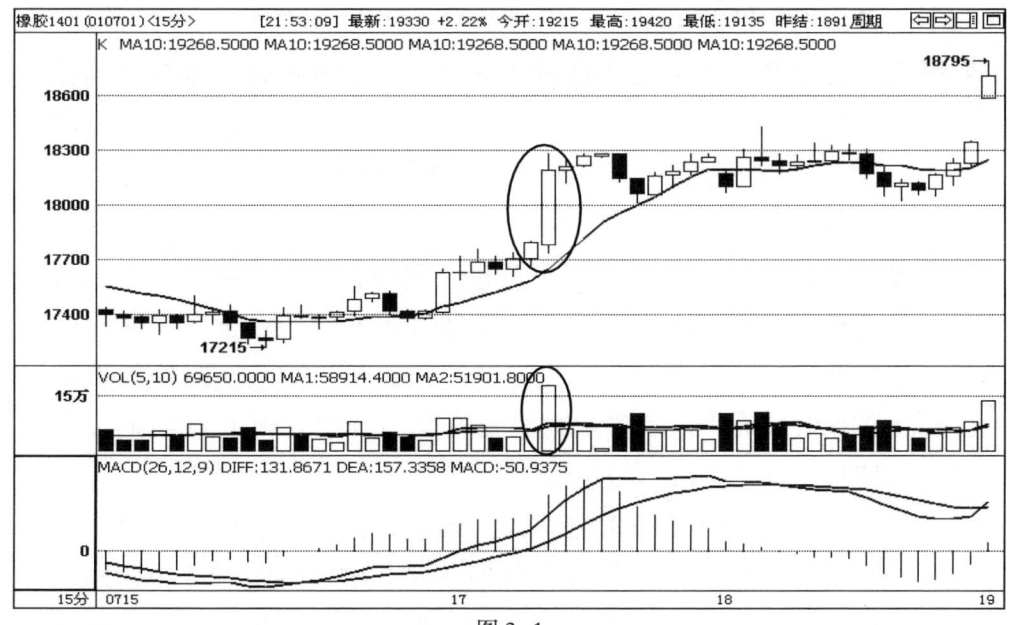

图 3-1

网友：正常的思维模式告诉我们，上涨得越厉害，越要看多。力竭阳线反映出了上涨中的力量衰竭，我们不能只看表象。

是不是力竭阳线出现后，就一定会出现下跌或者滞涨的走势？

老纪：这话说得有些绝对，没有绝对的事情，只有概率的大小。力竭阳线的出现，说明做多资金被集中消耗了一次，做多力量有了一次集中宣泄，而后期多空博弈谁会占上风，还需要进一步地跟踪。

网友：我明白了，力竭阳线是一种盘口语言，是一种重要的参考信号和操作依据。

老纪：当然，力竭阳线出现的位置、形态以及市场环境也是非常讲究的。比如，图3-2中所示的橡胶1401合约15分钟K线走势图中，8日早上开盘的第一根跳空阳线，从形态和量能上来看，都符合力竭阳线的技术特征，但是根据我们的经验，早盘的第一根K线的失真性非常强，所以这根阳线的实际参考作用大打折扣。

网友：是这样的。早盘开盘时往往会出现期货价格大幅波动的情况，同时市场资金在早盘交易活跃，成交量放大的情况也比较常见，所以这时候比较容易出现力竭阳线的K线形态，其实际参考意义不是很大。

老纪：比如，图3-2中的开盘放量大阳线，期货价格的变化及市场消息面的影响，会对市场中做多或做空的资金产生明显的影响，市场分歧加大，交易活跃，放量收阳线、阴线的概率都相对较大，这时候出现的每个交易日第一根K线我们要过滤掉。

虽然这根K线不能算为力竭阳线，但是这根阳线也能反映出很多盘面信息。我们暂时不将其作为力竭阳线来分析，后期有时间，再单独对开盘的这种K线的操作应对进行详细

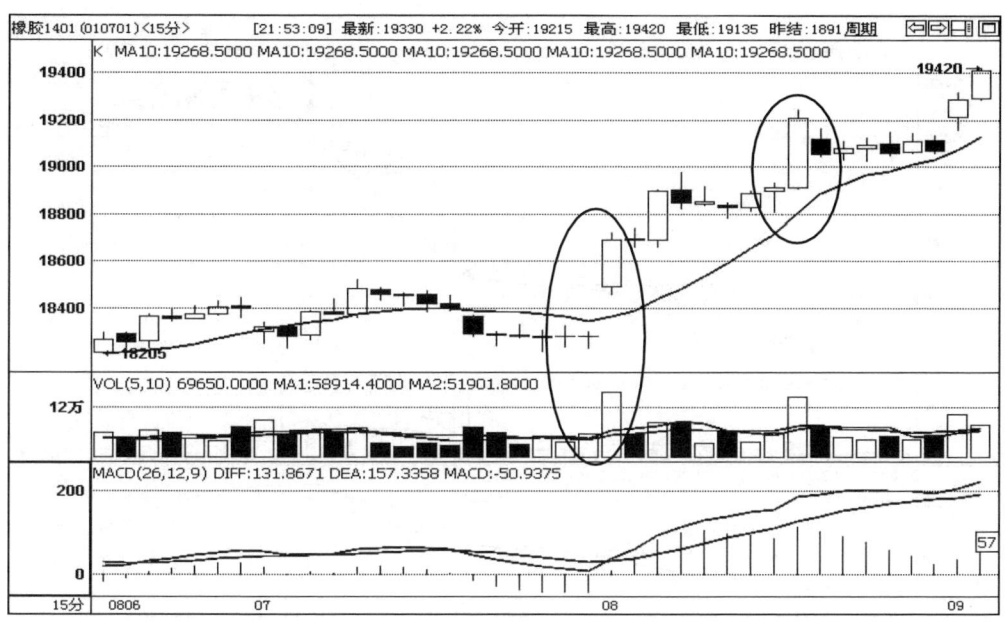

图 3-2

讲解。

网友：开盘后期货价格逐步上涨，在市场交易趋于稳定和理性后，15分钟K线图上再次出现了一根比较符合力竭阳线技术特征的K线。这根K线的参考意义比较明确，我们需要重视起来。

　　理性盘面催生的力竭阳线对后市的分析意义重大，随后价格停止了上涨，连续收出了6根调整K线，这根力竭阳线是有效的。

老纪：我们再来看图3-3所示棕榈1401合约5分钟K线图，图中用圆圈将力竭阳线标注了出来。当前位置，多方集中发力，有效突破了前期横盘区间，形成了一个相对突破创新高的走势。但是，通过成交量的变化来看，多方发力所消耗的力量相对较多，随后交易量不能跟上，所以形成了比较标准的力竭阳线的走势。此时交易者如果手中有多单，则应考虑平仓。

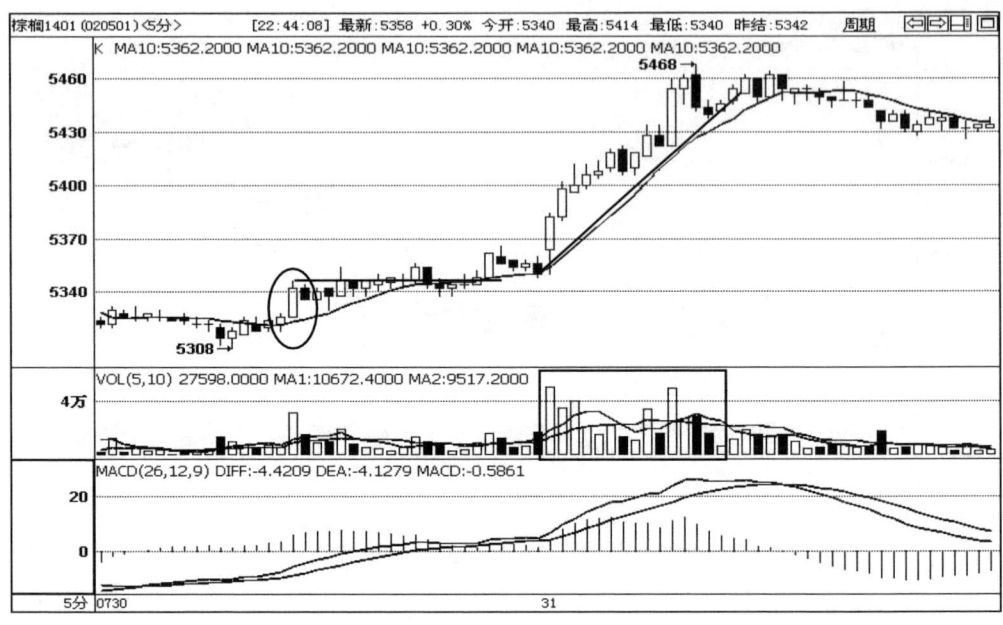

图 3-3

网友：随后的走势中，期货价格停止了上涨，多空力量暂时趋于平衡，走出了横盘整理的 K 线组合形态。短期来看，在力竭阳线形成后平仓是正确的。

老纪：形成力竭阳线后的操作主要针对的就是短期分析。短期来看，力竭阳线的形成反映出盘中做多力量的消耗较大，多方力量如果不能持续支持，空方一旦发力，就非常容易形成下跌。

图 3-3 中，形成第一根力竭阳线后，多方力量被消耗，多空双方暂时形成平衡状态。随后，经过一个时期的整理，多方力量再次发力，持续拉升。与上一根力竭阳线不同的是，二次上涨伴随着持续的量能支持，做多资金比较充足，能够持续地对盘面形成支撑，所以形成了持续上涨。

网友：力竭阳线的形成是一个信号，后期量能的变化是操作的具体参考。第二次的上涨与第一次不同,有了成交量的支持,新多入场进行补充,所以没有形成力竭。

如果力竭阳线的技术特征确立后,直接反向开仓,既可以做多盈利,又可以做空盈利,这样是不是非常不错?

老纪: 在这里需要强调一点,力竭阳线只是终结原多方强势的信号,而不能作为反向开仓的信号。

图 3-4 所示的棕榈 1401 合约 5 分钟 K 线图中,两个比较明显的力竭阳线位置就形成了上涨止步的走势。我们在力竭阳线出现后,可以平仓原有单,但是尽量不要反向开仓,要等待新的技术特征出现后再进行新的开仓操作。

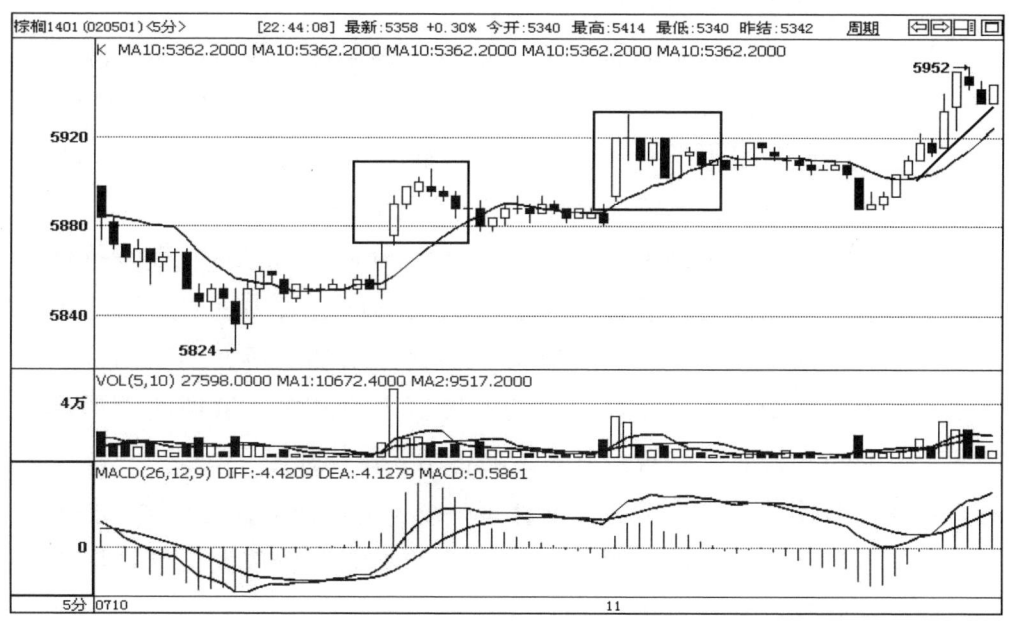

图 3-4

这个新的技术特征可以是再次上涨信号出现,也可以是反转信号出现,在形成下跌的时候开仓。

网友: 既然力竭阳线反映出的盘口信息是做多力量的衰竭,而且从概率上讲，之后停止上涨和出现下跌的概率较大，为什么不支持反向开仓呢？

老纪：实盘操作中，按照惯性原理，有时候出现力竭阳线后，期货价格还会惯性向上冲，在这样的位置开仓不保险。同时，力竭阳线的出现代表当前做多力量的衰竭，但是后期会不会有新多入场，出现接续力量，推动期价上涨，还不能确定。依据稳健的操作原则，这时不能着急反向开仓，要等新的可操作信号出现后再做决定。

网友：图3-4中的三次上涨量能都有较为明显的放大，但是三次上涨的性质和后期接续的走势完全不一样，我明白为什么要平仓而不是反向开仓了。

老纪：我虽然不赞同反向开仓，但是力竭阳线不仅可以对上涨形成阻力，而且，如果多方集中消耗力量后，做多资金跟不上，空方的力量占了上风，则会形成转势的走势。当转势走势形成后，新的技术特征显现出来，就可以开仓了。

图3-5所示的豆一1401合约5分钟K线图中，期货价格在一段时间的持续横盘整理后，突然向上发力上涨，第二根大阳线形成时，伴随着成交量的突然增加。多方推动期价上涨虽然成功，但是集中消耗的做多力量较多，后期能否形成持续上涨，需要看多方力量能否继续保持强势。

网友：实盘走势中，多方没能保持持续发力的态势，随后第二根K线就形成了明显的缩量，并且量能不能有效放大，价格形成了快速下跌的走势。

老纪：这种多方发力力量被集中消耗后快速下跌的走势，往往是空头力量占据上风的表现。力竭阳线带来了反转走势，这种走势需要我们进行多单平仓。当新的下跌形成，支持反向开仓的时候，我们可以择机做空。

在这里，我出一道思考题：我们曾经说过，在期货交易

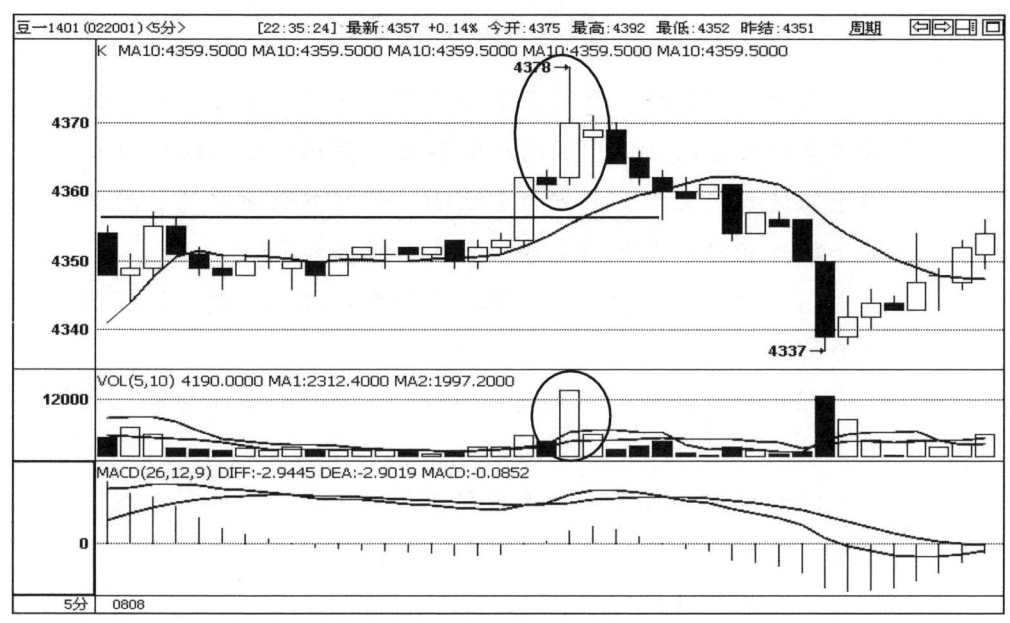

图 3-5

市场，可以做多也可以做空获利，很多的技术分析都是可以相互推导使用的。图 3-5 中的力竭阳线形成后，多空转势，形成了快速下跌。在下跌的后期，同样形成了放量的大阴线，这根阴线的技术特征和力竭阳线有什么区别？有什么共同之处？反映了什么样的盘面语言？

不需要你快速回答，本次交流结束后你做个复盘，下次交流的时候我们再详细地说。

网友： 好的，回去后我认真思考一下。

网友 Jacky 的笔记

所谓力竭阳线，就是在上涨过程中多方集中发力后，做多的力量被大量消耗，形成的反映多方力量相对衰竭情况的 K 线形态。这种情况下，多方力量衰竭，若空方能量聚集，就会形成下跌或者停止上涨的走势。其技术特征如下。

（1）在形成短期突破上涨或者趋势上涨后，收出比较有攻击力的阳线。

（2）伴随阳线的成交量相对较大，与前期成交量相比成倍增加。

（3）后续成交量不能有效跟上，做多的力量明显衰竭，分时走势中有较为明显的滞涨征兆，同时多空力量快速形成平衡后，交易相对再次趋于清淡。

（4）选用的 K 线的周期不能太长，以 3 分钟、5 分钟、15 分钟为最佳，坚决不能以超过 30 分钟的 K 线为参考。

当力竭阳线形成后，多半会形成短期停止上涨或者转向的走势，所以我们要对手中的多单进行平仓。

力竭阳线的形成是一个信号，后期量能的变化是操作的具体参考。力竭阳线只是终结原多方强势的信号，而不能作为反向开仓的信号。

第二节
对力竭阴线的分析与相关操作技巧

网友：老师，针对上次您留给我的思考题，我做了认真的思考。以前我们说过，在期货市场可以做多也可以做空，所以有很多技术分析方法正过来用是做多获利的方法，反过来用就是做空获利的方法。

在图 3-6 所示的豆一 1401 合约 5 分钟 K 线走势图中，虽

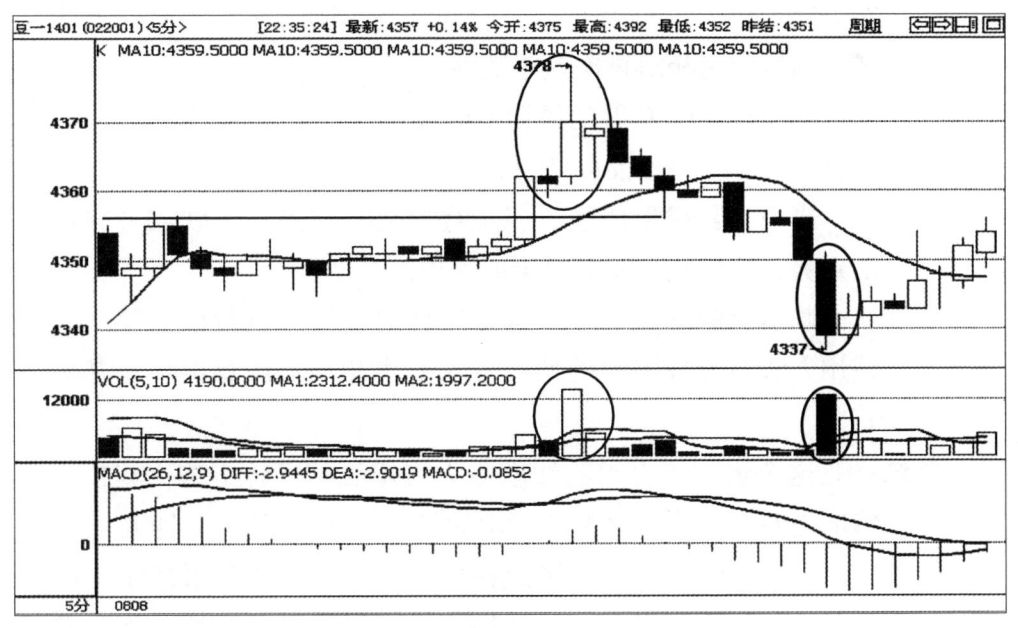

图 3-6

然我们前面找到并进行技术交流的 K 线是力竭阳线，但是下跌趋势形成后，在期货价格见底反弹处的那根放量大阴线就是一根反向的力竭阳线。

老师，我说的对吗？

老纪：你说的很对。有力竭阳线，同样也有力竭阴线的存在。前面我们已经对力竭阳线进行了详细的分析，那么结合图 3-6，你能不能举一反三，总结一下力竭阴线的技术特征呢？

网友：好的。如图 3-6 所示，力竭阴线与力竭阳线基本相仿，技术特征如下。

一是在形成短期突破下跌或者趋势下跌后，收出比较有攻击力的阴线。

二是伴随阴线的成交量相对较大，与前期成交量相比成倍增加。

三是后续成交量不能够有效跟上，做空的力量明显衰竭，在分时走势中有较为明显的滞涨征兆，同时多空力量快速形成平衡后交易相对再次趋于清淡。

四是选用的 K 线的周期不能太长，以 3 分钟、5 分钟、15 分钟为佳，坚决不能以超过 30 分钟的 K 线为参考。

当力竭阴线形成后，多半会形成短期停止下跌或者转向的走势，所以我们要对手中的空单进行平仓。

基本上就这么多吧。这是结合力竭阳线进行的总结，其使用方法与力竭阳线的使用方法基本相同，注意事项也基本相同。

老纪：是这个道理。力竭阴线就是力竭阳线的反转走势，其技术特征是差不多的。图 3-7 所示的橡胶 1401 合约 5 分钟 K 线图中，当期货价格在高位形成一定的滞涨后，顺势形成了下跌走势。在下跌过程中，短期均价线初步形成了短暂的下跌趋势。在下跌趋势形成的后期，下跌的速度和力度明显增加，阴线的长度逐步放大，反映了市场中做空力量开始集中爆发，同时交易逐步活跃，成交量逐步增加。

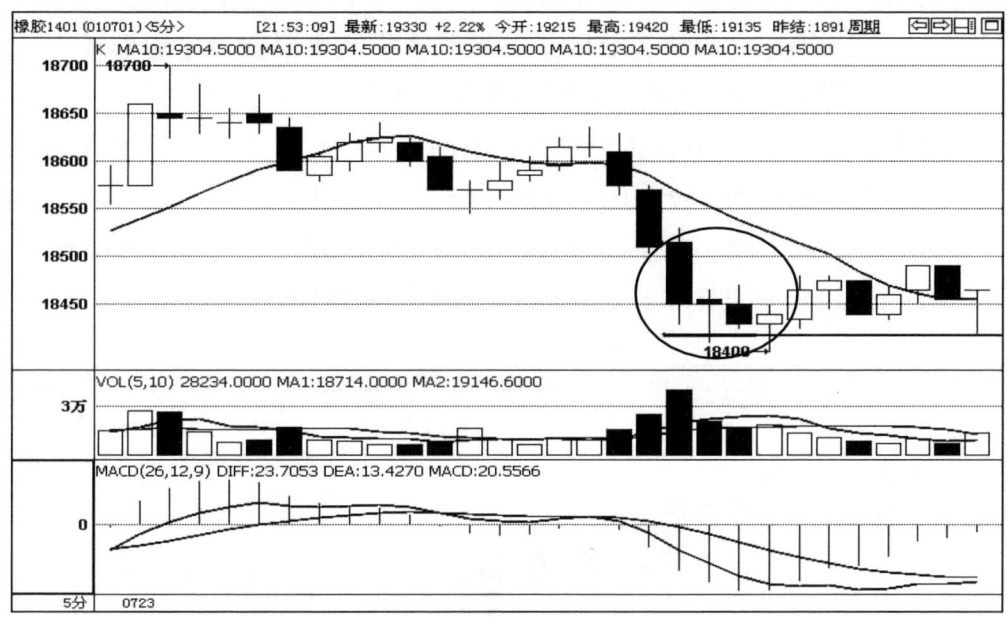

图 3-7

在图 3-7 中的圆圈位置，成交量有效放大后，期货价格形成了止跌走势，随后形成了一个时期的横盘整理走势。请问，这个位置的 K 线形态算不算力竭阴线？能否按照力竭阴线来进行分析？

网友：如果严格分析这个位置的 K 线组合，其不完全符合力竭阴线的技术特征。

老纪：是的。如果严格分析这个位置的 K 线组合，其确实不完全符合力竭阴线的技术特征。但是我们要学会举一反三，力竭阴线的形态特征只是表象，其内在的涨跌原因才是重点。

结合我们对力竭阳线出现的背景因素的介绍，这个位置的 K 线形态其实是力竭阴线的一种变形形态。任何一种经典形态都会出现变形形态,至于是否可以将经典形态与变形形态相提并论,主要通过内在分析来确定。

网友:是啊!经典形态非常重要,是学习的基础。实盘操作中其变形形态也非常多。只有理解了这些经典形态,才能理解变形形态,才能用好、用活这些技巧和方法。

老纪:这个你不用着急,先打牢基础,基础打扎实后,很多方法都是相通的,就如同一层窗户纸,一捅就破。

接下来,我们以图3-8所示的螺纹1401合约3分钟K线图为例,交流一下力竭阴线出现后的应对措施。

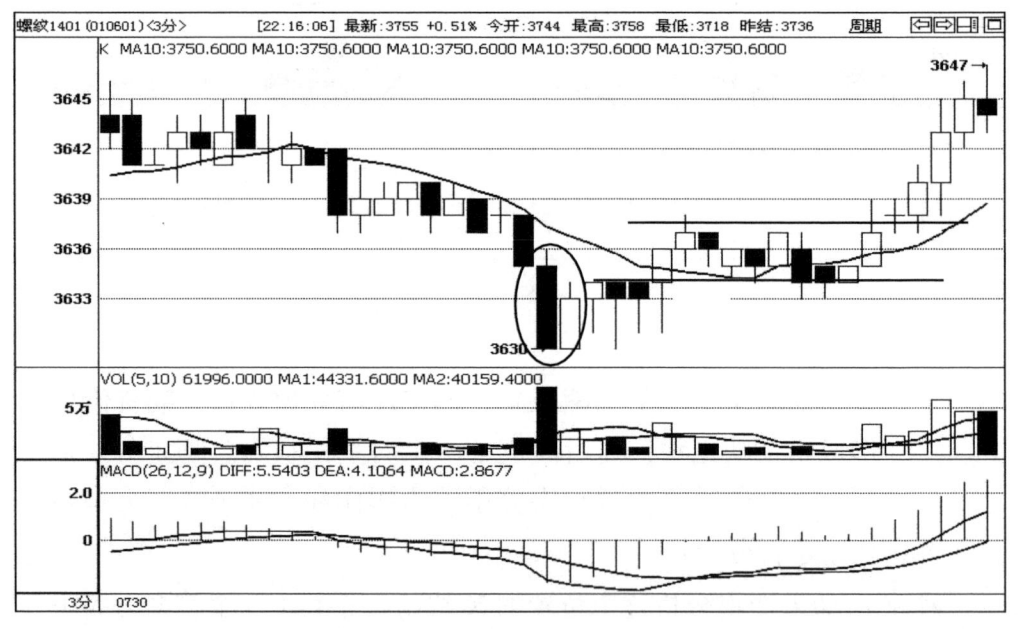

图3-8

网友:我记得在讲力竭阳线的时候说过,第一步是对手中的原有同趋势单进行平仓处理,同时不要着急反向开仓。这些内容,我们曾经专门讨论过。

老纪:对!出现力竭阴线的时候,下跌的力量在这个位置已经有了集中的释放。做空力量集中释放后的局面，对于做多力量，就是一种有利的局面了。至于会不会继续下跌，还是会出现上涨走势，那需要进一步观察形成的新的多空局面中谁占了上风，期货价格会偏向占上风的一方。

力竭阴线出现后平仓，是对不确定因素，也是对大概率空头力量衰竭走势的一种风险回避的操作策略，所以第一步需要平仓。

平仓后不是不做了，接下来，我们需要对后期的走势进行观察，如图3-8所示，看期货价格走势会偏向哪一方，看成交量会出现怎样的变化。如果多头集中力量战胜了空头，形成新的上涨技术走势，确认后就可以入场做多。同样，若空头再次集中力量，有效打击多头后占据了上风，我们可以顺势开空单。

网友： 图3-8中的期货价格经过横盘整理后，也就是多空短暂平衡交易后，形成了向上的走势，多头发力，所以我们就顺势开多单。

老纪： 我们再来看图3-9所示的橡胶1401合约5分钟K线图。在这段K线图中，形成了持续下跌的走势，同时图中出现了多处力竭阴线的技术形态。虽然从整体上看，持续持有空单可以持续实现盈利，但是从技术操作策略上讲，我们还是有必要在力竭阴线出现的时候采取相应的操作策略。

结合图3-9中的标注，你来说说你对这些位置的操作认识吧。

网友： 好的。当下跌趋势形成后，在第一个标注位置，形成了一根下跌力度较大，幅度较大，成交量较大的力竭阴线。力竭阴线的形成说明在这个位置空方集中发力，做空的资金有一次集中释放。在这个位置，若盘面出现下跌，或者接下来的交易清淡，我们就可以考虑对手中做空的单子进行一次平仓

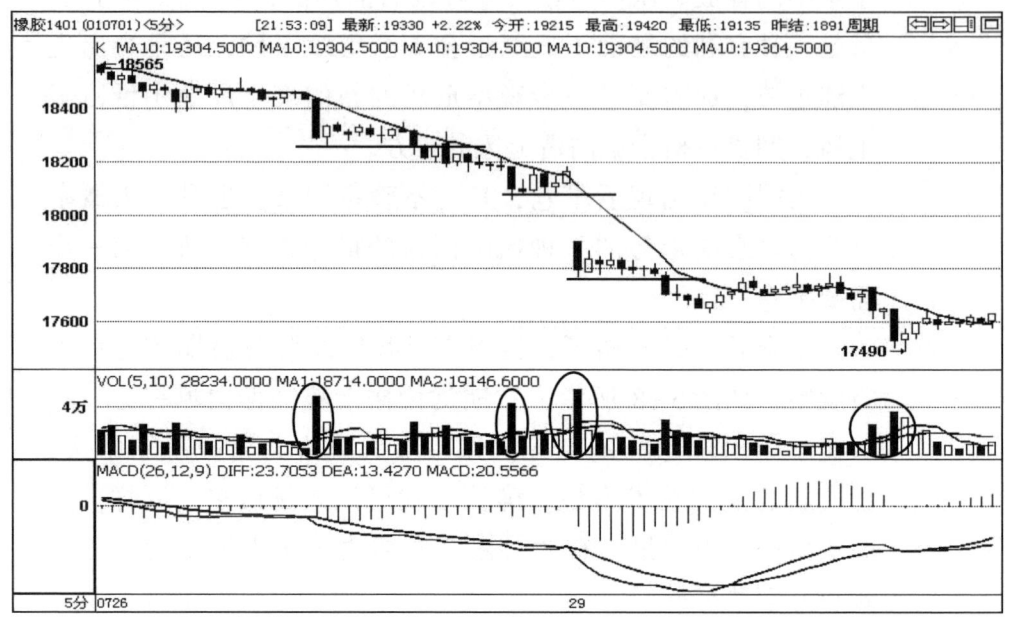

图 3-9

处理。

第一次平仓后,我们对盘面继续进行跟踪,下跌趋势没有得到扭转,当新的做空力量形成后,可以考虑再次开仓做空。

随后出现了第二根力竭阴线,力竭阴线形成后我们所应采取的应对措施依然是平仓和跟踪观察。之后第三根量能较大的阴线出现,因为其处在开盘的第一时间,属于早盘第一根 K 线,所以分析价值要大打折扣。

老纪:是的。我们做的是短线投机操作,所以当技术信号出现后,我们需要积极应对,果断地采取措施。能我们的积极主动会失掉一些机会,但是可以掌握操作的主动权。

网友:总的来说,经过盘面中几根经典的和不太经典的力竭阴线的洗礼,虽然相对而言持续持仓空单会产生更大利润,但是我们的应对策略显得更加灵活。

老纪：力竭阴线可以带来调整，同样可以带来反转走势。图3-10所示的螺纹1401合约3分钟K线图中出现了较为明显的反转走势。当我们面对力竭阴线平仓的时候，虽然会失掉一些机会，但是与此同时规避了风险。

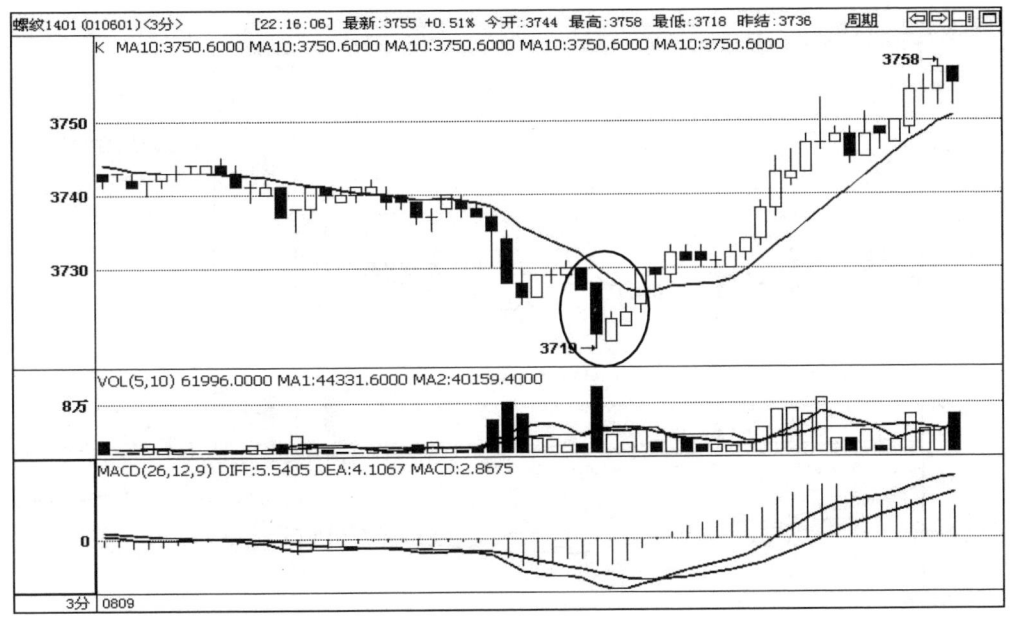

图3-10

第一步平仓动作做完后，主动权还在我们手中，我们还有第二步的顺势开仓操作，无论是下跌还是上涨，同样都可以获利。若不能及时地应对力竭阴线所带来的风险，那我们就失去了获利的机会。

网友：本次的力竭阴线形成后，做空力量明显衰竭，在没有太多做多资金入场的情况下，以较小的成交量就能够推动期货价格快速上涨，由此可看出空方力量衰竭得比较严重。

随后期货价格形成了新的上涨趋势，我们转变操作观念，从做空转向做多，不仅规避了风险，还有效地把握了上涨的机会。

老纪：我们再来看图3-11所示的螺纹1401合约3分钟K线图，在图中出现了几根比较有力的阳线和阴线，同时在我们标注的位置，与K线同步的成交量也有效放大。

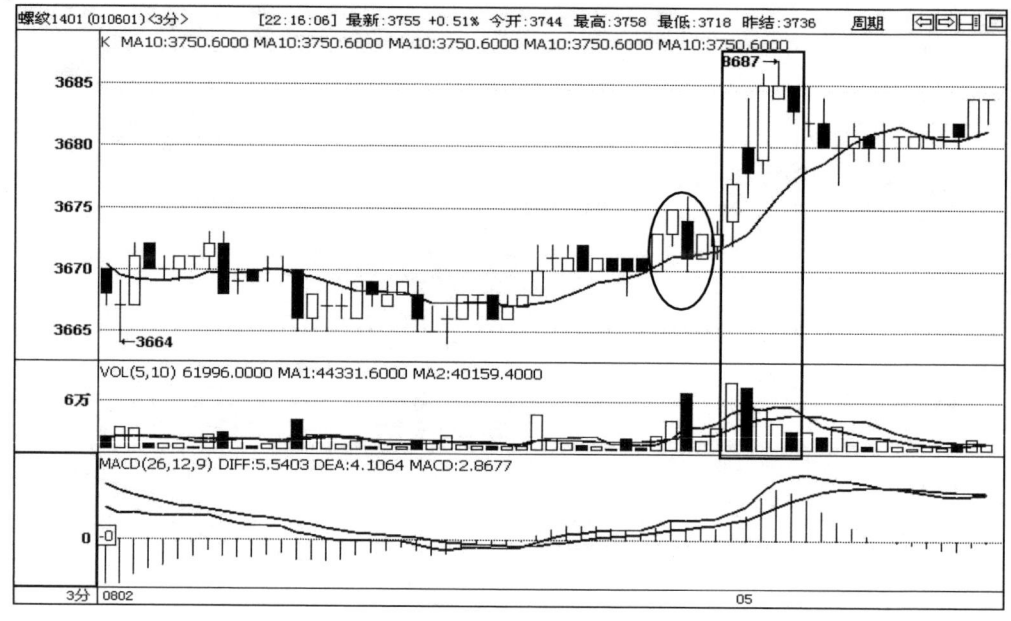

图3-11

这两个位置的力竭阳线和力竭阴线算不算标准形态呢？为什么对后期涨跌的预测效果不是很好呢？

网友：感觉这两个位置处虽然出现了放量的大阳线和大阴线，但是总有一种乱七八糟的感觉，不像前面我们介绍的那些K线组合那么"干净"，信号似乎杂乱无章，但是形态上又有几分相似。

我知道了，老师是想告诉我虽然这些位置处的K线形态和组合比较像力竭阳线和力竭阴线，但是不够经典，不完全符合力竭阳线和力竭阴线的技术特征，所以应该放弃这些相对杂乱的信号。对吧？

老纪：你说的有几分道理。首先，我们看图3-11中圆圈位置的第一根放量阴线。单看这根阴线，有力竭阴线的技术特征，但是该位置没有形成较为明显的下跌趋势，反而处在上涨走势中。力竭阴线的盘面语言是下跌力量最后一次的集中释放和衰竭，而该位置看不到这个信号，所以不应用力竭阴线的操作方法来进行分析操作。

而在接下来的上涨中，阳线、阴线的量能和力度都有所放大，交易处于多空激烈博弈的状态，信号依然不真实，容易出现伪信号，所以不属于标准的力竭阳线和力竭阴线。在这种情况下，用力竭阳线和力竭阴线进行分析，对后期的预测起不到太大的帮助。

网友：谢谢老师！我知道了，我们在实盘操作中不能只看形态，还要看本质。

网友Jacky的笔记

有力竭阳线，同样也有力竭阴线的存在。力竭阴线与力竭阳线基本相仿。其技术特征如下：

（1）在形成短期突破下跌或者趋势下跌后，收出比较有攻击力的阴线。

（2）伴随阴线的成交量相对较大，与前期成交量相比成倍增加。

（3）后续成交量不能有效跟上，做空的力量明显衰竭，在分时走势中有较为明显的滞涨征兆，同时多空力量快速形成平衡后交易相对再次趋于清淡。

（4）选用的K线的周期不能太长，以3分钟、5分钟、15分钟为佳，坚决不能以超过30分钟的K线为参考。

当力竭阴线形成后，多半会形成短期停止下跌或者转向的走势，所以我们要对手中的空单进行平仓。力竭阴线出现后平仓，是对不确定因素，也是对大概率空头力量衰竭走势的一种风险回避的操作策略。主动权还在我们手中。若不能及时应对力竭阴线所带来的风险，那我们就失去了获利的机会。

力竭阴线形成后，做空力量明显衰竭，在没有太多做多资金入场的情况下，以较小的成交量就能够推动期货价格快速上涨，由此可以看出空方力量衰竭得比较严重。

我们在实盘操作中不能只看形态，还要看本质。

第三节
对趋势反向突破的分析与相关操作技巧

网友：在实盘操作中，有时候我们明明看到一个标准的趋势形态被打破了，结果期货价格却没有向打破的方向运行；有时候明明期货价格形成了标准的突破形态，却很快掉头，不向突破的方向走。

面对这种走势，稍不留神，交易者就会将多单平在最低点，空单平在最高点，如何应对这种尴尬的局面呢？

老纪：形成突破的时候，往往是力量积聚后集中爆发的时候，也是按照惯性原理向突破方向涨跌的时候。但是，实际走势中经常会有突破后不向突破方向运行的走势。面对这种情况，一方面，我们要学会判断真突破和假突破，从深层次理解真假突破的技术特征；另一方面，要学会用辩证的眼光来看待市场，分析多空状态，同时要建立逆向思维模式。

网友：如何建立逆向思维模式？如何用辩证的眼光来看待市场？

老纪：我们以趋势的反向突破为例进行详细说明。如图3-12所示的籼稻1401合约5分钟K线图，期货价格从2443点开始缓步攀升后，低点逐步抬高，形成了一个比较明显的上涨趋势。进行短趋势交易的交易者，可以顺着这个趋势持有多单获利。

在图3-12中的圆圈位置，期货价格连续收出6根阴线，有效打破了前面比较稳定的上涨趋势，这时候按惯性操作原

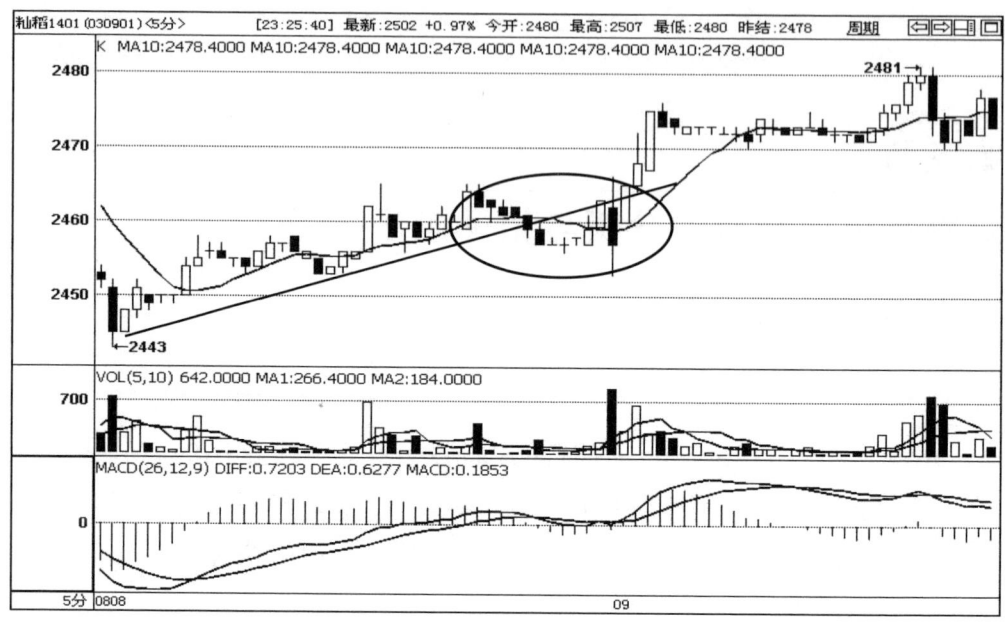

图 3-12

理，原持有小趋势单的交易者会平仓，以规避风险。也有看空的交易者发现趋势被打破后，会进行做空的操作。按常理，在做空资金的作用下，在突破位置期货价格会形成惯性下跌，但是这个位置没有形成惯性下跌，期货价格稍作短期整理后，再次向上，回到了原上涨趋势内。

网友：是啊！有时候我对这种走势比较头疼，本来是按趋势进行实盘操作的，趋势被打破以后，刚刚调整操作方向，期货价格又反向，回到了原趋势中。

老纪：这种走势就是比较标准的趋势被反向打破的走势，按惯性原理，理应下跌的位置没有形成下跌，说明做空力量衰竭，做多力量稍稍发力，就会推动期货价格形成上涨。

在期货价格再次回到原上涨趋势中的时候，交易者可以寻找做多的机会开仓。

也就是说，在趋势形成的时候，首先我们要按照趋势思维模式来操作。当趋势被瞬间打破后，期货价格再次回到原趋势中，按照原趋势方向运行的时候，将会在原趋势方向中孕育出新的操作机会。

网友： 这的确需要运用辩证的思维模式来思考，本来对原涨跌趋势的打破是一种对原趋势不利的形态，但是能够在很短的时间里，毫无压力地再回到原趋势中运行，这就更加说明了原趋势的力量，对原趋势的打破只能是假突破。

老纪： 我们再来看菜油1401合约3分钟走势图（图3-13），在图中这个阶段菜油走出了持续下跌的走势。

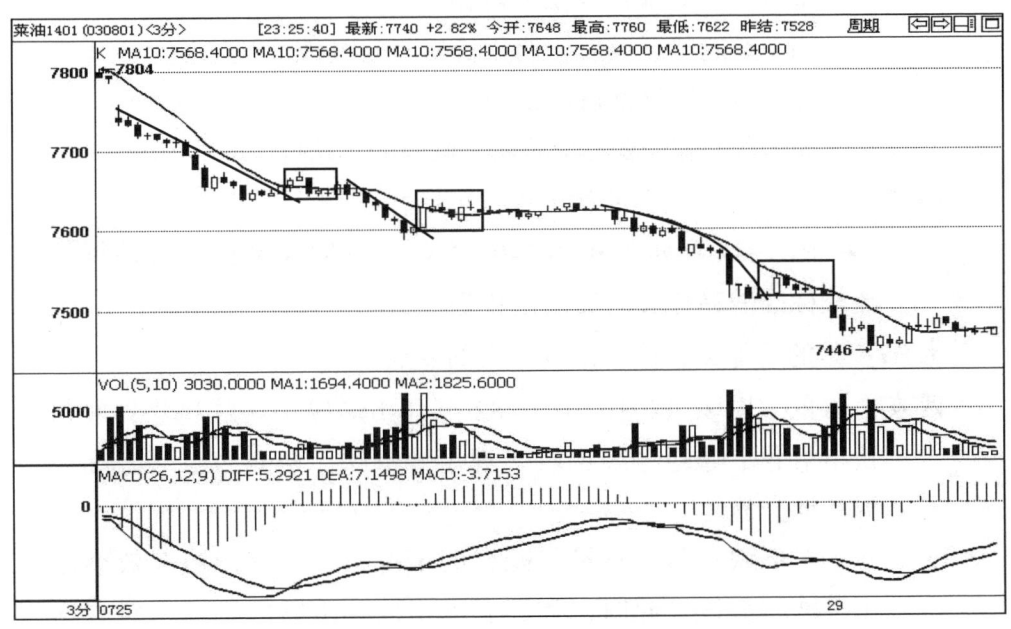

图3-13

我们对这个持续下跌走势进行细节分析，以短线投机操作的眼光来看待其中的涨涨跌跌。在每一波的下跌中，虽然都有下跌趋势被打破的位置，但是每一次打破后阳线会很快被再次下跌的阴线吞吃掉。

阳线成为反抗阳线，整理成为中继整理。每一次下跌的小趋势被打破后，再次形成下跌时，就是一轮新的做空机会。我们只要把握住趋势的反向突破的技术要点，就很容易把握住获利机会。

网友：我们是以趋势的上沿为标准来判断是否形成突破，还是以下沿为标准呢？

老纪：**上涨找支撑，下跌找压力。**

也就是说，当上涨趋势形成后，期价下跌，打破趋势下方的支撑线，然后在较短时间内上涨回来，此时就需要结合盘面来分析是否应该再次入场做多。

当下跌趋势形成后，期货价格有效突破下跌趋势上方压力线，随后若期货价格再次快速下跌，否定了对压力线的有效突破，那么我们就需要考虑是否一轮新的下跌行情即将展开。

网友：老师说得好！上涨找支撑，下跌找压力。

图 3-14 所示的籼稻 1401 合约 3 分钟 K 线图，应该算是比较标准的趋势反向突破走势吧？

老纪：是的。那么，你来说说其中的要点。

网友：好的。图 3-14 中，从 2482 点开始形成了下跌趋势，期货价格沿着下降趋势线比较守规矩地下跌，期间多空双方相对温和地交易。

在下跌后期没有量能配合的情况下，期货价格有效突破了下跌趋势线。此时，我们有理由放弃下跌的判断，对当前走势进行继续跟踪。

当期货价格经过平台整理后，再次向下，形成新的下跌趋势的时候，原下跌趋势被打破就成了反向的无效打破，新的下跌趋势预示着新的下跌行情即将到来，这个位置就成了可以考虑做空的有利位置。

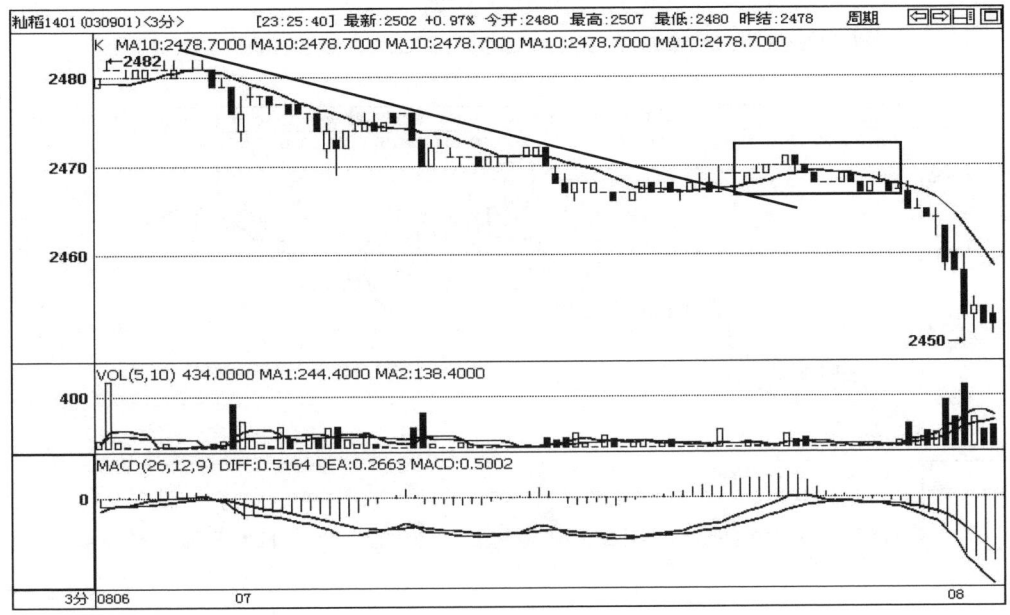

图 3-14

老纪：下跌趋势在被上涨阳线打破后，从 K 线形态和位置上看，好像下跌趋势被有效化解了，此时往往会带来盘中交易者新的思维变化，做多、做空资金会重新审视盘面。若这种有利于上涨形态形成的 K 线组合都没能激发市场交易者做多的情绪，那么当期货价格再次形成下跌势头的时候，新的做空力量会很快形成，一波新的下跌将会随之而来。

网友：我们若能结合 MACD 指标来进行共同分析，就更容易找到做空的位置了。运用这种逆向思维模式来考虑问题，市场中很多看似异常的走势都变得容易理解多了。

老纪：当然，对趋势的突破能够在很短的时间内再次拉回的机会还是不多的。如图 3-15 所示的橡胶 1401 合约 1 分钟 K 线图，期货价格在初期形成了比较标准的上涨趋势，按照上涨通道运行，比较守规矩。随着市场交易环境的变化，多空资金开始加大博弈力度，在图 3-15 中的第一个圆圈位置形成了一次较为集中的快速拉升。

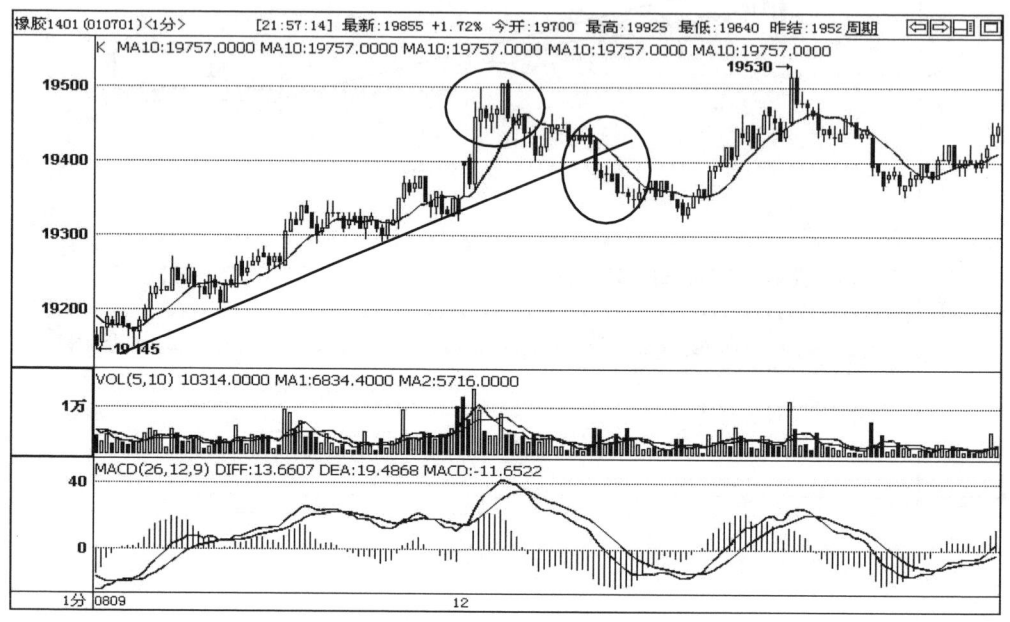

图 3-15

我们讲过，这种快速放量拉升对多方而言是一种消耗，若不能诱发市场更多交易者认同上涨走势，形成新的做多力量进行补充，将会让空方占据优势。

随后期货价格下跌，在图 3-15 中的第二个圆圈位置形成了突破上涨趋势支撑线的走势。在这个位置，常规操作必须要考虑规避新的下跌风险。按照趋势反向突破操作，当期货价格向下突破后，若能再次快速拉回，形成上涨，那么将有可能展开一轮新的上涨行情。

实际走势中，期货价格持续下跌，没有在短时间内形成上涨，所以对该品种的做多思路将打折扣处理。

网友：后期，期价经过下跌再次上涨的时候，依然没有创出新高，应该是一种弱势的表现。我想，这与前面对趋势的有效突破有关吧？跌破趋势且不能快速拉回，前期还有集中放量做多力量被集中消耗，后期上涨压力将会增加。

老纪：多少是有些关系的，尤其是在较短周期内形成的涨跌，前面的资金博弈留下的痕迹必然会对后期的走势造成影响。所参考的 K 线周期越短，其影响程度越大。

还有一点需要强调，我们当前所讲解的这些技术方法，都必须要用较短周期的 K 线进行参考分析。对这些技术走势的分析是建立在资金博弈上的，充分考虑了短期多空资金流动方向，比较适合进行短线投机操作。

网友：我注意到了，近期所用的参考图例，大部分是 1 分钟、3 分钟或者 5 分钟的走势图，谢谢老师的提醒。

网友 Jacky 的笔记

形成突破的时候，往往是力量积聚后集中爆发的时候，也是按照惯性原理向突破方向涨跌的时候。一方面，我们要学会判断真突破和假突破，从深层次理解真假突破的技术特征；另一方面，要学会用辩证的眼光来看待市场和分析多空状态，同时要建立逆向思维模式。

本来对原涨跌趋势的打破是一种对原趋势不利的形态，但是能够在很短的时间里，毫无压力地再回到原趋势中运行，就将不利变成了有利。

这些技术方法，都必须要用较短周期的 K 线进行参考分析。对这些技术走势的分析是建立在资金博弈上的，充分考虑了短期多空资金流动方向，比较适合进行短线投机操作。

第四节
对平台反向突破的分析与相关操作技巧

网友：老师，今天我们学习什么内容？

老纪：反向突破的模式有很多种，每种都有自己的特点，最为常见、最为基础的是趋势的反向突破、平台的反向突破、箱体的反向突破和重要价格的反向突破。在这四种常规反向突破的基础上，我们充分理解其涨跌的内在原因，然后举一反三，拓展到其变形分析上，就可以让我们的实盘交易路子更宽、方法更多，运用起来更加得心应手。

网友：上次我们学习了趋势的反向突破的操作技巧，现在我们接着学其他几种反向突破，好吗？

老纪：我们以图3-16所示的PTA1401合约1分钟K线图为例，来交流一下平台的反向突破的技术要点。

平台的反向突破与趋势的反向突破是有相同之处的，按照惯性原理，趋势是一种多方或者空方持续占有优势的惯性涨跌曲线，平台则是多方和空方力量达到相对平衡后的一种惯性运行轨迹。

如图3-16所示，期货价格在按照一定的下跌趋势下跌后，形成了止跌横盘的走势。在止跌横盘期间，期货价格保持相对平稳波动，形成了一个标准的横盘平台。横盘平台的相对最低价形成了支撑，支持期货价格保持相对高度。

第三章
扭转传统的操作思路

图 3-16

在图 3-16 中的圆圈位置，期货价格打破了这个平台的下沿支撑，形成了破位走势。

按照操作的常规分析，当期货价格打破平台下沿，形成新的突破下跌走势时，是空方力量占优，新一轮下跌行情即将到来的信号。在这种情况下，往往会有新的做空力量加入进来，同时传统的技术分析交易者会转变操作思路，做多的会开始逐步平仓。

这时候，理应下跌的盘面没有形成下跌，反而在很短的交易时间内，以毫不费力的盘面变化，形成了快速上涨走势，不但快速回到横盘整理区间，还形成了快速有力的上涨走势。这时候，我们就可以宣布平台向下突破走势失败，新的上涨行情展开。

网友：这就是以前所说的"该跌不跌，理应上涨"的道理。下跌趋势后的调整，看似预示着一波新的下跌趋势展开，但是之后没有形成下跌，反而做多的力量积聚，形成快速上涨，可见上涨时做多力量的强大，所以我们应该顺势跟随做多力量开仓。

老纪：你说的很对。该跌不跌，理应上涨；该涨不涨，理应下跌。如图 3-17 所示的橡胶 1401 合约 5 分钟 K 线图，在应该下跌的位置不下跌，只能说明有新的做多力量支撑着盘面不形成下跌走势，所以只要做多力量发力，就会形成上涨走势。同理，在应该上涨的位置不上涨，说明有一股潜在的做空力量压制着盘面。这股做空力量一旦爆发，就会形成新的下跌走势。

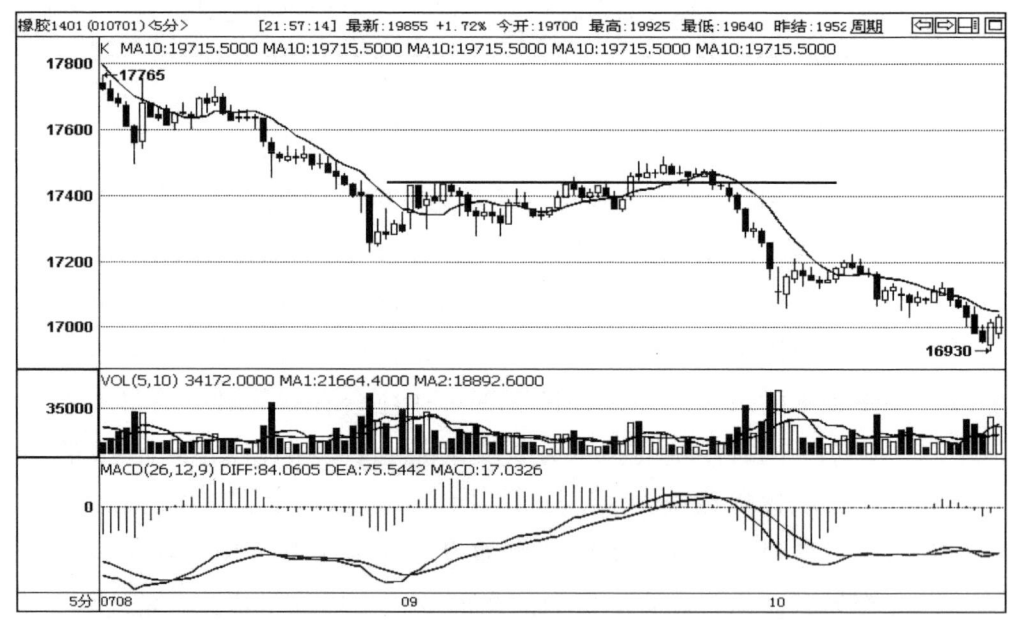

图 3-17

面对这种情况，只要新的做空或者做多力量爆发，我们就可以顺势开仓。

网友：图3-17中，橡胶1401合约初始阶段保持的是下跌走势，在17300点附近形成了打破下跌趋势后的止跌走势，止跌后盘面形成了平台整理。下跌过程中的平台整理的上沿比较中规中矩，多次对上涨形成压制。

在平台整理的末期，期货价格缓缓地突破了平台整理的上沿，形成了对平台的向上突破。向上突破并没有得到市场更多交易者的认可，没有形成集中的做多力量，反而在随后形成了下跌的走势。

按照我们学习过的交易方法，当突破走势宣告失败，期货价格回到原平台上，并且盘面有新的下跌动向的时候，我们就可以顺势开仓，做空获利了。

老纪：是的，你总结得比较全面。反向突破的操作模式只是一种表象，我们现在交流的是最为基础的形态分析。实际操作中，我们需要建立更加全面，兼顾更多因素的分析思路。比如，在本次下跌中，若实盘操作，我们还需要考虑量能变化、市场环境、同板块品种走势、几个重要技术指标的配合度。

网友：图3-18所示的螺纹1401合约5分钟走势图中，也出现了比较经典的平台反向突破后的下跌走势。期货价格形成了长期的平台整理，在平台整理期间，价格波动非常小，多空交易进入了极度的平衡状态。在图3-18中的圆圈位置，多方终于按捺不住，集中发力向上做多，同时成交量有了温和放大。但是，做多的力量很快就被做空的力量压制，虽然形成了向上突破，但是最终做空力量战胜了做多力量，新一轮下跌行情展开。

当确认新的下跌行情展开的时候，我们就可以进场开仓了。

老纪：图3-19豆粕1401合约5分钟走势图，也是一种比较经典的平台反向突破后的下跌走势。

图 3-18

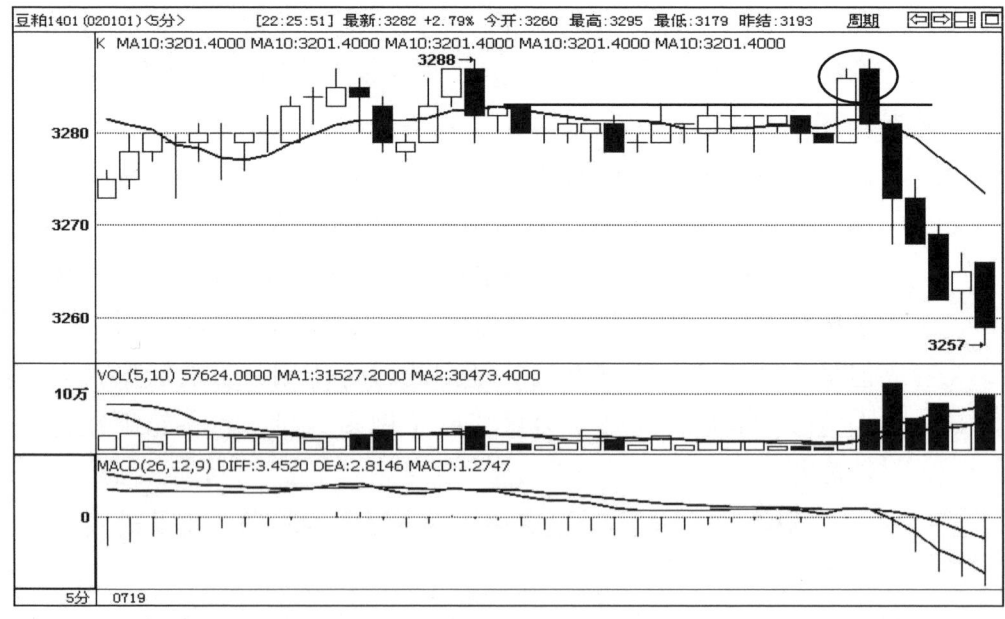

图 3-19

期货价格形成了相对较长的平台整理期，在平台整理期间，期货价格保持得较为平稳，交易量相对比较稳定，显现出了做多资金和做空资金的相对平衡。此阶段，只要没有新的做多力量加入或者新的做空力量加入，同时市场环境不发生较为明显的改变，期货价格就会继续保持这种平稳状态。

在图 3-19 中的圆圈位置，期货价格形成了向上突破的走势。这个突破位置从短期看，属于对胶着状态的突破，突破的是短期的小平台；从稍长一点的周期看，依然面临这个平台的压制，正好处在了这个平台的上沿。

我们说过，实盘操作时需要考虑多种因素，当掌握了基础的原理后，展开分析就会让我们的思路更加宽阔。此处的突破小平台伴随着成交量的增加，成交量的增加反映了市场交易资金的变化，多方发力打破了僵局。该位置成为观察分析的重点位置。

我们暂且不能在该位置形成做空思维，但是突破阳线后面紧跟的一根放量的阴线再次打破了交易局面。

网友： 是的。这根阴线看起来很重要，本来看上去挺好的上涨局面被打破了，我们可以依托这根阴线做空吗？

老纪： 上涨局面被阴线打破只是表象，成交量的放大以及盘面的下跌势头才是我们能够做空的主要因素。

网友： 突破平台后的快速拉回，加上长时间的平台被突破后激发的交易热情，瞬间激发了市场的活跃度，从深层次分析涨跌真的很有意思。

老纪： 抓住了本质，才能掌握影响涨跌的真正因素。我们再来看图 3-20 所示的棕榈 1401 合约 1 分钟走势图，同样是横盘整理形成了一个平台，这个平台形成后相对低点比较明确，在图中第一个圆圈位置，形成了向下的突破平台走势，随后期货价格再次被快速地拉回平台。这时候按照本节我们交流的技术方法，我们需要对其进行重点关注，寻找做多的机会。

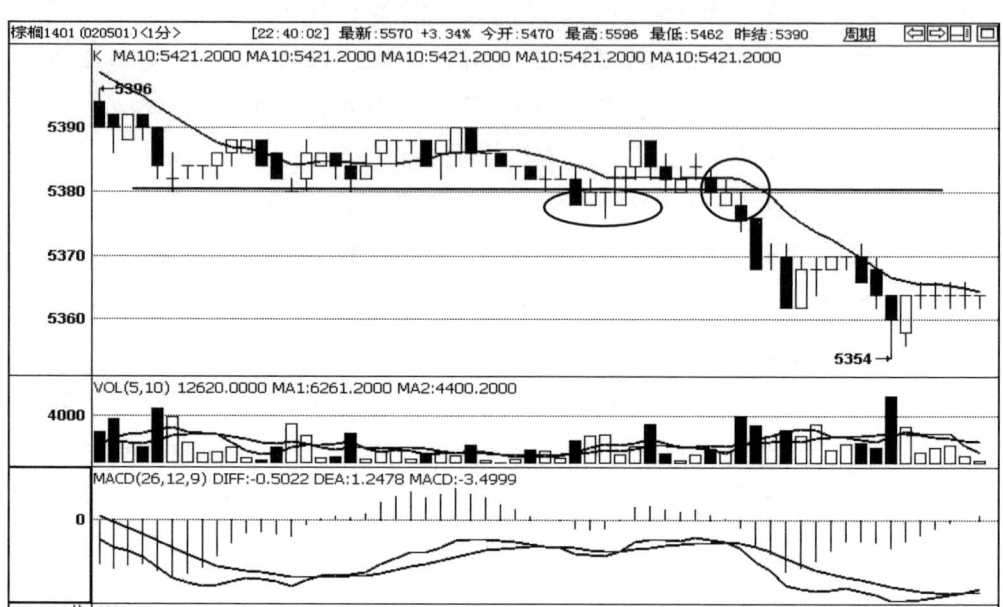

图 3-20

但是，事与愿违，期价回到平台后没有形成快速上涨走势，而是短暂地在平台内运行后，再次突破平台下沿，形成了二次突破走势。二次突破后，期货价格大幅下跌，没有能够形成快速再次回到平台的走势。

要想灵活应对这种情况，你觉得关键是什么？

网友：似乎有点儿尴尬，做起来好像不是那么得心应手。这种情况下，稍微不注意就会出现失误。

老纪：不是这样的。交易者只要严格执行操作纪律，敢于在盘面走势与预期分析不相符的时候及时平仓，就可以化解所有危机。

任何走势都有失败的时候，我们做的是大概率事件。当期货价格向上反向回到平台中时，若我们判断错误开仓，形成二次向下突破的时候及时平仓就可以了。

网友：呵呵！一语惊醒梦中人，忘了止损和及时平仓了。捡了芝麻，丢了西瓜。看来交易还是不够熟练啊，还得好好地学习和练习。

网友 Jacky 的笔记

平台的反向突破与趋势的反向突破是有相同之处的，按照惯性原理，趋势是一种多方或者空方持续占有优势的惯性涨跌曲线，平台则是多方和空方力量达到相对平衡后的一种惯性运行轨迹。

反向突破的操作模式只是一种表象，我们现在交流的是最为基础的形态分析。实际操作中，我们需要建立更加全面，兼顾更多因素的分析思路，需要考虑量能变化、市场环境、同板块品种走势、几个重要技术指标的配合度。

任何走势都有失败的时候，我们做的是大概率事件。当期货价格向上反向回到平台中时，若我们判断错误开仓，形成二次向下突破的时候及时平仓就可以了。

第五节
对箱体反向突破的分析与相关操作技巧

网友：趋势的反向突破和平台的反向突破我们已经学习过了，还有箱体的反向突破和重要价格的反向突破没有学习。我们这次是不是学习箱体的反向突破？

老纪：可以。其实几个反向突破的原理都是差不多的，不同的是形成的K线形态。不同的K线形态，形成了不同的走势，但是归根结底，都是资金博弈和市场交易情绪变化的结果。

网友：我们是不是可以用分析趋势的反向突破和平台的反向突破的方法，来同步分析箱体的反向突破和重要价格的反向突破？

老纪：当能够正确理解这些走势的真正含义时，是完全可以做到的。如图3-21所示的一段螺纹1401合约5分钟K线图，严格地讲就是一种箱体的反向突破形态，以广义上来看，也算是平台的反向突破的一种变形。

网友：箱体是平台的一种变形，平台大了就是箱体，箱体小了就是平台，这点还是比较容易理解的。箱体的反向突破和平台的反向突破其实也可以相提并论。

老纪：箱体的反向突破的波动范围更大，相对于平台的反向突破更难把握一些，其中掺杂的复杂信号会更多一些，所以会比平台的反向突破的分析难度大一些。

但是，箱体的反向突破所涉及的资金波动范围大，交易

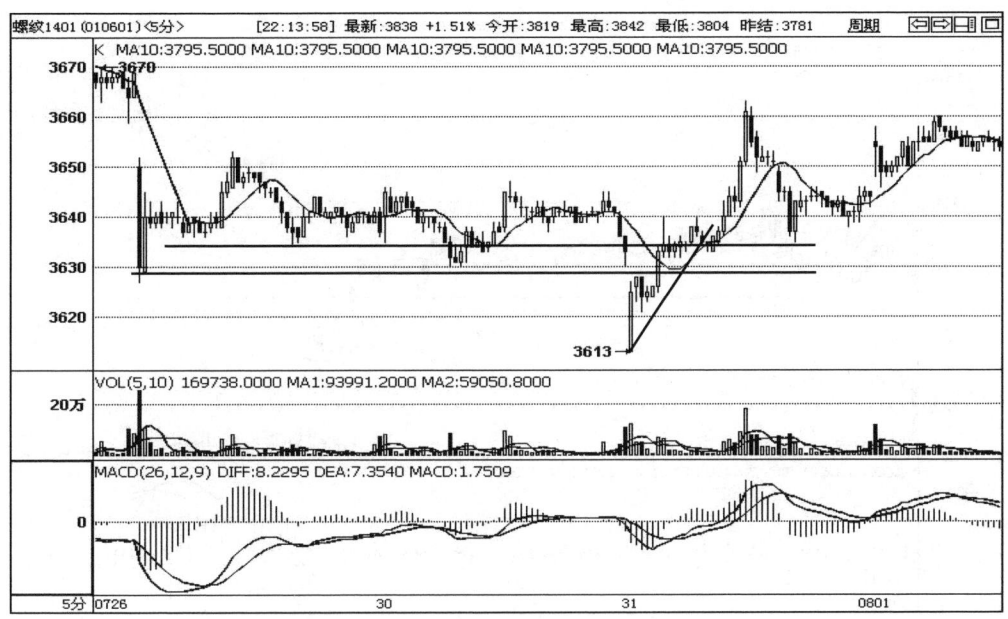

图 3-21

区间大，市场交易会相对活跃一些，所以带来的获利空间会更加可观。

网友：图 3-21 中的箱体形成了向下突破，快速拉回后，形成了两波快速上涨，这两波快速上涨带来的收益是比较可观的。

箱体的反向突破对涨跌的力度似乎要求更大一些，操作的周期更长一些。如果能够加入趋势分析的技术要点，就更好了。

老纪：如图 3-22 所示的豆粕 1401 合约 3 分钟走势图，期货价格形成了下沿支撑比较标准的箱体整理走势。这个箱体整理的时间相对平台整理较长，而且箱体的上沿有逐步下降的势头，使盘面形成了虽然是箱体整理，但是下跌做空力量稍占上风的局面。

随着走势的不断延伸，在成交量的配合下，期货价格连

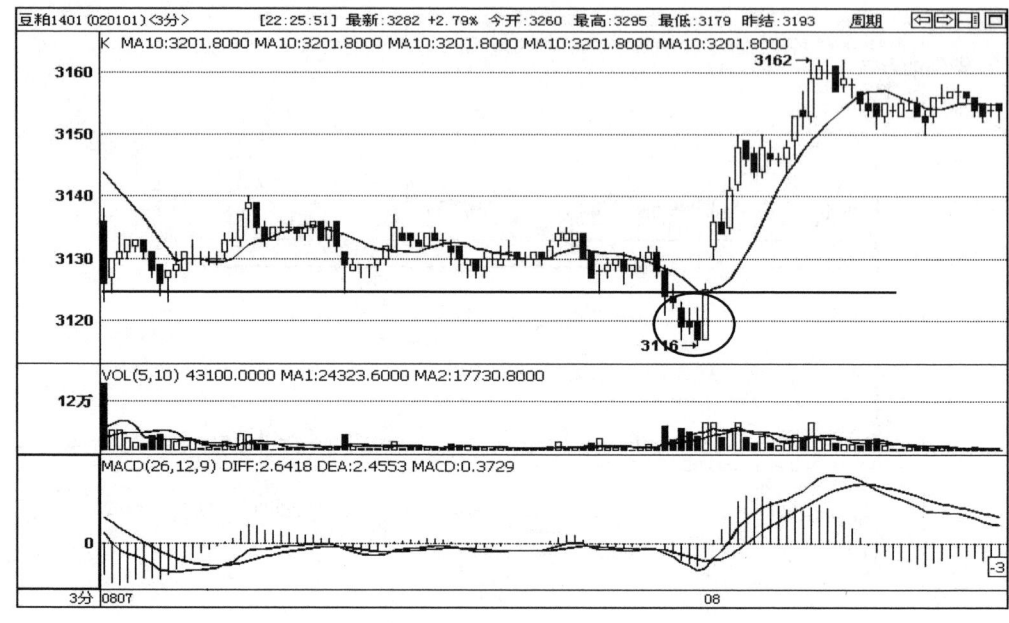

图 3-22

续收阴线,坚决而有力地击穿了箱体的下沿。

这种走势中,前期的整理形态显示了空方力量稍占上风,向下突破传递出空方态度坚决,很容易形成市场的跟风看空情绪。

但是,峰回路转,随后出现的上涨力度比下跌力度更大,态度更坚决,从盘面上很容易感觉出做多的决心。这时候我们就可以判断出,此次的突破和反突破应该按照箱体反向突破的技术特征来进行操作。

网友: 箱体反向突破后,只要趋势不变,就会形成较为可观的涨幅,所以要把握机会坚决做多获利。呵呵!看来建立逆向思维,有时候下跌后反而可以从中找到更好的做多机会,上涨势头出现后反而可以从中发现更好的做空机会。

老纪: 是这样的。我们再来看图 3-23 所示的 PTA1401 合约 1 分钟

K线走势图，图中期货价格走势形成了一个较为固定的箱体，在箱体中形成了上下震荡的走势。在此期间，我们有理由相信做多的资金和做空的资金能够保持相对平衡状态，只要当前的波动局面不被打破，这个位置的箱体形态就会延续惯性走势。

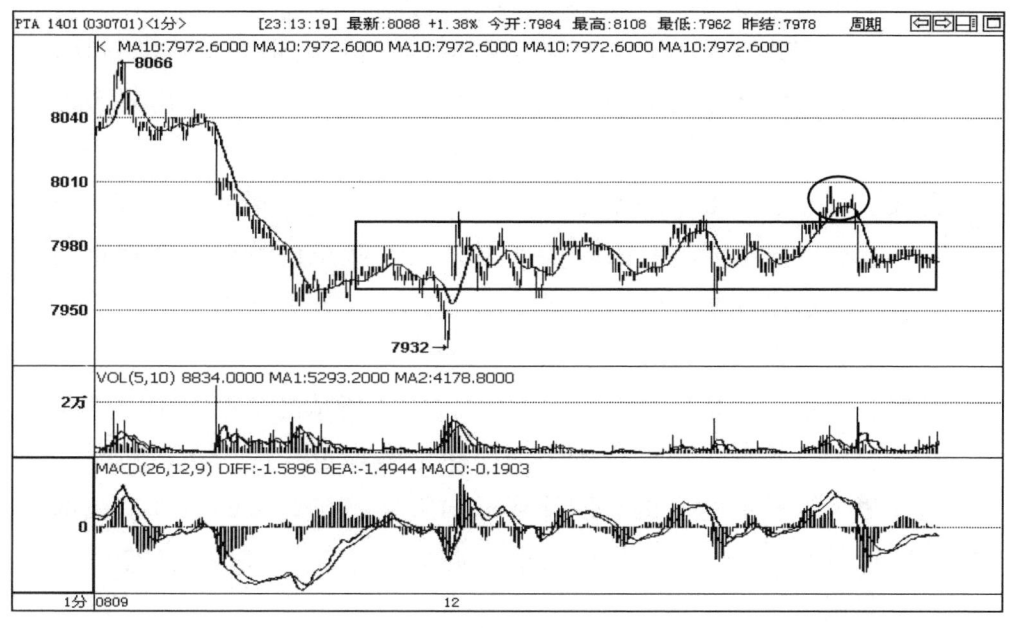

图 3-23

随后在震荡的末期，期货价格有效突破了箱体的上沿，形成了向上突破。突破后，我们对突破的方向和力度进行跟踪，寻找做多或者做空的机会。

网友：在形成向上突破的时候，虽然突破有力，成交量也相对有所放大，可以说是一种积极的突破信号，但是在突破后，期货价格没有形成持续上涨，而是在箱体的上方再次形成了整理走势。

随后的快速下跌形成了反向突破。反向突破非常有力，似乎一波新的下跌行情即将展开。可是后期并没有再次形成快速下跌，期货价格再次在箱体内形成震荡走势。

老纪：实盘操作中，我们要有灵活的应对措施。当期货价格向上突破箱体的时候，我们可以寻找合适的做多机会；当期货价格形成反向突破，再次回到箱体时，我们可以寻找做空机会。如果新的做空机会不能有效形成，那么我们可以等待。

在此次操作中，突破与反向突破都没有形成真正的行情。当新的趋势不能延续的时候，我们就需要平仓，且需要考虑是否否定原分析预测的涨跌方向。

网友：是的，不怕预测错，怕的是错了没有应对措施。其实，当反向突破形成时，面对快速下跌，就算开仓做空后期货价格没有形成预期的快速下跌走势，在横盘时平仓出局，我们也不会有太大的损失。

老纪：是的，不能因噎废食。比如图3-24所示的菜粕1401合约3分钟走势图，当期货价格形成箱体整理走势后，在最后阶段以一根较有力度的大阴线形成向下突破，突破的力度、幅度以及交易量都是比较大的，此时极容易形成做空的市场氛围。

随后期货价格不跌反涨，形成连续上涨走势。在上涨过程中，新的做多力量不断补充，成交量持续、稳定地放大，推动期货价格向上拓展空间。如果我们在上涨过程中不敢对反向突破进行确认，不敢大胆开仓，将会错过获利机会。

网友：还是老师常说的那句话：不要怕错，怕的是没有应对措施。掌握了大概率事件发生的技术方法后，有了相关的纠错措施做保障，我们就敢于面对错误，敢于把握机会，这样才能在市场中获利。

老纪：再重复一遍，期货交易市场瞬息万变，这种基于追随资金

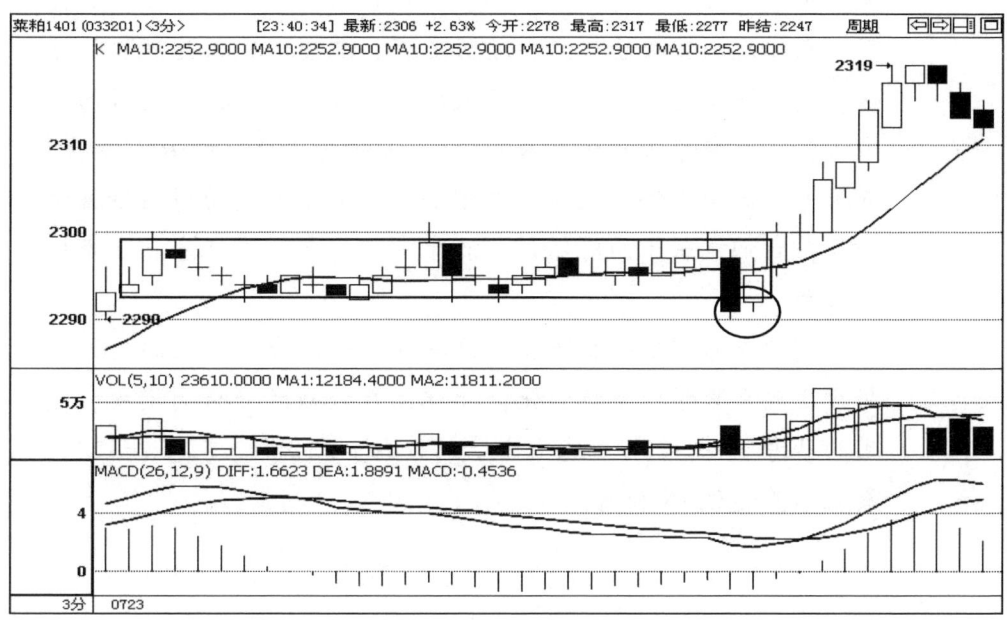

图 3-24

变化的技术分析方法要紧紧跟随市场变化，要建立在较短的分析周期内，选用的参考 K 线周期不能太长，1 分钟、3 分钟、5 分钟较佳，最长不要超过 15 分钟。

网友：好的，我记下了。

网友 Jacky 的笔记

不同的 K 线形态，形成了不同的走势，但是归根结底，都是资金博弈和市场交易情绪变化的结果。

箱体是平台的一种变形，平台大了就是箱体，箱体小了就是平台。箱体的反向突破所涉及的资金波动范围大，交易区间大，市场交易会相对活跃一些，所以带来的获利空间会更加可观。箱体反向突破后，只要趋势不变，就会形成较为可观的涨幅。建立逆向思维，有时候下跌后反而可以从中找到更好的做多机会，上涨势头出现后反而可以从中发现更好的做空机会。掌握了大概率事件发生的技术方法后，有了相关的纠错措施做保障，我们就敢于面对错误，敢于把握机会，这样才能在市场中获利。

期货交易市场瞬息万变，这种基于追随资金变化的技术分析方法要紧紧跟随市场变化，要建立在较短的分析周期内，选用的参考K线周期不能太长，1分钟、3分钟、5分钟较佳，最长不要超过15分钟。

第六节
对重要价格反向突破的分析与相关操作技巧

网友：前面我们学习了趋势的反向突破、平台的反向突破和箱体的反向突破，还有重要价格的反向突破。

重要价格的反向突破是什么？其操作要点和注意事项老师做一下详细说明，好吗？

老纪：好的。所谓重要价格，就是对市场交易者影响比较大的交易价格、参与的交易者比较关心的交易价格或者在某一位置容易引发交易者产生共鸣性交易行为的交易价格。

网友：也就是大家都在看、都在等，触及后会采取动作的交易价格，对吧？

老纪：比如图 3-25 所示的豆粕 1401 合约 1 分钟走势图中的两个圆圈位置，期货价格总能形成止跌回稳的走势。同时在这两个位置成交量都是放大的，放大的成交量说明交易换手比较充分，有更多的交易者参与交易。

两次都在同样的价位处形成了活跃的交易量，多空双方在这个价位处充分换手，那么这个价位所对应的区域就成了密集交易区。在短时间内，期货价格波动幅度不太大的情况下，其会对后期走势产生明显的影响。

网友：为什么会产生明显的影响呢？

老纪：很多交易者或者说大量的交易资金无论在这个价位上是平

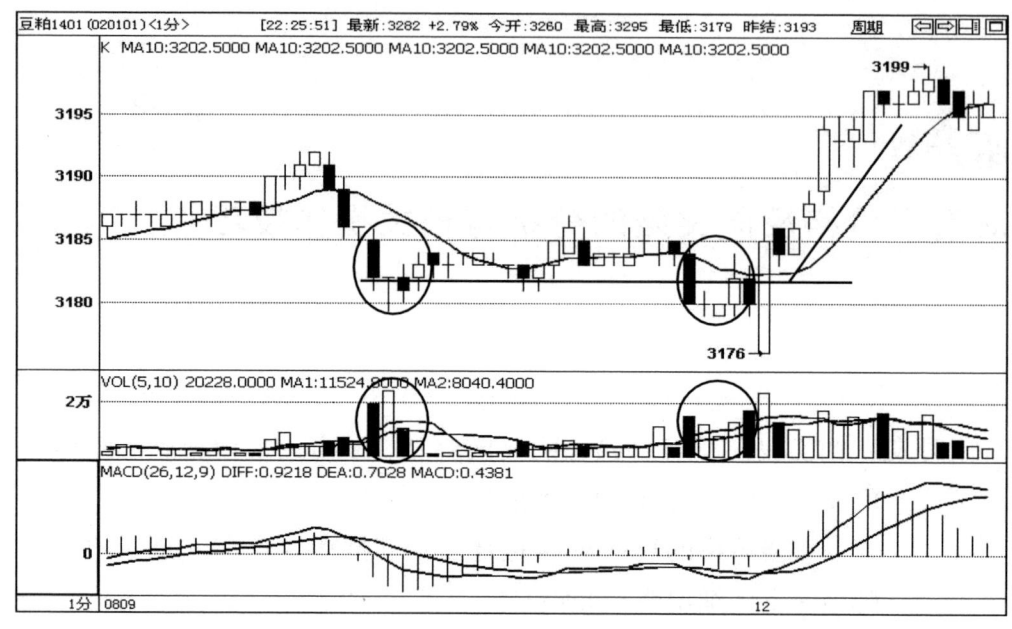

图 3-25

仓还是开仓,随后,在短时间内都会关注这个已经交易过的价位。期货价格无论是向上还是向下远离该价位,或者从更低的价格或者更高的价格逼近该价位,都比较容易触动原市场交易者的交易情绪,或者说原市场交易者之前在这个价位形成了大量的交易单,在短时间内,市场环境没有发生变化的情况下,依然会对该价位产生交易欲望,所以该价位是大家比较关注的价位,也就是所谓的重要价格。

网友: 呵呵,也就是眼球效应。

老纪: 呵呵,这是比较形象的比喻。

重要价格反向突破的技术要点与趋势反向突破、平台反向突破、箱体反向突破的技术要点基本相同。如图 3-25 所示,当形成突破后,在理应产生大量恐慌交易盘的位置,没有按照突破方向运行,反而形成反向快速上涨走势的时候,我们就需要寻找做多机会了。

网友：图3-25中，豆粕1401合约在重要价位处形成跳空突破后，没有下跌，反而快速拉升，新的上涨行情展开，做多机会显现。

老纪：我们再来看图3-26所示的PTA1401合约1分钟走势图，图中圆圈位置属于另一种重要价格：心理价位。图中所示的是心理价位中的一种——前期新高价格的突破与反突破。

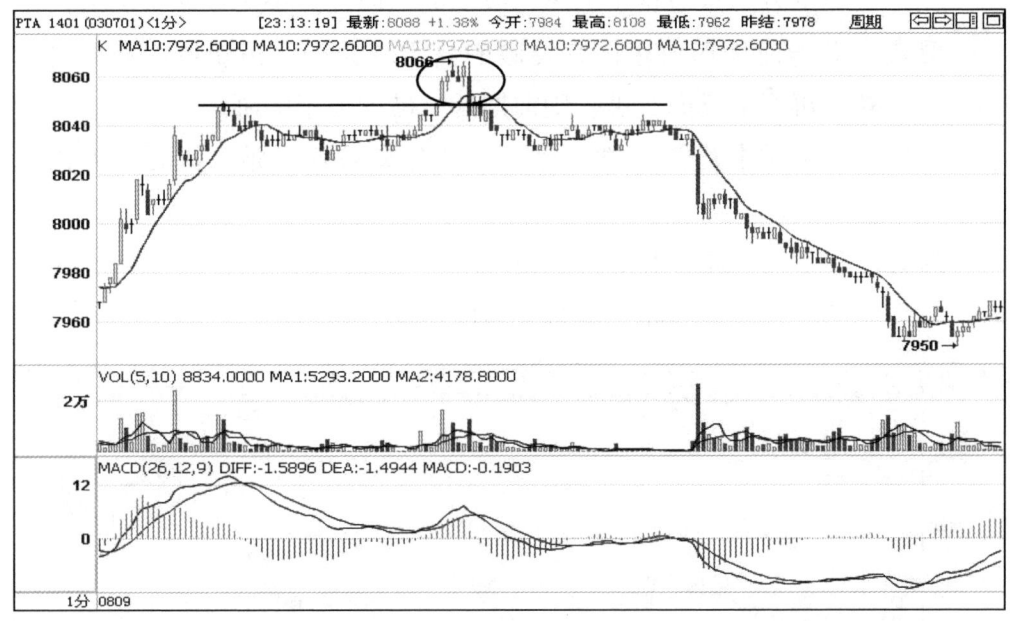

图 3-26

我们知道，当一个品种形成上涨或者下跌走势的时候，在趋势的末端会产生一个相对最高价或者最低价。后期这个价格将会直接影响交易者的交易心理，形成一个重要心理价位。

网友：是不是说，当期货价格回落后再次上涨的时候，大家会恐惧前期的新高价位，突破后这个价位会形成支撑？

按照传统分析方法，当期价接近前期高点的时候，容易产生做空力量；当期价很轻松地穿越前期高点，创出历史新高的时候，比较容易激发市场的做多热情，令期价持续上涨。

老纪：传统的技术分析是这样的，但是突破重要心理价位后形成反向突破则会展开一轮新的反向行情。

图3-26中，期货价格突破了前期新高，但是没有形成新的上涨行情，随后快速地形成了下跌，此时我们就要考虑是不是空方力量占据了上风，波动的风向标是不是偏向了空头。

网友：若能成功形成正向真突破的话，就会产生正能量；若不成功，再形成反向突破，则前期的突破就成了陷阱。

陷阱中若能够"埋葬"一部分交易者，那么新的行情就展开了。

老纪：图3-27所示为菜粕1401合约5分钟K线图，图中标示的是第三种重要价格：整数关口的价格。

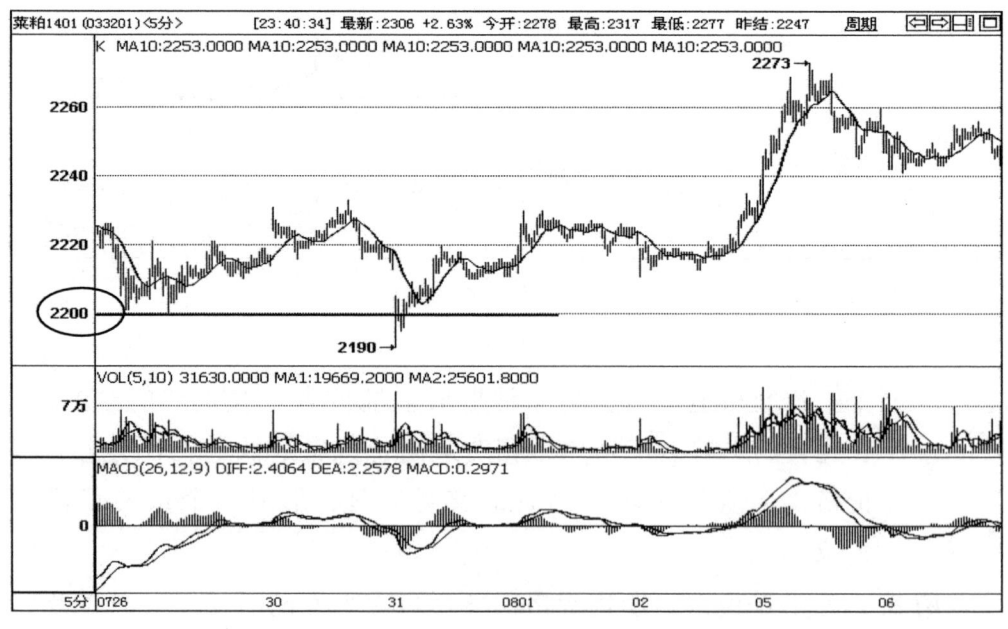

图3-27

图中 2200 元属于一个重要的整数关口价格，前期对该价位有过多次试探，其都形成了支撑作用。无论是在心理上还是在价格波动的走势上，2200 元均属于比较明显的重要价格，也是一个非常吸引眼球的价格，需要交易者密切关注。

在后期的走势中，期货价格快速下跌时对 2200 元形成了突破。对于纯技术派的交易者，跌破该价位会引发交易动作，按照盘中的形势，新的做空力量会增加。

但是实际走势中，期货价格并没有因为对该价位的突破而形成新的下跌，反而快速上涨，扭转了跌破 2200 元的不利局面。不利局面被扭转后，此时交易者需要认真考虑是不是新的做多机会来临了。

网友：也就是说，期货价格跌破 2200 元的整数关口后，按照传统技术分析，这时是做空的开始。但是，随后的快速上涨改变了这个局面，对多头不利的局面立即变成了对多头非常有利的局面，所以交易者应该考虑做多。

运用这个方法，在突破和反向突破的位置准确开仓，获利真的很容易啊！

老纪：图 3-28 所示的棕榈 1401 合约 3 分钟走势图具有怎样的突破与反向突破特征？我们应该如何把握其中的获利机会？

网友：似乎是一个比较综合的走势。在整理期间形成了看似箱体，但不是那么规矩的箱体走势。箱体的较低位置，有比较明显的支撑作用。这应该是集多种走势于一体的走势，我们需要在理解多种基础的经典走势及其变形后综合分析，才容易把握这次的上涨机会。

我说得不太好，还是请老师指点指点。

老纪：你说得很对。在期货价格形成整理后，有箱体整理的变形，也有平台整理的变形，还有重要价格支撑的变形。

网友：箱体和平台整理的变形我能理解，但是重要价格支撑的这

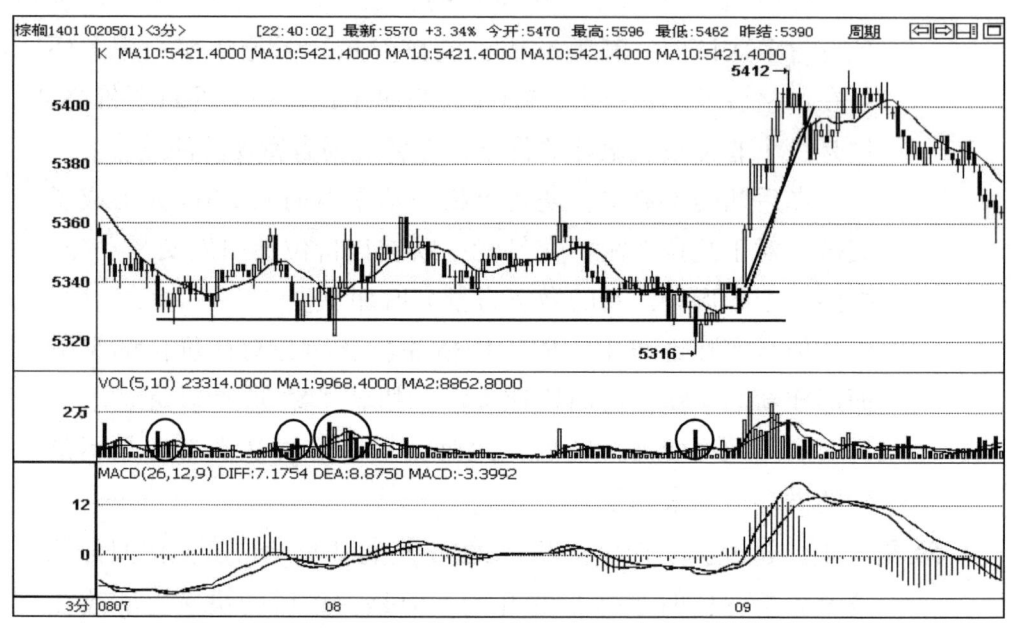

图 3-28

个位置，老师能详细说说吗？

老纪：你发现没有，在每一次的调整低点，同样价格区间内都形成了同方向的走势？无论涨跌，在该价位处都有一个交易活跃的成交量放大的信号，所以后期对这个价位的向下突破，不仅是对 K 线形态的突破，也是对交易密集区及重要价格的突破。

最后一跌的突破位置，是一个比较重要的综合突破位置。向下突破后理应产生比较集中的做空力量，但是，随后的快速上涨打破了这个局面，形成了反向突破走势。

反向突破趋势形成后，上涨的力度是较大的。这是因为前面形成了反复确认，多方共振的走势，突破与反突破成立后，将会产生综合效应。

共振产生的效果非常明显，面对获利机会，我们必须敢于跟进。

还有其他的逆向思维模式下的交易方法，我们在这里就不一一列举了。希望这几节的交流，能够让大家明白其中的道理，自己可以举一反三地挖掘新的交易方法。

网友：谢谢老师！本次收获很大，让我对交易方向有了新的认识，非常感谢。

网友 jacky 的笔记

重要价格是指大家都在看、都在等，触及后会采取动作的交易价格。

重要价格形成后，期货价格无论是向上还是向下远离该价位，或者从更低的价格或者更高的价格逼近该价位，都比较容易触动原市场交易者的交易情绪。在短时间内，市场环境没有发生变化的情况下，依然会对该价位产生交易欲望，所以该价位是大家比较关注的价位，也就是所谓的重要价格。

前面形成了反复确认，多方共振的走势，突破与反突破成立后，将会产生综合效应。共振产生的效果非常明显，面对获利机会，我们必须敢于跟进。

第四章　指标的逆向思维与使用

经典的指标是我们进行技术分析的宝贵工具，经典指标的经典使用方法是学习期货交易时必须要了解和掌握的。要想将经典的指标使用好，交易者不仅要理解其波动的真正含义，还要学会巧用、活用，甚至逆思维使用。

第一节
金叉不看多，死叉不看空的逆思维

网友：我经常看到金叉买入做多，死叉卖出做空的文章，而且很多技术指标的标准使用方法，确实是要求金叉买入，死叉卖出。但是为什么在实盘中感觉这样操作一点意义都没有，很难产生利润，如果按照金叉买入，死叉卖出来操作，只会产生亏损。

老纪：金叉买入，死叉卖出是一种基础操作，是对指标的初级理解。并不是说这些指标不准，而是当大家都在看这些指标，都在使用这些指标的时候，我们就必须跳出这个圈子，用另一种眼光来审视。

一些经典指标的确能够反映市场的变化，传达K线形态所不能传达的很多技术信号，这些指标也非常客观、准确，只是需要我们灵活使用，用辩证的思维来使用。比如，以金叉和死叉为买卖参考，很多指标都有这一使用原则，那么如何提高其操作的准确度呢？

我们用实例详细说明。

网友：我做短线的时候最喜欢用KD指标，老师用KD指标来举例说明如何？

老纪：好的。我们先来看图4-1所示的沪铜1312合约5分钟走势图，该图中使用的主要技术指标就是KD指标。为了使大家对指标的经典使用方法不产生误解，我们先对该技术指标的经典使用方法进行一下说明。

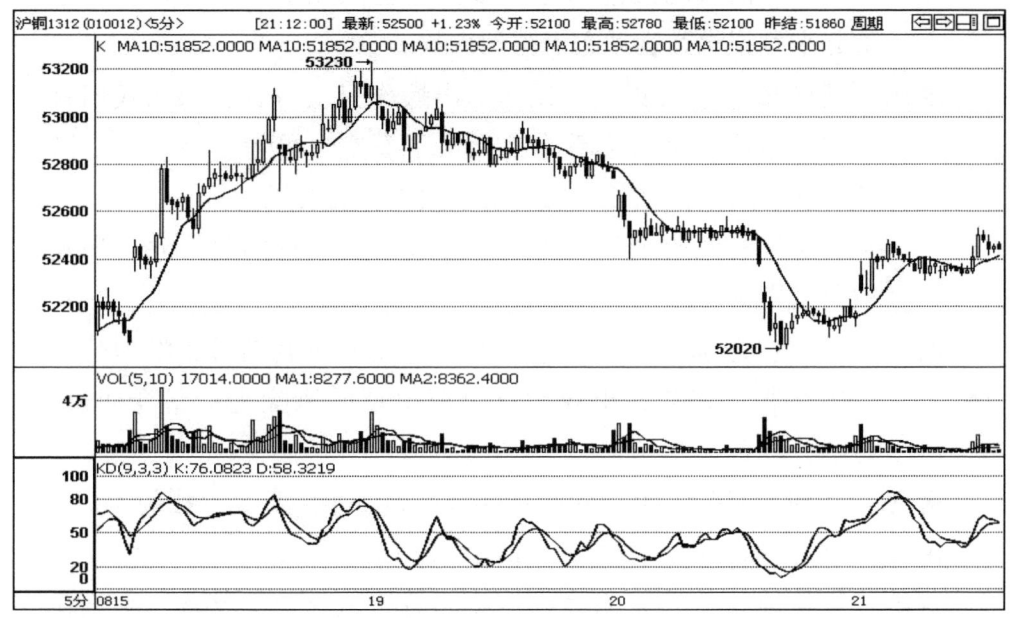

图 4-1

KD 指标的全称是 KDJ 指标，又叫随机指标，介于 0～100 之间，随着价格的波动而波动。当 K 值大于 D 值时，我们可判断为上涨趋势，因而 K 线向上突破 D 线时，为买进信号；当 K 值小于 D 值时，我们可判断为下跌趋势，因而 K 线向下跌破 D 线时，为卖出信号。这也就是所谓的金叉和死叉。

为了提高判断的正确率，传统操作中往往会把 70 以上的死叉和 30 以下的金叉作为更为准确的操作信号来看待。这是相对有效的方法，但是判断的正确率还是不能满足交易者的需要。

网友：其实，不是说金叉或死叉信号出现后，这个信号所传递的操作信息不准，相对而言还是非常有参考价值的，尤其是在形成较强的上涨和下跌趋势时，可以让我们获得很大的利润。

只是出现的杂乱信号太多，完全依照这个信号操作，累加起来亏损次数远远大于盈利次数。

老纪：既然依靠金叉买入，死叉卖出操作只会亏钱，那么我们就采用逆思维：金叉不看多，死叉不看空。思考一下，在金叉的时候不买入，在死叉的时候不卖出是否可以？

这里所说的金叉不买入，死叉不卖出指的是开仓，平仓就另当别论了。

网友：呵呵！老师是想说平仓的时候只要有不利信号，哪怕只有1/10的概率发生，也要对有可能出现的风险进行平仓回避，是吧？

老纪：呵呵，是的。平仓和开仓的操作思路永远是不一样的。

网友：那什么是金叉不买入，死叉不卖出呢？

老纪：也就是说，在我们看到金叉的时候不做买入开仓，看到死叉的时候不做卖出开仓。但是对于金叉和死叉这样有价值的技术信号，我们也不能置之不理，可以采取以下几种方法对待。

一是跟随观察。在接下来的走势中，如果盘面能够对前面的金叉和死叉进行有效确定，我们再择机开仓。

二是结合实际情况，辅以别的技术方法进行确认。俗话说："三个臭皮匠，赛过诸葛亮。"一个金叉和死叉信号算不上诸葛亮，但是三个不同的操作信号传递同样的信息时，就能顶一个诸葛亮了。

三是在金叉和死叉中寻找技术上的确认信号，比如说金叉和死叉的叠加。

金叉和死叉的叠加比较容易掌握，也比较直观，本次我们以此为例进行说明。

第四章 指标的逆向思维与使用

图4-2所示为橡胶1401合约3分钟走势图，在图中圆圈位置，KD指标先是出现了金叉，此时我们不做买入，然后出现死叉，我们也不做卖出，紧接着再次出现金叉后很短时间内的死叉，这个信号就值得我们关注了。

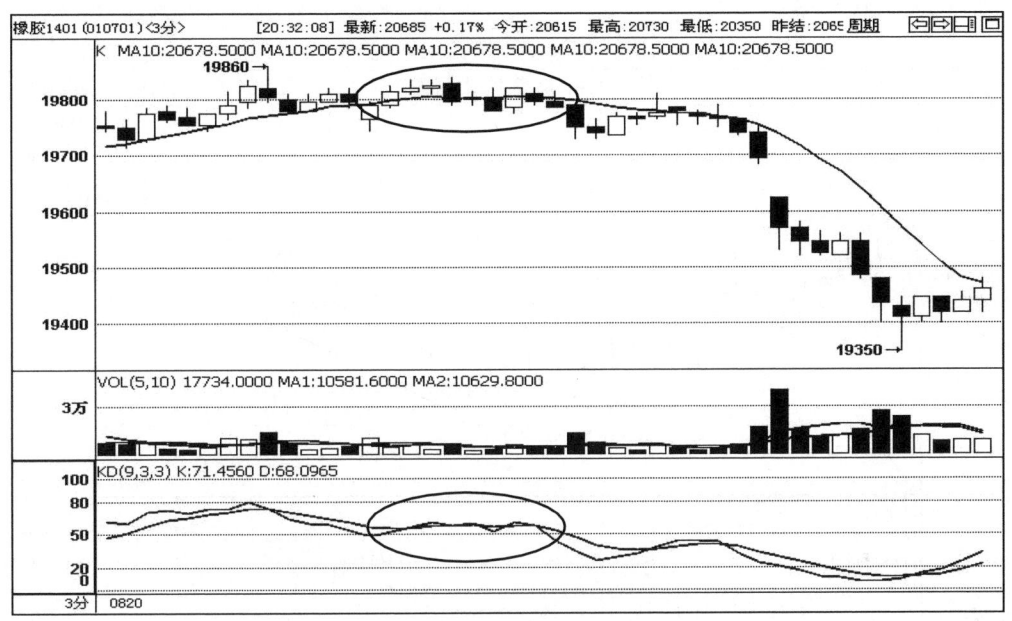

图4-2

从传统意义上讲，金叉和死叉意味着多空买卖。多方在很短的时间内想反抗又被空方多次成功打压，显示出了空方力量的强大，此时再结合K线走势，死叉的叠加就值得我们考虑开仓了。

网友：一个死叉力量不强，短时间内的两个死叉叠加力量增加。如果三个甚至四个死叉叠加，是不是力量更强呢？

老纪：最有操作价值的是第二个死叉的出现，如果出现第三个也说得过去，但是在短时间内反复地出现金叉和死叉就没有意义了。

网友： KD 的金叉和死叉可以叠加使用，其他参考金叉和死叉的指标是不是也可以呢？

老纪： 可以的，道理是相同的。比如我们经常使用的 MACD 指标，如图 4-3 所示的豆粕 1405 合约 3 分钟走势图中的 MACD 金叉和死叉。

图 4-3

MACD 指标又称为指数平滑异同移动平均线，由快速线与慢速线两条线组成，依据两线之间的差离值形成柱状线。传统使用方法中，既可以使用 MACD 指标看趋势，看力度，又可以依据金叉、死叉来判断涨跌方向的改变。可以说，这是一个非常经典的传统指标，使用价值极高。

MACD 将两条不同速度的指数平滑移动平均线的差离状况作为研判行情的基础，传统使用方法要求多头市场金叉买入，空头市场死叉卖出，在实际操作中，如果完全依照该方法，很明显不能满足我们的要求。

那么，我们继续使用金叉和死叉叠加的方法来提高成功率。在第一次出现金叉的时候不开仓买入，在第一次出现死叉的时候不开仓卖出，专门寻找叠加的二次信号。

网友： 像图4-3中的圆圈位置那样，在出现低位的二次金叉后，出现暴涨走势的情况还是非常多的。MACD低位一次金叉的，未必不能出暴涨股，但在出现低位二次金叉后，出现暴涨的概率更高。

老纪： 低位二次金叉后出现暴涨的概率之所以更高一些，是因为第一次金叉之后，空头虽然可以再度进攻，但是力度明显减弱，在多头再次发力的情况下，空头将难以招架。

低位做多是这样，高位做空时道理也是相同的，同时结合K线走势及其他因素进行分析，我们就会很容易把握住大行情了。

网友： 掌握了方法后，获利真的就不难了。

老纪： 图4-4所示的棕榈1401合约5分钟走势图，是趋势中反复死叉的经典走势图。在该时段，棕榈1401合约形成了明显的下降趋势，在下降趋势中，KD指标也跟随期价的下跌逐步下跌。

在下跌过程中，如果我们想择机开仓做空，可以将KD指标作为辅助操作指标。当KD指标在下降通道中出现金叉后立即出现死叉时，我们就可以确定虽然多方发力想扭转下跌局势，但是力不从心，被空方再次打压。

空方能够在很短的时间内毫不费力地有效打击多方，说明做空的力量相对较强，因此我们可以确定趋势将延续，可以开仓做空。

网友： 这就是我们所说的在下降趋势中寻找机会做空，这个二次叠加的死叉位置就是做空的点。

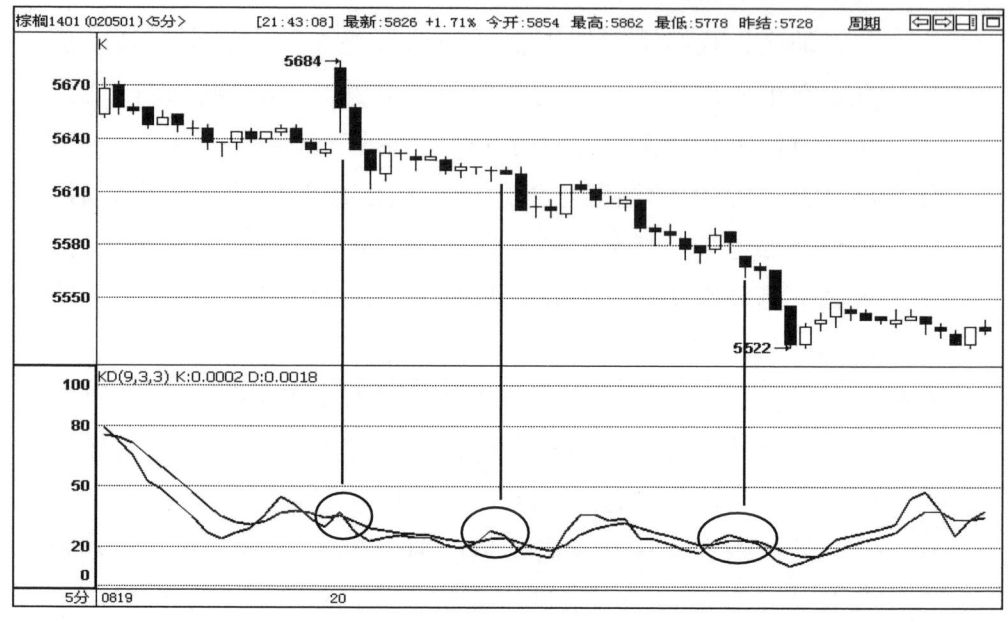

图 4-4

老纪：图 4-5 所示的豆粕 1405 合约 1 分钟走势图，同样反映了趋势中金叉和死叉的二次确认。当期货价格的上涨已经逐步形成趋势的时候，我们需要寻找合适的做多机会。

在图中的圆圈位置，虽然期货价格下跌，但是随后的上涨使 MACD 指标出现金叉。在这个位置，死叉刚刚出现，随后金叉就将前面的死叉否定。在如此短的时间内否定了空方力量，新的做多机会将出现。

金叉不看多，死叉不看空，并不是要求我们在出现金叉的时候不开仓买入，出现死叉的时候不开仓卖出，而是强调一种理念，一种对传统思维进行升华的理念。这要求我们在成功率不高时通过叠加、共振和累加来提高成功率，在成功率不高时敢于放弃一些操作，想办法寻找更高成功率的操作点。

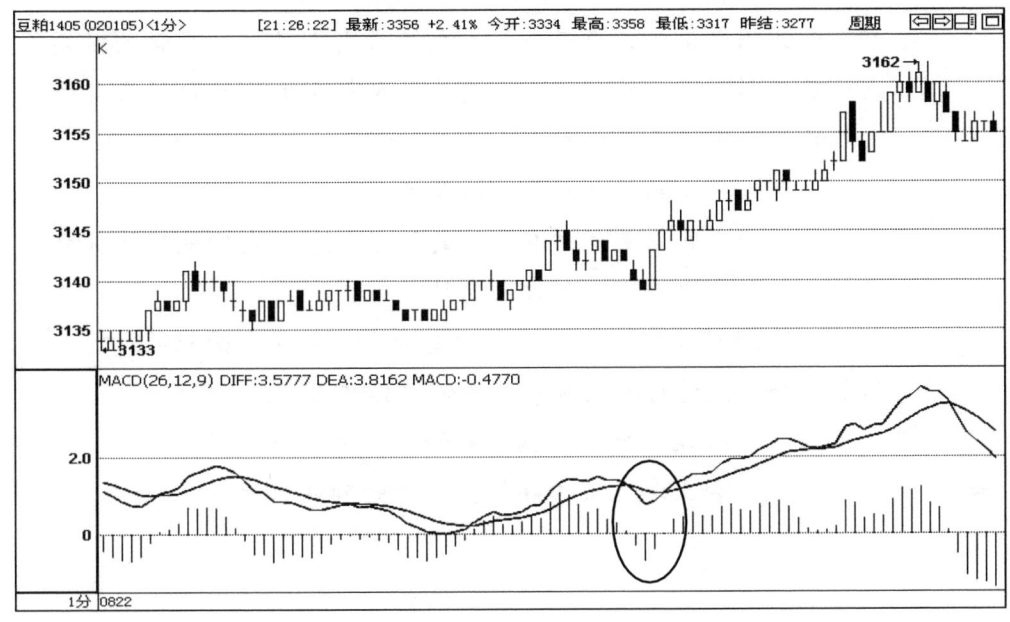

图 4-5

网友：这才是金叉不看多，死叉不看空的精髓。谢谢老师的提醒，原来金叉和死叉叠加的操作方法只是一个小技巧，如果我只因掌握了这个小技巧就沾沾自喜，没有理解到精髓，那就可惜了。

老纪：还有一点需要提醒一下，本节所用的这个叠加小技巧建立在较短的周期上，长周期的操作效果不是很好。

网友：好的，记下了，谢谢老师。

网友听风紫云的笔记

逆思维：金叉不看多，死叉不看空，思考在出现金叉的时候不买入，在出现死叉的时候不卖出。这里所说的金叉不买入，死叉不卖出指的是开仓。平仓就另当别论了。平仓的时候只要有不利信号，哪怕只有1/10的概率发生，也要对有可能出现的风险进行平仓回避。

平仓和开仓的操作思路永远是不一样的。

对于金叉和死叉这样有价值的技术信号，我们也不能置之不理，可以采取以下几种方法对待。

（1）跟随观察。在接下来的走势中，如果盘面能够对前面的金叉和死叉进行有效确定，我们再择机开仓。

（2）结合实际情况，辅以别的技术方法进行确认。

（3）在金叉和死叉中寻找技术上的确认信号。

第二节
上涨不做多，下跌不做空的逆思维

老纪：今天我们结合对技术指标的分析，来研究另外一种逆思维，即上涨不做多，下跌不做空。

网友：按照顺势而为的操作思路，应该是上涨做多，下跌做空，顺着大势的方向操作才对，为什么结合技术指标，就要上涨不做多，下跌不做空呢？

老纪：这是相对而言的，不是绝对的。

对于一些趋势性指标来讲，期价的涨跌引领着指标的方向。也就是说，当期货价格上涨的时候，会带领指标按照上涨的方向向上运行；当期货价格下跌的时候，会带领指标按照下跌的方向向下运行。

指标分析中的趋向指标和反趋向指标大部分都有这样的技术特征，比如 CCI 和 RSI 指标。

CCI 指标是顺势指标，同时又对超卖、超买起着辅助分析作用。传统操作中，CCI 曲线向上突破 100 线而进入非常态区间，表明期价开始进入强势状态，投资者应买入。CCI 曲线向下突破-100 线而进入另一个非常态区间，表明期价的弱势状态已经形成，投资者应该卖出。

同时，CCI 指标的涨跌是与期货价格的涨跌保持相对同向的，当期货价格上涨的时候 CCI 指标会随之上涨，当期货价格下跌的时候 CCI 指标会随之下跌。

还有 RSI 指标，如图 4-6 所示的沪铜 1312 合约 5 分钟走势图中的 CCI 指标和 RSI 指标。

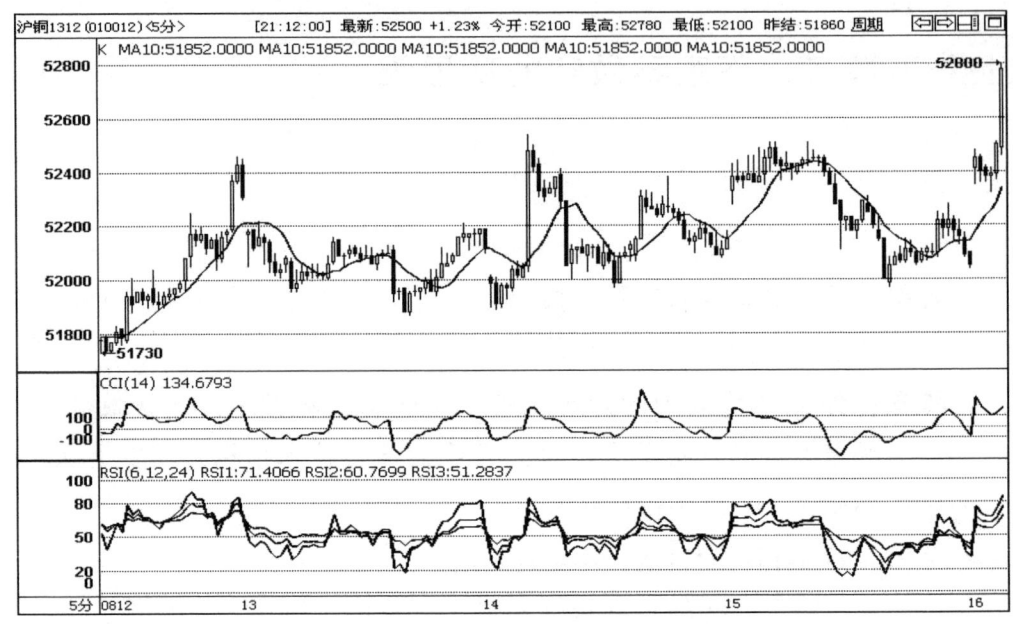

图 4-6

网友：RSI 指标的传统使用方法我有所了解。

RSI 指标也叫相对强弱指标，以 50 为分界线，50 以上为强，50 以下为弱。白色的短期 RSI 值在 20 以下，由下向上交叉黄色的长期 RSI 值时为买入信号；白色的短期 RSI 值在 80 以上，由上向下交叉黄色的长期 RSI 值时为卖出信号。

短期 RSI 值由上向下突破 50，代表股价已经转弱；短期 RSI 值由下向上突破 50，代表股价已经转强。

RSI 值高于 80 后进入超买区，股价随时可能形成短期回档；RSI 值低于 20 后进入超卖区，股价随时可能形成短期反弹。

同样，RSI 指标的涨跌是与期货价格的涨跌保持相对同向的，当期货价格上涨的时候 RSI 指标会随之上涨，当期货价格下跌的时候 RSI 指标会随之下跌。

老纪： 我们通过在这些传统操作方法的基础上建立新的操作思维模式，来增强交易的策略性，如图 4-7 所示的橡胶 1401 合约 3 分钟走势图中的 CCI 指标。

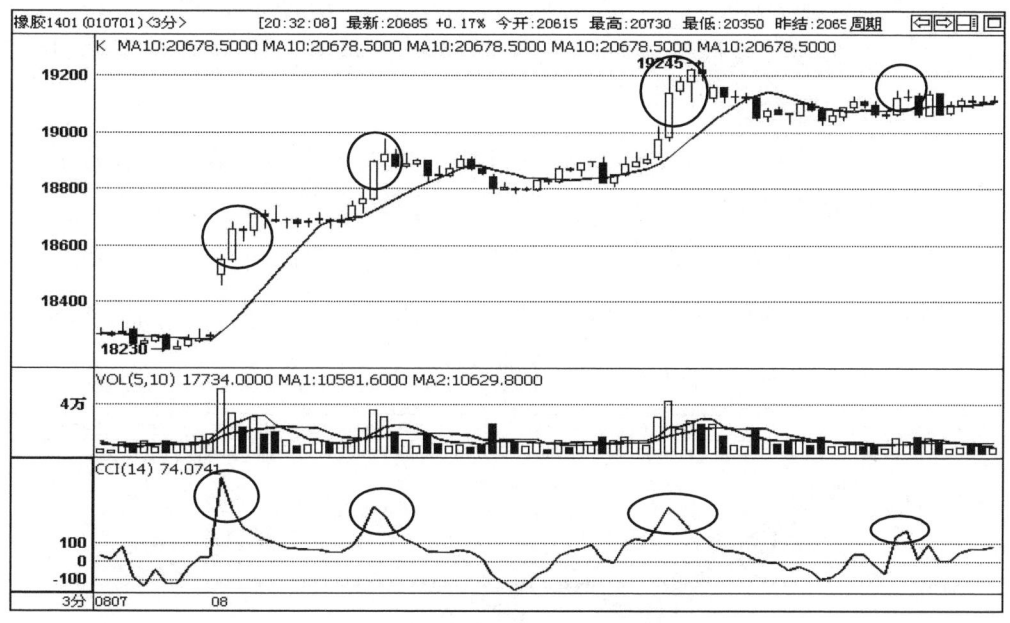

图 4-7

图中期货价格上涨，带动 CCI 指标上涨；当上涨遇到压力，期价调整的时候，CCI 指标跟随调整，孕育新的上涨机会。

图中 CCI 指标多次因为期价的猛烈上涨而超越 100 线。超越 100 线是一种强势的表现，如果做多力量能够持续，期货价格还会继续上涨。但是，此时我们启动逆思维来考虑问题，用另外一种眼光来审视当前走势。

超强势的上涨靠的是什么？是多方集中发力，绝对性地压倒空方。这可能是一种掌控的象征，也可能是力量被过多消耗的表现。这点可以结合力竭阳线来思考。

为了提高操作的成功率，当 CCI 指标超越 100 线的时候，我们可抱着谨慎跟随的态度对原有持仓继续做多，而不因看多而新开仓。

网友：上涨不做多，下跌不做空。一些趋势指标上涨到一定程度的时候，我们只对原有持仓坚持持仓做多，而不因有看多思维而开仓。

图 4-7 中，CCI 指标在几次超越 100 线后，基本上没有了太大的涨幅，有时超越后随即产生了下跌或者整理走势。在 CCI 指标超越 100 线后开仓确实有追到高点的可能，不合适。

老纪：刚才我们说的是高位不做多，同理，低位不做空，如图 4-8 所示的橡胶 1401 合约 3 分钟走势图。

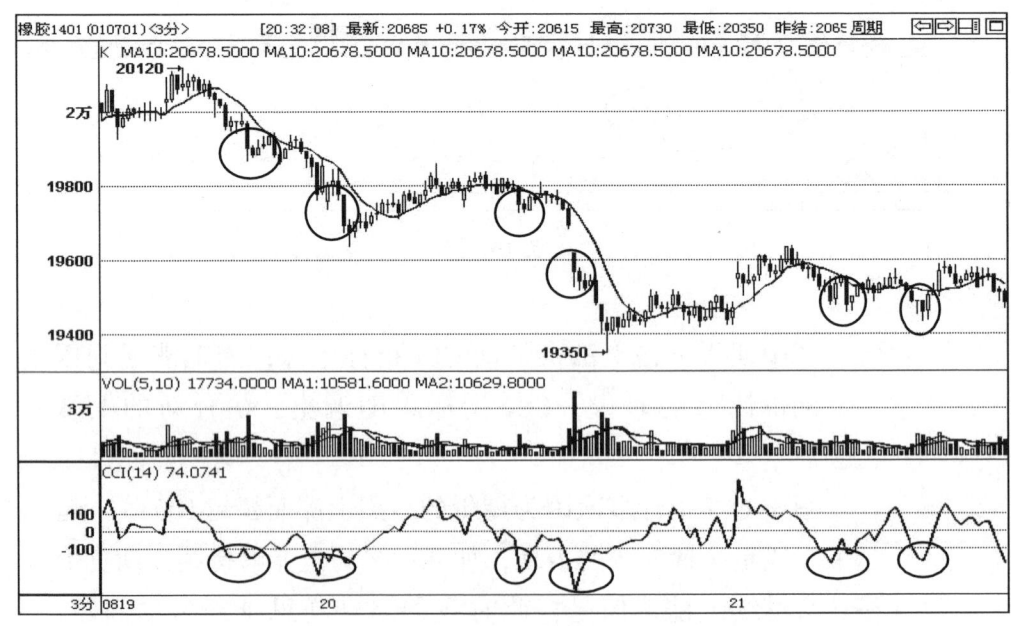

图 4-8

CCI 指标在随期货价格下跌的过程中多次出现了跌破 -100 线的走势，下跌反映出做多力量薄弱，跌破 -100 线更是多头毫无招架之力，空方力压多方的表现。

但是在这些下跌的极限位置，我们可以对原有持仓进行跟随获利，不要新开仓做空。虽然下跌趋势将会延续，但是极限位置的做空风险将会很大。

这就是物极必反的道理。

网友：无论是指标还是期价，上涨到极限的时候就不再看多，下跌到极限的时候就不再看空。用逆向思维模式在上涨中寻找做空的机会，在下跌中寻找做多的机会，虽然有点儿绕，但还真是这个道理。

老纪：图 4-9 所示的螺纹 1401 合约 3 分钟走势图，反映的是 RSI 指标在极限位置处上涨不做多，下跌不做空的逆思维。

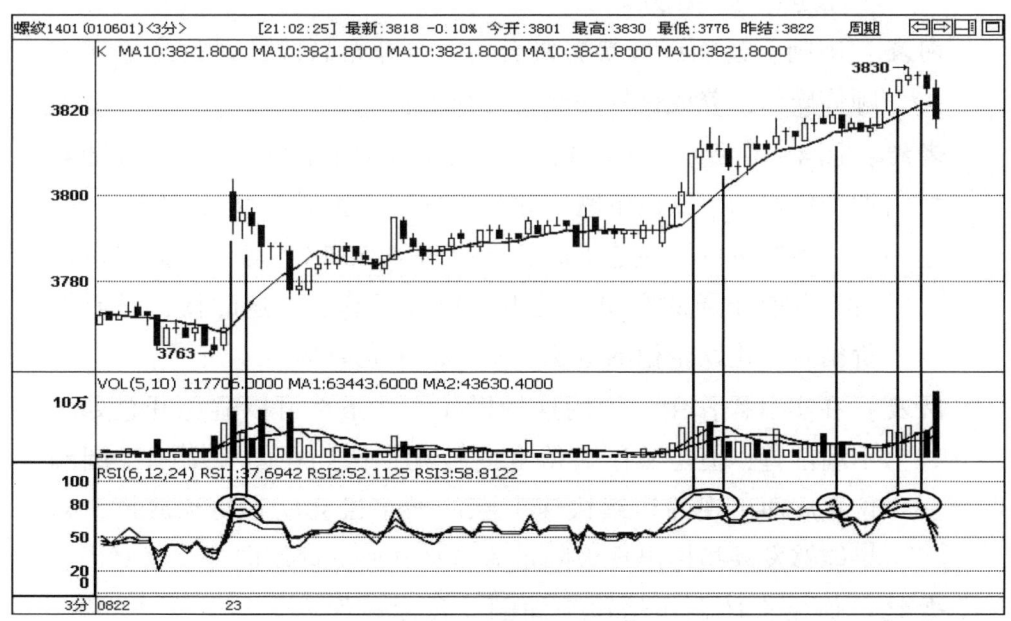

图 4-9

图中的四个圆圈位置，虽然期货价格在上涨，指标的走势也在上涨，但是因为价格上涨过快，达到了相对的极限，同时技术指标也具有相对极限的特征，故这些位置无疑都成了相对高点位置，随后的调整说明这些位置不是最佳的开仓位置。

网友：如果可以，当出现极限的时候，把握机会反向开仓，是不是也不错？比如，在高位开仓，就算是不下跌，也会形成横盘，大不了浪费点儿时间，也不会造成亏损。

老纪：不可以。虽然不排除你说的这种情况，而且这可以算是大概率事件，但是一方力量明显强于另一方力量时才会诱发指标进入极限区域，我们只知道占优势的一方稍有松懈就会出现调整，若反向开仓，就违背了顺势操作的大原则。

顺势操作是需要贯穿操作全过程的，无论哪种做法，都不能违背这个原则。

网友：呵呵，是啊！虽然有机会，但是非常冒险，还是老老实实顺势操作，养成良好的交易习惯吧！

老纪：图4-10所示为PTA1401合约3分钟走势图，RSI指标随着期货价格的下跌而下跌，并且出现了三次低于20的极限位置。

当期货价格快速下跌，指标进入20以下后，我们只可以持有以前布局的空单，而不能再开新仓了。这时候，只要期价稍微有止跌企稳的迹象，就考虑平仓离场。

网友：在实盘操作中，运用这种操作方法虽然可以避免开仓处于不利位置，但是操作显得有些被动，比如在图中第一个圆圈位置后面出现的连续快速上涨的做多机会就容易被放掉，如果能够发现指标出现极限走势，平仓后立即反向开仓就好了。

老纪：你怎么还在纠结这个问题？我发现你经常纠结这类问题，若再不突破这种错误的思维模式，就要挨批了。在图中圆圈位置，当前我们所采取的操作策略既能让前期的开仓利润最

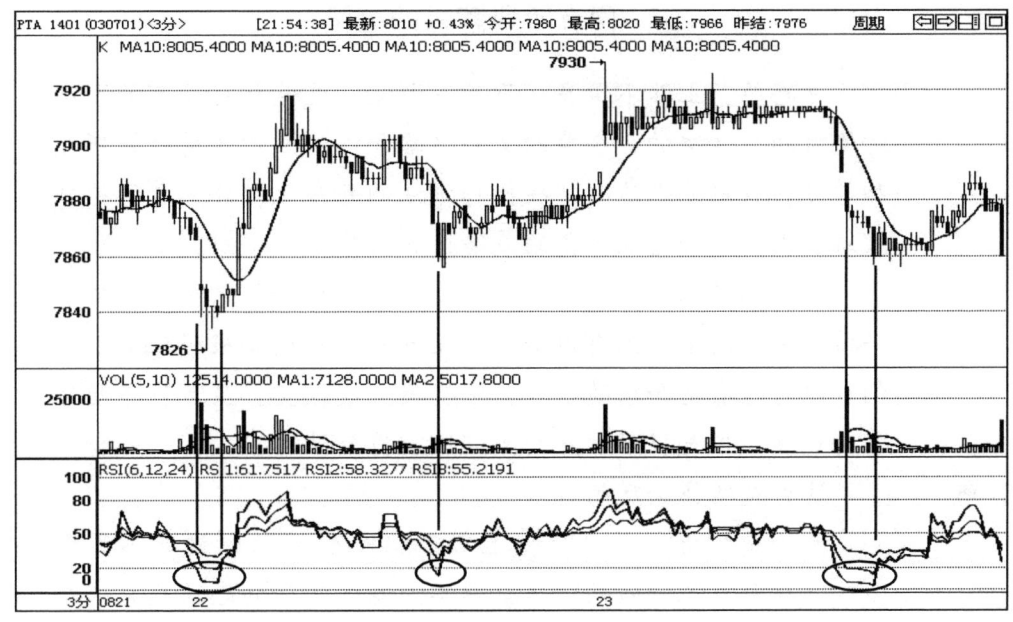

图 4-10

大化，又能够避免在尴尬的位置错误开仓。

当 RSI 指标低于 20 以后，不排除期价会形成相对低点，实盘中确实也会出现做多获利的机会，但是这不是我们开仓做多的必要条件。为了确保操作的高成功率和稳定性，不建议立即开仓做多。

后期若出现上涨机会，一定会有新的支持开仓做多的信号出现，我们可以对后期走势进行跟踪，当符合其他比较成熟的做多模型的时候，开仓做多是不会耽误盈利的。

网友：老师批评得对，有些问题我也意识到了，就是有时候还抱着追求完美的心理。我知道这是不对的，这真是应了那句话：知道必须要悟到，还要做到才可以。

我一定会严格要求自己，形成坚定的交易风格。

网友听风紫云的笔记

逆思维：上涨不做多，下跌不做空。这是相对而言的，不是绝对的。传统的、经典的交易思路和方法我们还得继续研究和学习，我们要在这些传统操作方法的基础上，建立新的操作思维模式，从而增强交易的策略性和差异性。

一些趋势指标上涨到一定程度的时候，我们只对原有持仓坚持做多，而不能因有看多思维而开仓。在这些极限位置，我们可以对原有持仓跟随获利，不要新开仓做空，虽然下跌趋势将会延续，但是极限位置的做空风险将会很大。

这也是物极必反的道理。

无论是指标还是期价，上涨到极限位置的时候就不再看多，下跌到极限位置的时候就不再看空。用逆向思维模式，在上涨中寻找做空的机会，在下跌中寻找做多的机会。

顺势操作需要贯穿操作全过程，无论哪种做法，都不能违背这个原则，所以在极限位置不能反向开仓。

第三节
压力位做多，支撑位做空的逆思维

网友：近期老师在不断地给我们"洗脑"，让我们改变传统的思维方法。

以前使用的那些看多、做空、开仓、平仓等操作方法是不是不能用了？

老纪：不是。很多传统交易方法是非常经典的，是必须要坚守的。尤其是一些原则性的操作模式和交易思维，我们坚决不能违背。近期进行"洗脑"，主要是想让大家建立一种逆向思维的交易模式，让大家进一步拓宽思路，在交易认识上有一个大的飞跃。

网友：也是。只有想别人想不到的问题，看别人看不懂的信息，思考别人考虑不到的内容，才能悟到别人悟不到的道理。

今天我们学习什么内容呢？

老纪：我们都知道，上涨中压力位置会阻止上涨，下跌中支撑位置会阻止下跌。通常我们要求在上涨中遇到压力位置时放弃做多，激进的话还可以做空，而在下跌中遇到支撑位置时要放弃做空，激进的话还可以做多。

今天我们采用逆向思维模式，看在什么情况下需要反过来做，即在压力位做多，在支撑位做空。

网友：压力位做多，支撑位做空，看上去弄反了，在怎样的环境下需要这么做呢？老师快详细说明吧，我急迫地想知道。

老纪：我们知道，压力不可能永远不被突破，而支撑也不可能100%地支撑住期价的下跌。压力与支撑被打破后，期价会形成惯性运行或者没有压力与支撑的涨跌走势。压力位做多，支撑位做空运用的最为经典的指标是 BOLL 指标。

图 4-11 所示为焦煤 1401 合约 5 分钟走势图，图中用的就是 BOLL 指标与 K 线走势的重叠。我们知道，BOLL 指标的上、中、下轨线所形成的期价通道的移动范围是不确定的，通道的上下轨随着期价的上下波动而变化。在正常情况下，期价应始终在期价通道内运行，如果期价脱离期价通道运行，则意味着行情处于极端状态下。

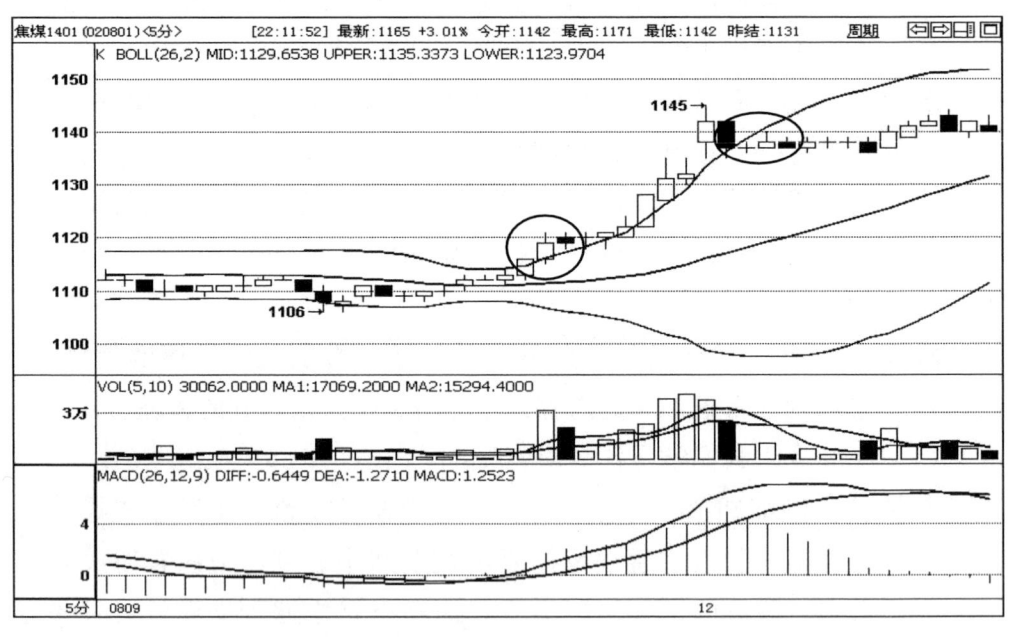

图 4-11

在 BOLL 指标中，期价通道的上、下轨是期价安全运行的最高价位和最低价位。上轨线、中轨线和下轨线都可以对期价的运行起到支撑作用，上轨线和中轨线有时还会对期价的运行起到压力作用。

如图中圆圈位置，当期货价格临近BOLL指标上轨，就等于面临压力。此时如果期价能够有效突破上轨压力，就意味着更强大的做多力量支持着期价上涨，后期只要期价能够在上轨的上方保持有效运行，就始终保持着较强的做多氛围。

网友： 实盘中，我们是不是可以跟随这股强大的做多力量开仓做多获利？

老纪： 是的。在压力面前，期价向上突破BOLL指标上轨，预示着做多的强势特征已经确立，将可能短线大涨。同样，在支撑面前，期价向下突破BOLL指标下轨，预示着做空的强势特征已经确立，将可能短线大跌。

网友： 在BOLL指标上轨和下轨内的操作是常规操作，而突破上轨和下轨的操作就是追求快速利润的操作，值得我们去追求。

老纪： 我们再来看图4-12所示的橡胶1401合约3分钟走势图，图中第一个圆圈位置的跳空开盘价格有效突破了BOLL指标的上轨，随后期价保持强势上涨，在指标线上轨的上方运行，此时的上涨显示了做多力量的强大，需要我们建立做多思维，开仓买入。

当我们买入期货后，就可以采取跟踪的操作策略，只要期货价格能够保持在BOLL指标线上轨的上方运行，我们就可以一路持仓获利。

网友： 期货价格能够保持在指标线的上轨上方运行，说明做多的力量始终是强大的，强大到能够持续突破做空压力。这样的做多机会要是不出手，就有些太可惜了。

老纪： 期价保持在BOLL指标上轨上方运行，我们就持续做多；当期货价格回落到指标线上轨下方的时候，也就宣告了强大做多力量的减弱，做多的热情和积极性也应该适度地减退。

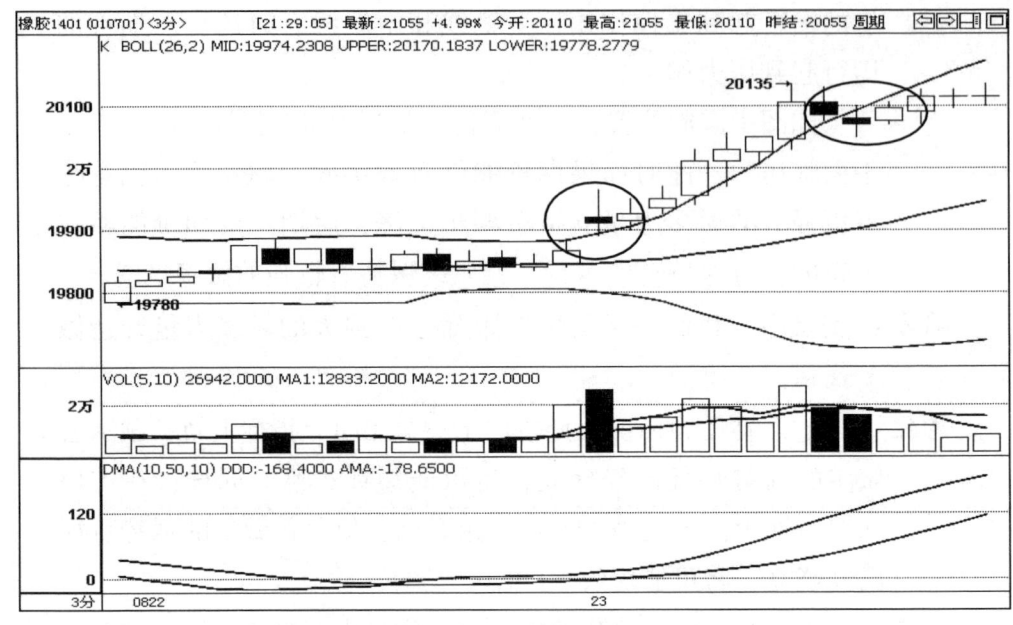

图 4-12

　　此时，我们可以对原来的多头持仓进行平仓，也就是在图 4-12 中的第二个圆圈位置进行平仓。

　　这里需要注意的是，平仓并不意味着期价波动进入了空头市场，也不意味着后期不能够上涨了，而是对超强势开仓这个操作模型的闭环。开仓条件消失了，市场环境发生了变化，所以我们可以考虑平仓。后期如果再上涨，我们再有做多机会，再择机开仓就可以了。

网友：平仓后，期货价格只要在中轨上方运行，就依然属于多头占优势的交易环境。对于这种突破上轨后开仓，跌破上轨后平仓的交易思路，我还是非常赞同的。以前我会纠结平仓了再涨怎么办，为什么还在涨就平仓了，通过长时间的学习，现在我的交易思路清晰多了，也变得理智和成熟了。

老纪：图 4-13 所示的白糖 1401 合约 5 分钟走势图中，出现了期价突破 BOLL 指标下轨的形态。

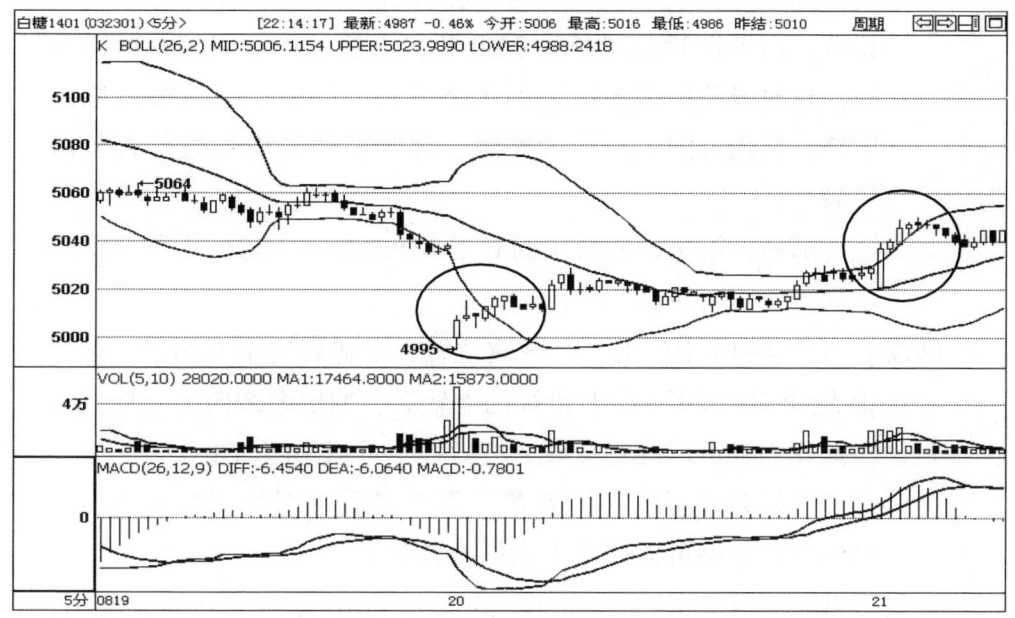

图 4-13

但是突破下轨的走势涉及另一个注意事项，即自然波动形成突破上、下轨的走势会更加真实一些，若因为外盘影响而造成的隔夜早盘直接高开或者低开，瞬间突破上、下轨，则真实度就打折了。

图 4-13 中，第一个圆圈位置的突破下轨，就属于隔夜后的第二个交易日期价低开而直接突破 BOLL 指标下轨的情况。对于隔夜跳空瞬间突破的走势，我们需要谨慎对待，用跟随分析的方法，来确定突破的有效性。

网友：是不是接下来期价能够延续突破形态，就确认突破有效，不能够延续突破形态，就宣告突破是假突破？

老纪：是的。一根 K 线突破 BOLL 指标的上、下轨后，先不要着急，观察接下来的走势是否能够继续保持同向涨跌，如果方向发生改变，就要看是不是假突破了。

比如图 4-13 中第一个圆圈的位置，受到隔夜外部环境的影响，白糖期货的价格大幅低开，直接突破了 BOLL 指标下轨。这时候我们跟随后面的走势发现，突破后期价没有继续下跌，反而有向上运行的态势，此时就要考虑突破是否是假突破了。

随后，期货价格再次回到了 BOLL 指标下轨的上方，这时候就真正宣告突破失败。

网友：在图 4-13 中的第二个圆圈位置，走势就完全不同了。第一根大阳线突破了 BOLL 指标的上轨后，期价继续向上延伸，这时候我们就可以确定突破的有效性，可以跟随做多了。

同样条件下的不同走势，需要采取不同的应对策略，不同的应对策略可以产生不同的操作结果。

老纪：我们再来看图 4-14 所示的螺纹 1401 合约 3 分钟走势图，期货价格先在 BOLL 指标的上、下轨之间标准运行，随着连续 4 根阴线对中轨形成有效突破后，期价在 BOLL 指标的下轨与中轨之间运行，显示出了市场中空头力量稍占上风的交易格局。虽然空头力量稍占上风，但是当期价遇到 BOLL 指标线的下轨时，还是受到了有效支撑，形成了反弹的走势。

在图中第二个圆圈位置处，放量的阴线有效打破了 BOLL 指标的下轨，形成了真正意义上的空头强势特征。支撑宣告失败的时候，我们可以寻找做空机会进行做空。

接下来，我们应该怎么做呢？

网友：接下来只要期货价格保持在 BOLL 指标下轨的下方运行，我们就可以持续做空，直到向上突破 BOLL 指标下轨时，再进行平仓。

按照这种操作方法，本次做空可以获取可观的利润，但是有一点，在下跌最后时期以一根较大的阳线打破了下跌格局，我们是应该按照期货的周期 K 线形成后的位置来确定期

第四章
指标的逆向思维与使用

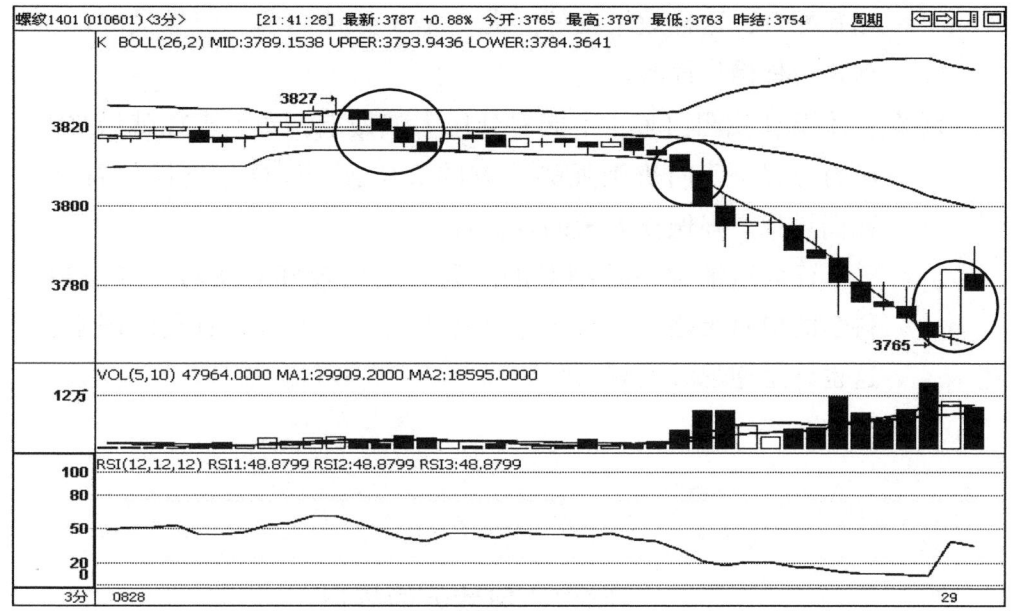

图4-14

货形态是否处在下轨下方，还是以期价的瞬间价格来确定？怎样确定更好一些呢？

老纪：严格来讲，要以本次参考周期下K线形成后的位置为依据。当K线形成后，如果还处在指标线的下轨下方，我们就可以继续看空；如果处在指标线下轨的上方，我们就考虑平仓。

网友：遇到这种特殊情况应该如何处理？比如本次是以一根实体较大的阳线结束的，这时候如果等到K线形成，会有很大的利润回吐。

老纪：如此大的阳线在还没有完全形成的时候，就基本能够确定3分钟K线会回到BOLL指标下轨的上方了。在实盘操作中，只要我们能够确定突破或者反突破最终会形成，就没必要等到最后时刻再做操作决定了。

还有一点需要注意，采用这种方法进行期货的短线投机操作时，最好选用3分钟周期和5分钟周期形成的K线与指标相互配合，这样效果较好。尤其是 5 分钟周期，信号最准确，这是一种操作经验。

网友：本节让我明白了，不能看到压力就做空，看到支撑就做多。压力位置是我们辨别强势一方的好位置，同样，支撑位置是我们寻找更强做空力量的好位置。

任何事情都不是绝对的。只有运用较好的技巧、方法和科学的应对策略，交易者才能在不利的地方看到有利的因素，这也许是逆思维的魅力吧！

网友听风紫云的笔记

很多传统交易方法是非常经典的，是必须要坚守的。尤其是一些原则性的操作模式和交易思维，我们坚决不能违背。"洗脑"主要是想让大家建立一种逆向思维的交易模式，让大家进一步拓宽思路。

逆思维：压力位做多，支撑位做空。压力不可能永远不被突破，而支撑也不可能百分之百地支撑住期价的下跌。压力与支撑被打破后，期价会形成惯性运行或者没有压力与支撑的涨跌走势。

压力位做多，支撑位做空运用的最为经典的指标是 BOLL 指标。

不能看到压力就做空，看到支撑就做多。压力位置是我们辨别强势一方的好位置，同样，支撑位置是我们寻找更强做空力量的好位置。

任何事情都不是绝对的。只有运用较好的技巧、方法和科学的应对策略，交易者才能在不利的地方看到有利的因素。

第四节
通过把握外强中干的逆向涨跌获取利润

网友：我特别喜欢使用 MACD 指标，我觉得该指标不愧为经典指标，用这个指标不仅可以通过金叉、死叉来寻找开仓、平仓的机会，通过红柱、绿柱来看涨跌的强弱，还可以通过上涨、下跌的方向来判断期货价格波动的趋势，简直是一项神奇的指标。

老纪：MACD 的确是一项非常重要的好指标，无论是做股票还是看期货，我经常会用这项指标来做技术分析。有的交易者喜欢追求新鲜事物，喜欢寻找新的指标，其实这些经过市场检验的指标才是最稳定、最好用的。

但是，使用传统指标的人多了，研究的人多了，就会出现这样那样的漏洞和弊端。我们要理解这些传统指标所表达的含义，去其糟粕，取其精华，结合市场环境灵活使用，这样其就会发挥意想不到的神奇效果。

网友：是啊！我感觉我用 MACD 指标的时候就是看个形态，只能看到表象，不能充分理解指标走势的真正原因，如为什么会金叉，为什么会死叉，指标走势慢的时候是什么原因，在不同位置处的波动代表市场处于怎样的博弈状态，而这些才是更深层次的。

问题意识到了，就是不知道怎样去解决，从哪个角度去思考。

老纪：能够意识到问题，说明你在思考，这非常好。这次我们用你比较喜欢的 MACD 指标，以图 4-15 所示的沪铜 1312 合约 5 分钟走势图为例，结合大家都知道的背离走势，来讨论一下该如何思考问题。

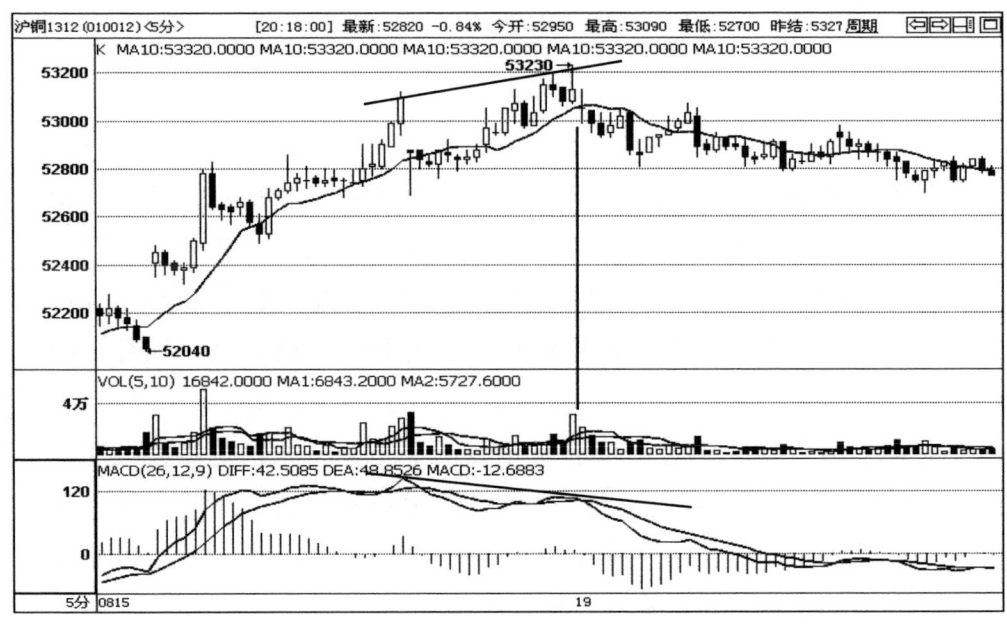

图 4-15

　　背离就是离开、离散。在期货交易技术分析中，背离走势就是脱离原来的、通常的、正常的或公认的轨道。

　　我们知道，MACD 指标往往跟随期货价格的波动而波动。当期货价格上涨的时候，MACD 指标的 DIFF 和 DEA 两线会跟随期价的上涨而上涨。同理，当期货价格下跌的时候，MACD 的 DIFF 和 DEA 两线会跟随期价的下跌而下跌。

　　但是，实际走势中也会出现背离的情况。如图 4-15 所示，期价在不断创新高，而 MACD 指标虽然在小波动区间是跟期价的波动方向一致的，但是大的方向上出现了背离走势。

网友：最为明显的是两个交叉点。在期货价格创新高后回调的位置，指标形成金叉和死叉的高点明显在降低。期货价格的大趋势是向上的，而指标开始形成逐步向下的趋势。

老纪：这是我们看到的表面现象，实质内容是什么呢？背离走势究竟反映了什么问题？

感兴趣的交易者可以研究一下 MACD 指标的计算方法。当然，我们并不需要大家记住这些复杂的计算方法，我们只需要了解指标的计算过程，明白 MACD 指标涨跌的原理就足够了。

网友：计算过程只做简单了解，关键是要会使用。

老纪：通过了解指标原理，我们可以知道，当期货价格上涨的时候，将会带动指标同步上涨。如果在一个时段内，期货价格上涨的力度远远大于指标的上涨幅度，就会从侧面反映出强有力的上涨也许只是一种表象。

所以，我们把 MACD 指标的背离走势定性为外强中干的走势。也就是说，期货价格不断上涨，显得当前多头非常强势，但是指标的背离反映出了内在的上涨动力不足。

网友：内在动力不足的外强中干式上涨，应该不会支撑很长时间，这时候交易者就应该树立风险意识了。

老纪：是的。不仅 MACD 指标这样，很多指标都能反映出外强中干的走势特征，比如 KD 指标、RSI 指标、DMA 指标，等等。我们来看图 4-16 所示的螺纹 1401 合约 3 分钟走势图。

当期货价格还在上涨的时候，KD 指标已经开始显得乏力了。期货价格创出了历史新高，而且阳线实体较大？但是 KD 指标开始走平。

接下来期价高位横盘整理，并且在不断地小幅向上拓展空间，不断地触摸新的高点，这时候 KD 指标开始下滑，并且

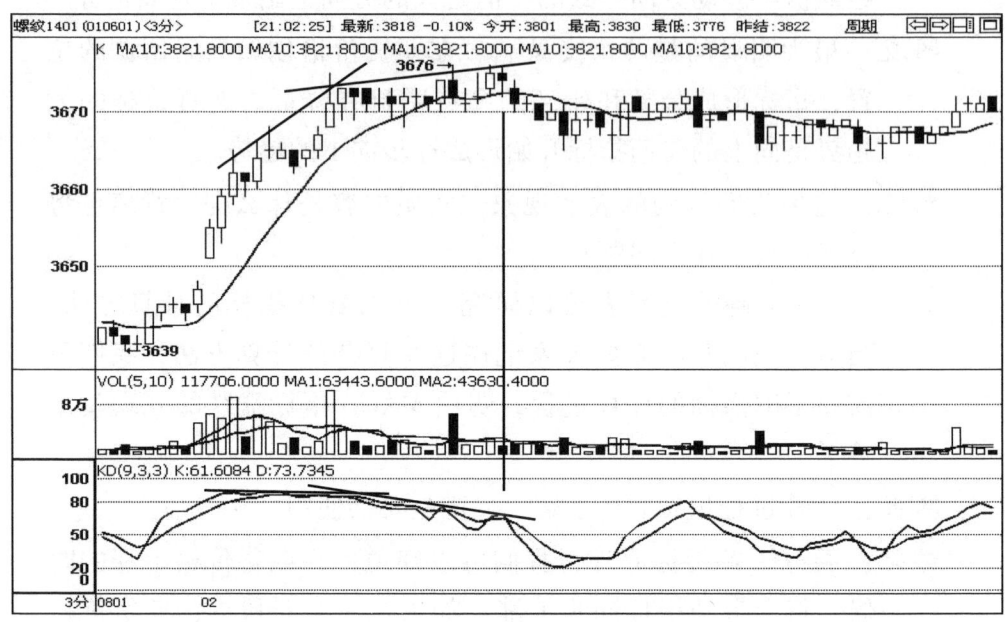

图4-16

形成了明显的下降走势，不断地出现死叉，甚至出现了金叉后立即死叉的看空模式。

网友：这就属于外强中干的表现了，此时我们不能只看期价的坚挺和上涨，还要看是否会出现下跌走势，做好风险预防。

老纪：外强中干的走势出现后，如果机会成熟，交易者可以大胆地进行开仓操作。这个时候的开仓必须要结合其他技术分析同步进行，寻找较好的开仓机会。外强中干的走势很容易带来反转，能够酝酿大机会。

网友：大机会就能带来大利润，在这种走势中寻找机会开仓还是比较吸引人的。总算可以开仓了，呵呵。

老纪：图4-17所示的橡胶1401合约3分钟走势图是DMA指标的一种背离表现，反映出了橡胶期货该阶段的外强中干。

网友：是啊！图中橡胶期货创出了18520点的新高，DMA指标却

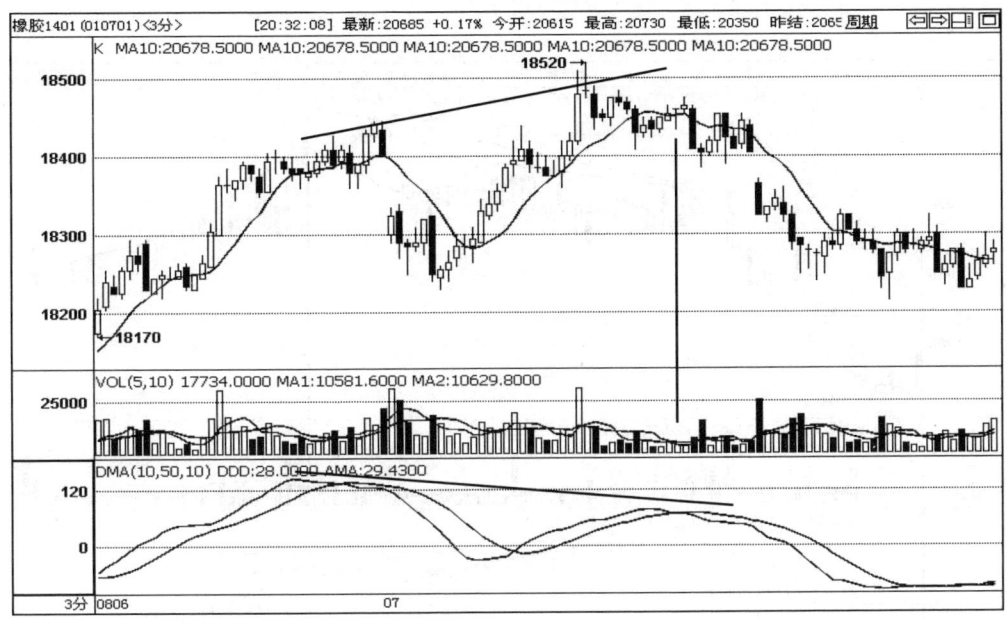

图 4-17

不能创新高。指标的两个死叉位置形成了高点逐步下降的形态，期货价格却能够不断地创出新高，两者产生明显的背离。期价上涨，MDA 指标揭露了上涨动力不足，所以在这个位置处交易者要警惕接下来有可能出现下跌走势。

基于这一原理，我们可以在出现背离后转变对橡胶做多的看法，寻找新的做空机会。当期货价格横盘调整，出现做空信号后，交易者可以择机开仓做空。开仓做空后只要盘面符合做空机制，交易者就可以持有空单一路获利。

运用这种方法，交易者不仅可以规避表面强势、实质空虚的上涨风险，还可以提前发现有可能出现下跌走势的机会，通过指标透过表象挖掘内在实质，盈利就变得简单多了。

老纪：我们再来看图 4-18 所示的 PTA1401 合约 3 分钟走势图。在这个时段的初期和中期，PTA 期货延续了上涨走势，初期上涨力度较大，理应顺势做多。

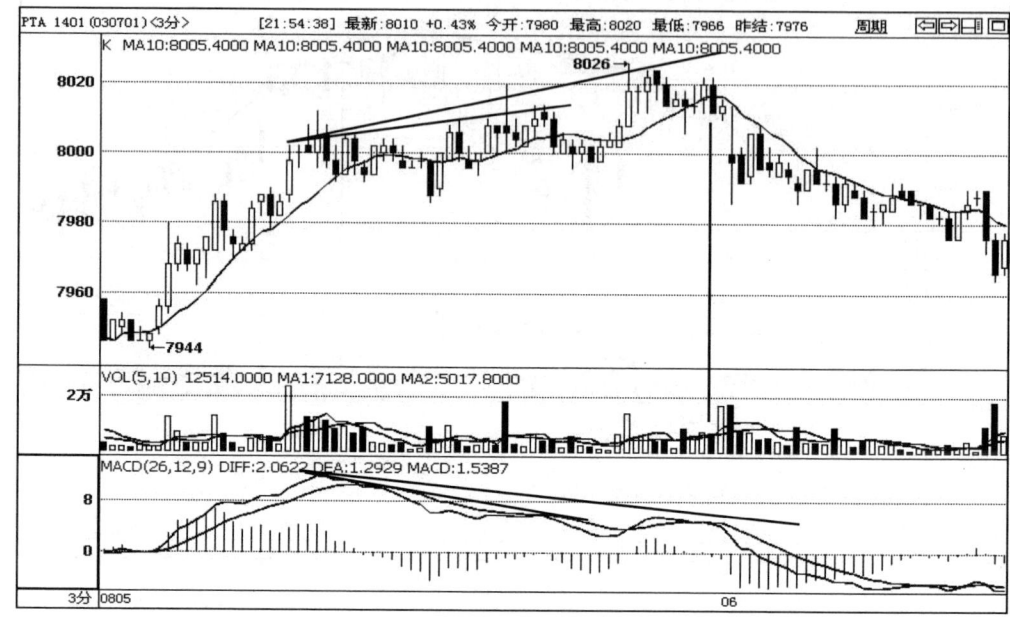

图 4-18

当接近 8000 点位置的时候，面对整数关口的阻力，期价是否能够形成有效而真实的突破呢？

我们先看 K 线走势。3 分钟 K 线虽然形成了整理走势，但是依然能够创出新高，并且有效地突破了 8000 点，看上去多方还是能够压倒空方的。究竟是不是这样呢？我们再来看 MACD 指标的表现。

网友： K 线走势虽然能够保持不跌，并且创出了新高，但是 MACD 指标不够坚挺。在第一次触摸高点的时候，MACD 指标就没有创出新高，走了下坡路。

第二次期价实实在在地创出了新高，而 MACD 指标依然没有创新高。两次指标都出现了背离走势，所以这种上涨是虚假的，做多力量看似强劲，却有逐步下滑的态势。

老纪：两次背离叠加更能说明做多力量外强中干，遇到这种情况，做多的思路需要及时调整为做空。只要发现问题后立即调整思路，后面的下跌机会就比较容易把握了。

网友：还是那句话，难者不会，会者不难。只要方法对了，把问题看透了，价格波动的规律就不难把握了，盈利也就变得简单了。

只看表象看来是不行的，只有看到了本质才行。

谢谢老师！

网友听风紫云的笔记

背离就是离开、离散。在期货交易技术分析中，背离走势就是脱离原来的、通常的、正常的或公认的轨道。

我们通过指标和期货走势可以看到表面现象，实质内容是什么呢？背离走势究竟反映了什么问题？通过了解指标原理，我们可以知道，当期货价格上涨的时候，将会带动指标同步上涨。如果在一个时段内，期货价格上涨的力度远远大于指标的上涨幅度，就会从侧面反映出强有力的上涨也许只是一种表象。

内在动力不足的外强中干式上涨，应该不会支撑很长时间，这个时候交易者就应该树立风险意识了。

外强中干的走势出现后，如果机会成熟，交易者可以大胆地进行开仓操作。这时候的开仓必须要结合其他技术分析同步进行，寻找较好的开仓机会。外强中干的走势很容易带来反转，能够酝酿大机会。

第五节
跟随突破之后的逆向波动寻找机会

网友：通过这几天的逆思维训练，我有点儿走火入魔了，感觉指标传统走势都有点儿不靠谱，总想采用逆向思维模式，看看是不是应该从另一个角度来分析。

老纪：逆思维的分析方法只是技术分析的一小部分内容，是一种扭转传统交易思维模式的技巧，我们需要通过逆思维的分析方法寻找到一些成功率相对较高的技术分析方法。这些技术分析方法成形后，固定其使用模式，然后固定使用就可以了，最终建立属于我们自己的技术分析方法库。

所以，对于没有成形的方法，我们就不需要纠结了。

网友：今天我们学习什么内容呢？

老纪：众所周知，对于一些支撑压力类指标，期货价格在指标线之下运行的时候，指标线将对其起到压力作用；期货价格运行于指标线之上的时候，指标线将对其起到重要的支撑作用。

如图4-19所示的沪铜1312合约5分钟走势图，我们以瀑布线为例来进行详细说明。瀑布线反映的是期货价格涨跌的大趋势，所以瀑布线一般不容易被整体突破，但是被突破后很容易改变原有的涨跌趋势。

若当前期货价格走势低于全部6条瀑布线，6条瀑布线呈现空头排列，瀑布线处于向下发散状态，之后瀑布线走平，

第四章 指标的逆向思维与使用

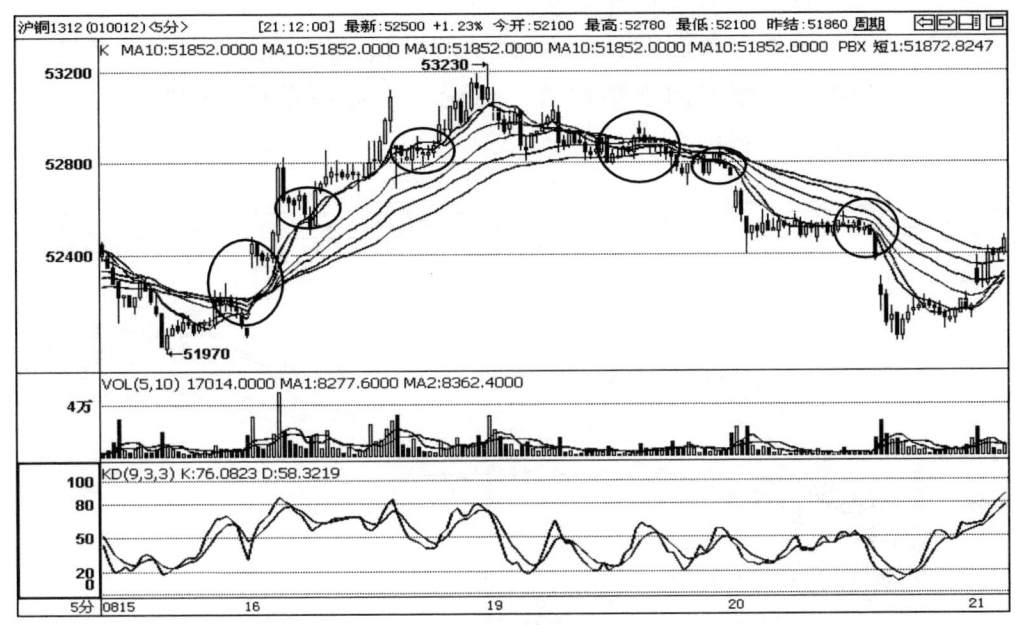

图 4-19

那么期货价格止跌企稳后迅速向上运行，并且有效突破瀑布线时就可以看多。

相反，若当前期货价格走势高于全部 6 条瀑布线，6 条瀑布线呈现多头排列，瀑布线处于向上发散状态，之后瀑布线走平，那么期货价格有效突破瀑布线向下运行时就可以看空。

我们看到，在图 4-19 中，当期货价格从上方运行到了指标线附近时，指标线会形成明显的支撑作用，在支撑作用的助力下，期价会再次上涨。所以，如果在上升趋势中做多，那么最佳的开仓位置是在支撑位置附近。

当期价有效突破指标线向下运行的时候，支撑将会变成压力，将会形成持续下行的走势。

实盘中，虽然支撑、压力的作用绝大多数情况下是正确的，但是假突破现象时有发生，在假突破的走势中，交易者将会有很多的盈利机会可以把握。

下面，我们以图4-20所示的橡胶1401合约3分钟走势图为例，采用逆向思维模式，讨论一下如何在指标的突破中寻找逆向获利机会。

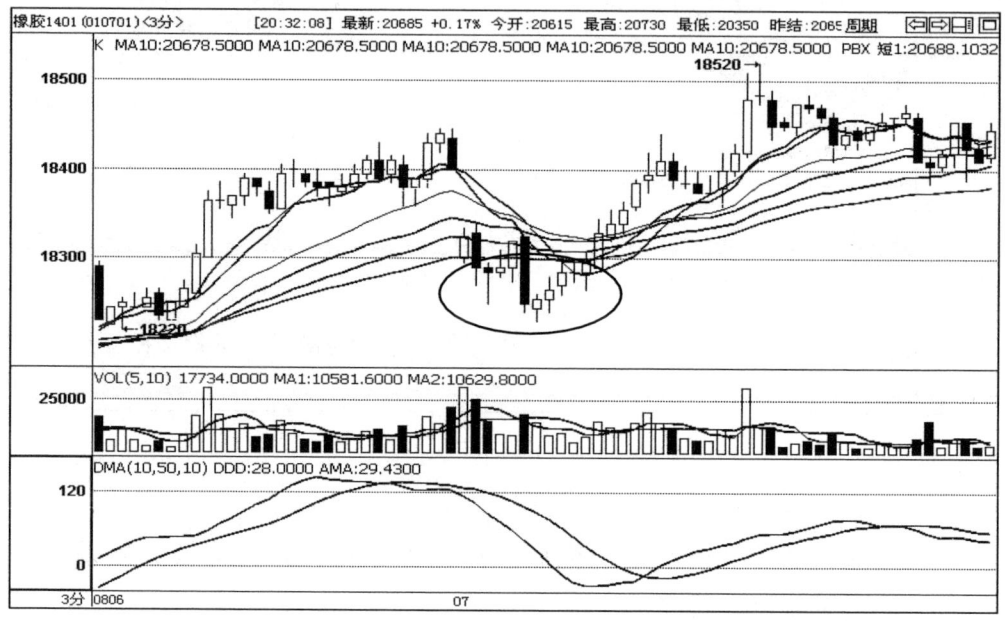

图4-20

图4-20中，期货价格持续上涨，之后受到外部环境影响，在早盘开盘的时候期货价格大幅低开，形成了对瀑布线的有效突破。这个突破是否真实？我们是否应该持续看跌呢？

随后的走势告诉我们，需要用逆思维的方式来看待此次下跌。

网友：下跌后的再次上涨，说明这次突破是假突破，所以向下的假突破反而成了看多的信号，对吧？

老纪：你说得很对。向下突破理应是空方力量占据上风的表现，但是多方能够在极短的时间内扭转局势，让对空头有利的走势变成对多头有利，意味着多头力量强大，向下的假突破变成了对向上趋势运行的有力验证。

网友： 当向下假突破形成，向上突破成立后，交易者就可以寻找合适的时机开仓做多了。

老纪： 比如图 4-21 所示的 L1401 合约 3 分钟走势图，该时段 L 期货处于下跌趋势中。在下跌趋势中，期货价格处在瀑布线的下方，对价格的上涨形成了明显的压制作用。按照传统交易思维，只要期货价格不能有效突破瀑布线，交易者就可以保持中长线看空思维。

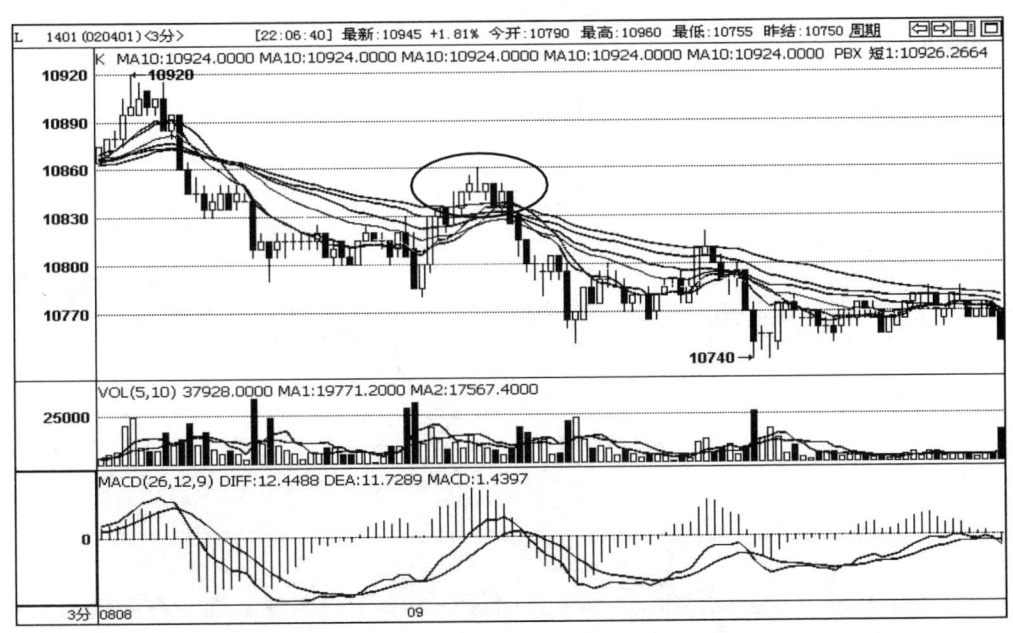

图 4-21

在图中的圆圈位置，期货价格对瀑布线形成了一次实实在在的突破。突破后，交易者先要对原有的做空进行平仓，再来研究这次突破是否真实有效。

网友： 突破后期货价格没能站稳瀑布线，在很短的时间里再次下跌，回到了瀑布线的下方，这就形成了向上的假突破。在很短的时间内就能将做多力量再次消灭，所以假突破的判断是正确的，假突破后有可能带来更加真实的下跌走势。

老纪：是的。向上突破的位置没有成交量的配合，之后在很短的时间里再次向下突破，我们有理由看空。

对于假突破，时间越短越好，突破后的反向突破越坚决越好。假突破后的开仓要建立在其他辅助条件下，这样可以提高开仓获利的成功率。

网友：好的，我会注意这一点的，不能只因一个交易信号的出现而非常草率地进行开仓操作。

老纪：图4-22所示的橡胶1401合约3分钟走势图展示的是假突破BOLL指标后的盈利机会。

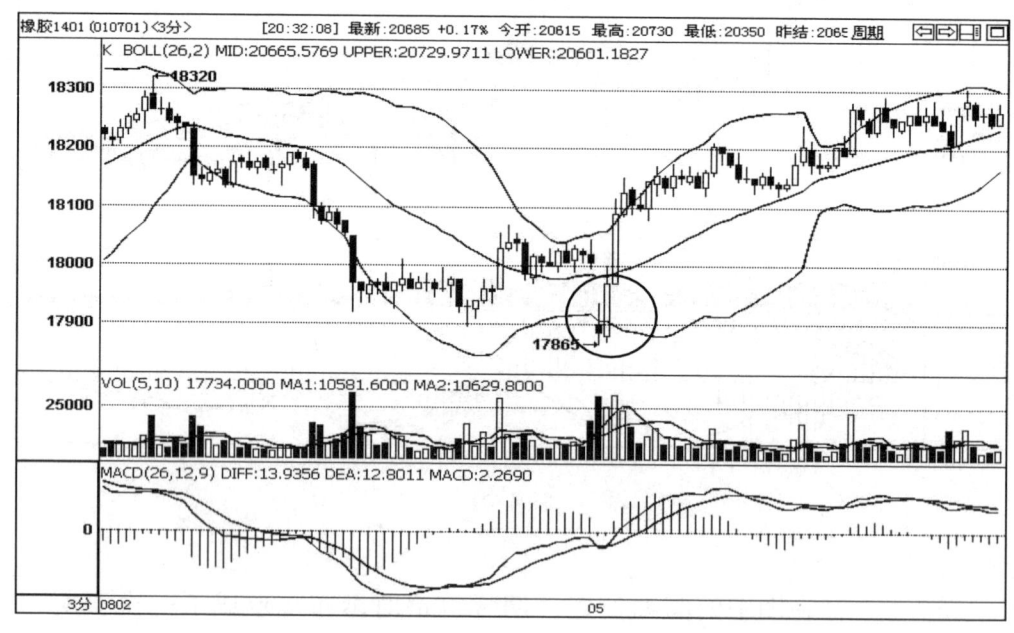

图4-22

我们知道，BOLL指标的中轨上方是多头占上风的区域，下方是空头占上风的区域，所以期货价格对 BOLL 指标中轨的突破是比较有参考意义的。

图中该期货价格在初期延续了下降走势，大部分时间保持在 BOLL 指标中轨的下方运行。到了临近底部的位置，横盘后对中轨形成了第一次的突破，突破后再次向下跌回到了 BOLL 指标的中轨下方。

我们注意到，图中跌破 BOLL 指标中轨处（圆圈位置）是早盘开盘位置，期货价格受到隔夜外部环境的影响，直接低开。但是低开后的强劲上涨反映出盘中的内在做多力量是非常强大的，能够推动期价快速回到 BOLL 指标的多方区域。

这种快速假突破出现后，结合盘中走势，我们推断出做多力量占据上风，就可以择机开仓，做多获利了。

网友：在图中圆圈位置，我们找到了做多的参考依据。在接下来的走势中，只要期价能够保持在 BOLL 指标中轨的上方运行，我们就可以一直保持做多的思维。

本来是向下突破，却无形中暴露了做多力量的强大。这种逆思维，让我们轻松把握住了获利的机会。

老纪：图 4-23 所示为焦炭 1401 合约 5 分钟走势图。虽然该品种合约在这个时段能够基本保持持续上涨趋势，但是其中也存在着调整的走势，期货价格并不是一成不变地始终运行在 BOLL 指标中轨的上方，期间也有突破和假突破走势。

网友：是的。在期货价格第一次达到相对高点区域后，形成了持续的横盘整理走势。

横盘整理延续的时间较长，BOLL 指标的上轨和下轨随着横盘整理走势的不断延伸，逐步形成了合拢走势。在横盘整理走势临近尾声的时候，期货价格开始寻找突破方向。

我们将图中圆圈位置放大来看，在这个虽然狭小但是依然保持上轨压力、中轨平衡、下轨支撑的 BOLL 指标中间，期

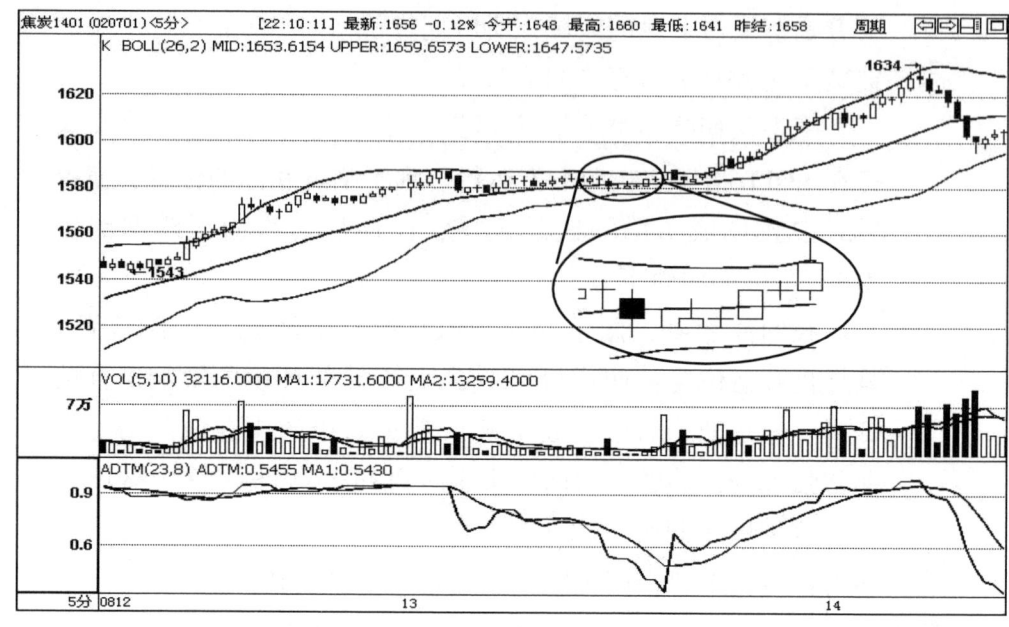

图4-23

价遵循着原有的波动走势。

当K线走势对BOLL指标中轨形成向下突破后,打破了原有的多方占据上风的局面。跌破中轨似乎意味着做空力量开始主导局面,但是之后在很短的时间内多方就能够收复失地,真实地反映了多方力量比做空力量强大。

老纪：这个位置需要注意,因为BOLL指标高度黏合,突破和反突破的力度都会变得相对不强,所以形成假突破后交易者一定要对后期走势做进一步跟踪。只有在新多入场,推动期价向上运行已成定局的时候,我们才可以开仓做多,这样操作更为稳健。

网友：好的。确定多方发力后开仓做多,后期上涨的利润空间还是不错的。

只要把握住技术分析的要点,交易者就能把握住获利的机会。方法对了,期货交易也就得心应手了。

第四章
指标的逆向思维与使用

网友紫岳的笔记

逆思维的分析方法只是技术分析的一小部分内容，是一种扭转传统交易思维模式的技巧，我们需要通过逆思维的分析方法寻找到一些成功率相对较高的技术分析方法。这些技术分析方法成形后，固定其使用模式，然后固定使用就可以了，最终建立属于我们自己的技术分析方法库。

实盘中，虽然支撑、压力的作用绝大多数情况下是正确的，但是假突破现象时有发生，在假突破的走势中，交易者将会有很多的盈利机会可以把握。

向下突破理应是空方力量占据上风的表现，但是多方能够在极短的时间内扭转局势，让对空头有利的走势变成对多头有利，意味着多头力量强大，向下的假突破变成了对向上趋势运行的有力验证。

只要把握住技术分析的要点，交易者就能把握住获利的机会。方法对了，期货交易也就得心应手了。

第六节
通过指标的趋势变化看懂期价涨跌

老纪：我们看技术指标时不仅要关注金叉、死叉，还要关注趋势、强弱、方向、突破、压力与支撑等内容。其中，趋势也是一项非常重要的内容，在实际分析中，很多交易者都非常重视K线趋势，而忽略了指标的趋势。

网友：说实话，我还真没有注意到指标的趋势，总是过多关注指标的波动方向、位置以及金叉、死叉几个方面。我总感觉指标是被期货价格走势引导的。

老纪：传统意义上可以这么理解，但是我们本阶段讨论的是要通过逆思维，关注别人不关注的事情，发现别人忽略的问题，这样才能棋高一筹。

首先，我们需要解释技术分析的基本前提，就是：趋势有惯性，无论上涨还是下跌，一旦开始，那么它将持续一段时间，直到再次发生转折。

由此可知，我们需要做的事情只有两件：第一，识别趋势；第二，发现趋势的转折。请注意是趋势出现转折之后发现转折，而非预测趋势的转折。

我们可通过对指标趋势的分析，来从另一个角度解读期货价格波动的规律，发现期价内在涨跌的原因。

网友：哪些指标结合趋势使用比较好呢？

第四章
指标的逆向思维与使用

老纪：大部分趋向和反趋向指标都是建立在跟随趋势这一基础之上的，我们以图4-24所示的橡胶1401合约5分钟走势图及KD指标为例来进行详细说明。

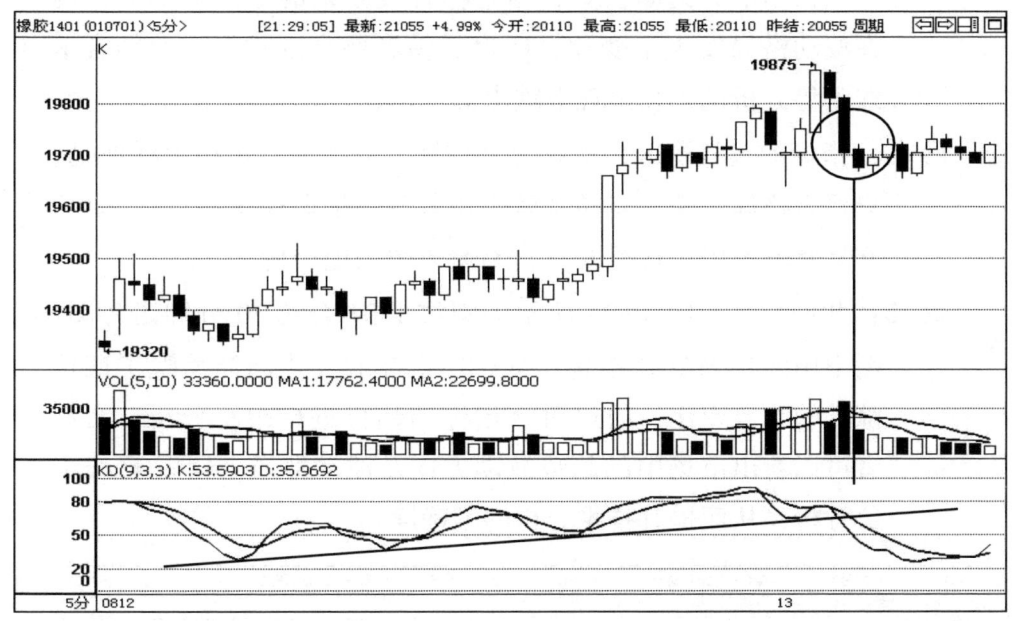

图4-24

图中期货价格延续了上涨走势，在上涨过程中时快时慢，没有形成一个标准的趋势，这时候的价格波动节奏比较难以把握，通过K线走势来进行形态分析和趋势分析存在一定的难度。

我们来看这时的KD指标变化。在期货价格涨跌趋于平衡的时候，KD指标的波动随之平衡，然后延续了小幅上涨，并且保持一定的波动空间和幅度的走势。KD指标的相对低点和相对高点能够保持比较规律的上涨趋势，从侧面反映了上涨的内在动力及多空博弈存在着一定的稳定性。

稳定的指标波动，推动了价格持续上涨，虽然这时期货价格波动有时候舒张不一，但是KD指标的波动波澜不惊。稳定的指标趋势只要不被打破，当前的市场格局就没有被打破，所以外部环境影响可能会造成期价上涨有快有慢，但是上涨的内在动力是不变的，所以交易者可以持续做多。

在图中的圆圈位置，当指标打破原来的上涨节奏时，内在波动格局发生了变化，所以交易者要高度重视，并结合K线走势分析是否会出现下跌走势。

网友：指标的趋势稳定，就像定海神针，无论期货价格怎样波动，只要大格局不变，交易者就不用着急。把握住这一要点之后，交易者就不用对每根K线进行翻来覆去地分析了。

老纪：我们再来看图4-25所示的螺纹1401合约30分钟走势图，图中用的是MACD指标。MACD指标的变化同样反映了期价涨跌的趋势变化，通过对该指标的趋势进行跟踪分析，交易者可以看出市场中的趋势波动方向及波动性质，辅以K线走势分析，从而提升技术分析的准确度。

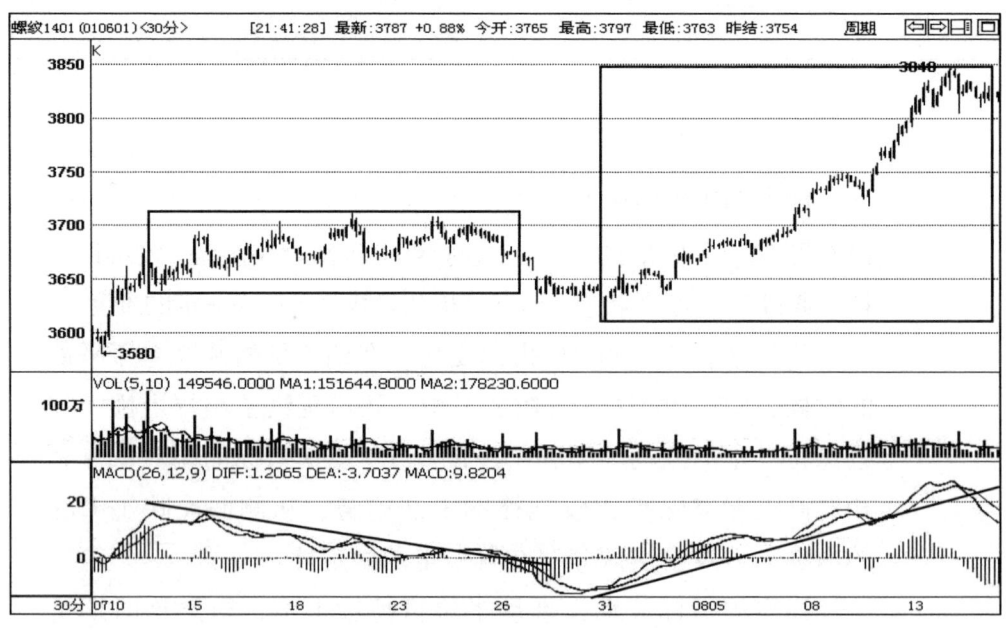

图4-25

网友：我们常用的是 3 分钟、5 分钟周期 K 线，为什么这次螺纹期货用 30 分钟的周期 K 线做参考呢？

老纪：是的，这个细微的变化被你注意到了。这是因为对趋势分析而言，用相对长的周期进行分析更为准确。这是因为较短的周期波动非常容易受到资金博弈变化的影响，其资金强弱趋向性更强，而相对稍长一些的周期波动，会因为市场环境更容易形成波动趋势，而且该波动趋势的可信度会相对高一些。

所以，结合各类指标的不同，进行指标趋势分析的时候用 15 分钟以上的周期效果会更好一些。

网友：好的，我记下了。图中 MACD 指标前期是下跌的，并且形成了明显的下跌趋势，期间期货价格波动延续了平台走势。当 MACD 指标的下跌趋势被打破，开始加速下跌的时候，期货价格走势也开始打破这个相对平台。

后面期货价格上涨与 MACD 的趋势上涨形成同步，当指标趋势被打破的时候，也是期货价格位于相对高点的时候。

老纪：RSI 指标也具有很强的趋势作用，如图 4-26 所示的螺纹 1401 合约 30 分钟走势图，就是明显的 RSI 趋势作用与期货价格走势的对比。

你能发现我们当前所用的 RSI 指标与以往所用的 RSI 指标有什么不同吗？

网友：我记得以前使用的 RSI 指标是三条线，当前所用的是一条线。

老纪：对。传统意义上 RSI 指标有三条线，因参数设定不同，波动快慢也有所不同。当三条线同时出现的时候，进行其他方式的分析比较好用，但是看趋势就有些凌乱了。

因此，结合使用经验，我们将三条线的参数设定全部调整为 12，这样三条线就叠加成了一条线，其趋势特征更加明

图 4-26

显，更加有利于我们进行指标的趋势分析。

网友：是啊！这样看上去趋势特征就更加明显了，传统的指标不一定非要按照传统的方法使用，稍微做点儿改变，就会让我们眼前一亮。老师的招数真多。

老纪：调整后，指标下跌形成趋势，我们可以沿着趋势的方向来辩证地分析期货价格走势。RSI 指标又叫相对强弱指标，通过名字我们不难理解，相对强弱的变化趋势没有改变且相对稳定，所以期货价格的下跌趋势也是应该延续的。

网友：跟着指标的趋势，我们可以一路跟随期价的下跌。当指标的下跌趋势被打破后，期货价格的下跌走势也将会发生改变。

老纪：图 4-27 所示的焦炭 1401 合约 60 分钟走势图中，使用的指标是 ROC 指标。

ROC 指标又叫变动率指标，该指标可测量价格涨跌力量

第四章
指标的逆向思维与使用

图 4-27

的强弱。一旦价格走势出现反转，变动率指标会提前发出信号，具有一般指标所没有的预测功能。

ROC 指标过于敏感，短期波动频率太快，在趋势形成过程中，该指标有时会过早出现超买或超卖信号。在实际使用中，我们可以用较长的周期进行分析，形成大的分析方向，再结合其他分析技巧，在较短周期内进行其他模式的分析和操作，这样可以扬长避短，大大提高指标的使用效果。

图中我们用 60 分钟周期做参考，通过 ROC 指标的波动方向，交易者可以抓住涨跌的大趋势，大趋势确定后，就可以进行顺势而为的小周期操作分析了。

网友：ROC 指标平常我用得较少，接触不多。对于这个指标，以前我只知道用快慢线的波动金叉、死叉来确定方向，今天又拓展了交易思路，回头我还得深入研究一下。

· 155 ·

老纪：很多方法和技巧是相通的，比如当前我们研究的指标趋势，在很多指标中都有共性表现。将期货价格引导指标波动的思维逆转到指标波动趋势反映期货价格涨跌，就可以让我们的分析思路更宽了。

需要注意的是，指标的趋势波动只是期货价格波动的重要参考，期货价格波动需要结合K线形态及波动性质来确定。

网友：谢谢老师。逆思维让我的思路更宽了，现在回想以前的分析和操作方法，真是有些小儿科了，有些太注重表象了。

网友听风紫云的笔记

看技术指标时不仅要关注金叉、死叉，还要关注趋势、强弱、方向、突破、压力与支撑等内容。其中，趋势也是一项非常重要的内容。在实际分析中，很多交易者都非常重视K线趋势，而忽略了指标的趋势。

要通过逆向思维，关注别人不关注的事情，发现别人忽略的问题，这样才能棋高一筹。

趋势有惯性，无论上涨还是下跌。一旦开始，它将持续一段时间，直到再次发生转折。

因此，我们需要做的事情只有两件：第一，识别趋势；第二，发现趋势的转折，注意是发现转折，而非预测趋势的转折。

对趋势分析而言，用相对长的周期进行分析更为准确。这是因为较短的周期波动非常容易受到资金博弈变化的影响，其资金强弱趋向性更强，而相对稍长一些的周期波动，会因为市场环境更容易形成波动趋势，而且该波动趋势的可信度会相对高一些。

所以，结合各类指标的不同，进行指标趋势分析的时候用15分钟以上的周期效果会更好一些。

指标的趋势波动只是期货价格波动的重要参考，期货价格波动需要结合K线形态及波动性质来确定。

第七节
运用旋转分析法打破传统思维模式

网友：像我这种以前做过股票投资的投资者，改做期货投资后逆思维的锻炼必须加强。股票交易让我形成了做多盈利的惯性思维模式，只能做多获利的想法根深蒂固，以前那些良好的盘感，现在却成了阻碍思维转换的绊脚石。

老纪：其实，现在很多软件都支持图形反转的技术分析模式，图形反转可以帮投资者快速改掉做股票投资养成的做多获利习惯。同时，图形反转可以让我们对一些形态分析和操作技巧产生双向的认识，也可以进行双向的操作确认，这对交易有非常大的帮助。

网友：如何使用图形反转？如何理解图形反转？请老师详细说明一下。

老纪：我们来看图 4-28 和图 4-29 所示的棉花 1405 合约日线走势图。这两幅图中的日 K 线形态，一个是日 K 线的原始走势，另外一个是原始走势的图形反转走势。

在这两幅图中，所有的 K 线方向发生了逆转。第一幅图中本来是上涨的，在第二幅图中变成了下跌；本来是下跌的，在第二幅图中变成了上涨。单根 K 线的反转累加成了 K 线组合及形态的反转。

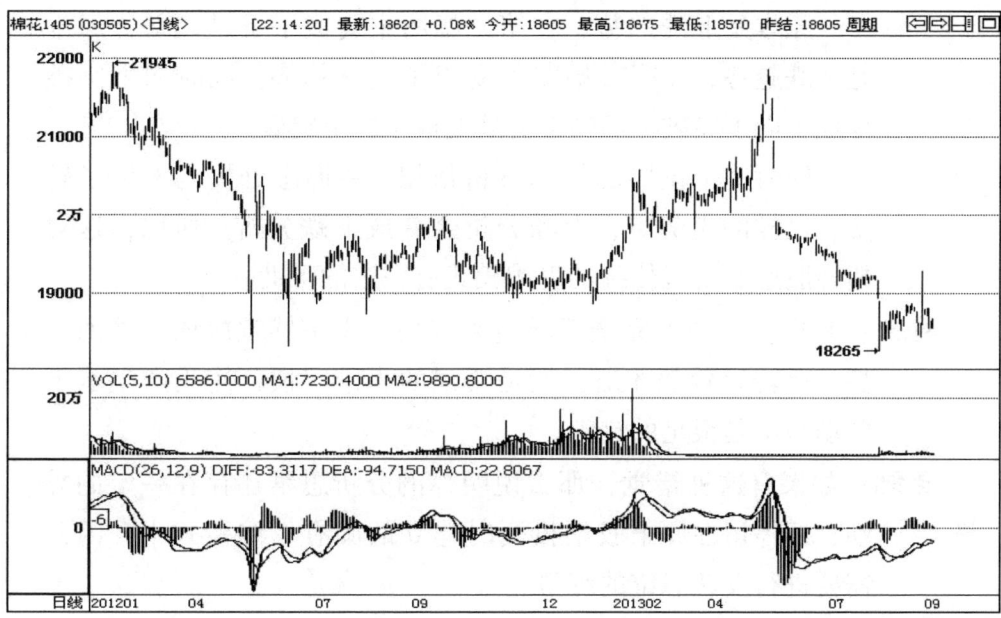

图 4-28

图 4-29

原本是上涨趋势，在第二幅图中变成了下跌趋势；原本是下跌趋势，在第二幅图中变成了上涨趋势，同时向上突破变成了向下突破，而向下突破变成了向上突破。

同时一个重要的技术分析依据——形态分析也发生了转变，这样的走势下，上涨分析会变成下跌分析。所以，这对扭转股票交易者传统的思维模式有一定的帮助。

网友：是啊！将图形完全反转过来以后，本来感觉应该上涨的走势，反转后看跌才对，但是错误的思维习惯，使我产生了下跌动力不是很足的错觉。

老纪：如果有这种错觉，那么说明你的分析思维还存在一定的弊端，还停留在原来股票投资时建立的固有思维模式中，因此需要进行反转思维的练习。

网友：我感觉有时候就是喜欢做多，做空的时候总是有些信心不足，做多的时候总觉得信心百倍，看来这个毛病需要改正。

老纪：软件不仅可以对主图进行反转，来看趋势和K线形态，还可以对指标副图进行同步反转，来分析上升与下降的关系。

如图4-30和图4-31所示的玻璃1401合约5分钟走势图，我们将主图进行了反转，同时将用来辅助分析的MACD指标也进行了反转，反转后原本下跌的MACD指标趋势变成了上涨，原本上涨的趋势变成了下跌，同时金叉变成了死叉，死叉变成了金叉。

网友：指标反转后与K线走势相配套，显得更加真实，这样对分析更有帮助。不过，对于我这样有思维障碍的投资者来说，反转的东西越多，思维越混乱，需要慢慢理清楚才行啊！

老纪：不用着急，这就如同掉过头来看世界一样，刚开始是有些不习惯，等把思维模式转变过来以后，就会很快进入角色的。只有从不同的角度看，才能看得更清楚、更真实；从不同的方向看，才能看到别人看不到的东西。

第 四 章
指标的逆向思维与使用

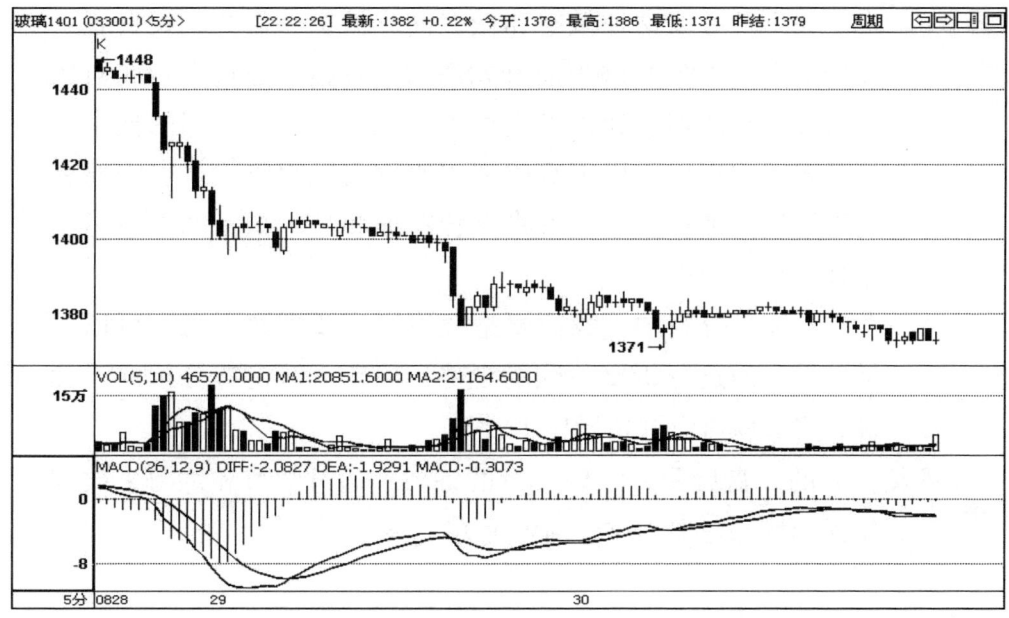

图 4-30

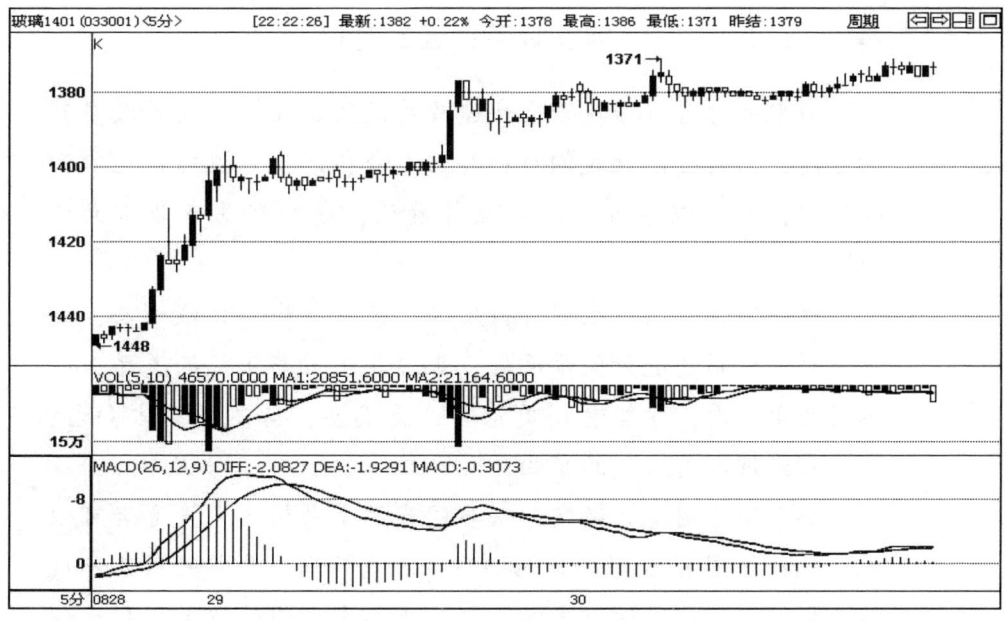

图 4-31

如果不习惯这种做空和做多同步的交易模式，投资者可以先从反转主图 K 线形态开始练习，在盘后通过大量的对比和反转分析练习，建立做空思维。之后再加上副图的技术指标反转练习，用历史走势改变原来固有的思维模式，当原有的思维模式被打破后，再将反转图形和技术指标的方法运用到技术分析中去。

在实盘分析中，我们要是觉得下一步即将上涨，可以逆转图形，通过分析要下跌的走势，确定上涨走势分析的正确性，之后就可以开始操作了。

网友：好的。盘后我一定做大量的练习，通过学习和练习来改变错误的操作习惯和错误的思维方式。

网友听风紫云的笔记

图形反转可以帮投资者快速改掉做股票投资养成的做多获利习惯，同时可以让我们对一些形态分析和操作技巧产生双向的认识，也可以进行双向的操作确认，这对交易有非常大的帮助。

软件不仅可以对主图进行反转，来看趋势和 K 线形态，还可以对指标副图进行同步反转，来分析上升与下降的关系。从不同的角度看，才能看得更清楚、更真实；从不同的方向看，才能看到别人看不到的东西。

如果不习惯这种做空和做多同步的交易模式，投资者可以先从反转主图 K 线形态开始练习，在盘后通过大量的对比和反转分析练习，建立做空思维。之后再加上副图的技术指标反转练习，用历史走势改变原来固有的思维模式，当原有的思维模式被打破后,再将反转图形和技术指标的方法运用到技术分析中去。

在实盘分析中,我们要是觉得下一步即将上涨,可以逆转图形,通过分析要下跌的走势,确定上涨走势分析的正确性,之后就可以开始操作了。

第五章　平仓的交易思维与技巧

开仓注重的是技术分析，平仓更讲究策略。正确理解平仓时的思维模式，在最恰当的时间、最合适的位置平仓，是进行期货交易的关键。平仓是一门艺术，也体现出了一种态度。交易者只有真正理解了平仓的内涵，用辩证的思维平仓，才算得上是一位成熟的交易者。

第一节
减亏与平仓的交易思维

网友：在实盘操作中，我发现并不一定是开仓对了就能赚钱。如果操作心态不好，就算是开仓的位置非常好，也会把盈利的持仓变成亏损的持仓，每次遇到这种情况心情总是非常不爽。

老纪：平仓也是有一定的技巧和策略的。开仓时技巧相对重要一些，平仓时更讲究策略，对操作理念和交易思路的要求更高，科学的交易策略是实现完美平仓的必要条件。

这里所说的"完美"是相对完美，能够把握住正确的离场点就是完美。绝对完美是不存在的。

网友：在平仓技巧及策略方面，我们进行一些交流，好吗？

老纪：可以。我们首先要建立正确的交易思路，将平仓的思维模式理顺，这样就比较容易形成较好的操作心态，更容易在相对正确的位置平仓。

网友：也就是在正确的位置做正确的动作，执行正确的操作指令。

老纪：我们以图为例来进行详细说明吧。图5-1所示为沪铜1312合约1分钟走势图，我们借此探讨一下平仓的第一种交易思维：减亏与平仓的交易思维。

在风险交易市场，我们主张以技术分析为操作依据，但是，不可否认的是，没有百分之百正确的分析，也没有绝对正确的预测。如果出现错误怎么办？我们以前多次强调过，

第五章
平仓的交易思维与技巧

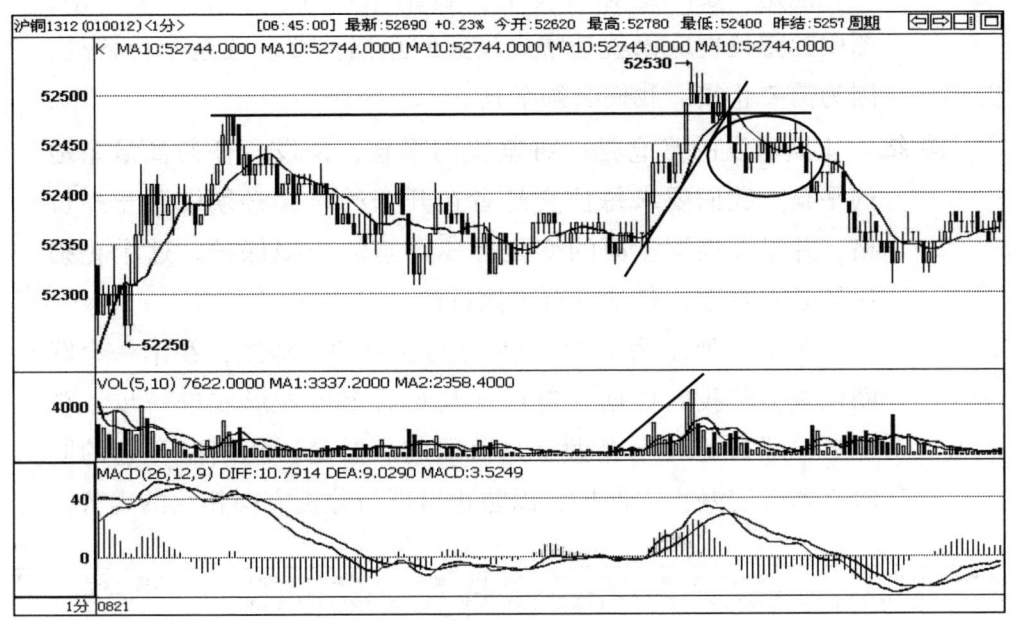

图 5-1

判断错误后，要考虑如何减少损失，减少亏损。

减少亏损的方法是什么？是止损。

止损是什么？止损可以说是操作思路，而平仓是止损的动作，是止损的执行。平仓后才代表止损操作完成。

网友：也就是说，当判断错误，期货价格与开仓方向相反时，我们就必须坚决地进行止损操作，通过平仓来防止亏损进一步扩大。

老纪：正如图 5-1 所示，如果我们在期价创出新高的时候开仓做多，暂且不论开仓位置正确与否，只要后面期价向下跌破止损价格，我们就需要无条件地进行止损平仓操作。

网友：其实，开仓做多的位置还是不错的，期价在成交量的配合下创出了新高，看上去上涨非常有力，容易给人一种进一步上涨的感觉。此时开仓做多，获利的概率还是比较大的。

但是，实际走势与技术分析结果不同，后期价格回落，图中圆圈位置应该就是常规设置的止损位置。在这个位置处，因为需要止损，我们必须平仓。

老纪：止损引发的平仓是一种坚决的平仓，是没有任何商量余地的平仓。我们要求每位交易者在开仓的时候必须设置止损价格，并且要根据盘面的变化形成动态的止损保护。这个止损保护必须合理、科学且有可执行性。

图 5-2 所示为豆粕 1405 合约 3 分钟走势图，在第一个圆圈位置，若我们根据多空形态判断后市可能形成进一步下跌走势，那么此时开仓做空是可取的。但是，我们在开仓的同时必须设定好止损保护，以防止出现与分析方向相反的走势。

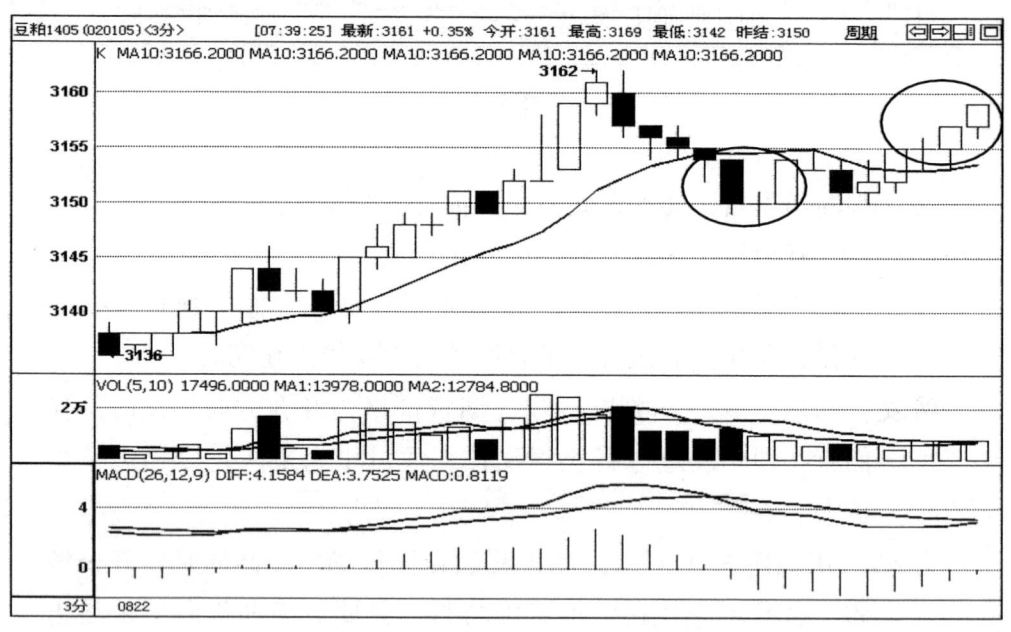

图 5-2

网友：实际上，后期的走势确实出现了反向，期货价格稍作横盘整理后，抬头向上，逐步形成了价格抬高的势头。图中第二个圆圈位置很容易触动开仓时设置的止损位置，这时候投资者如果想减少亏损，或者认为后市不明朗，就可以进行止损平仓了。

老纪： 这个平仓位置面临前期新高的位置，理论上是有一定压力的，但是该平仓要求是由止损操作需求引发的，所以投资者必须坚决地进行平仓操作。

止损引发的平仓是不考虑后期走势的平仓，是无条件执行的平仓，这一点必须要牢记。

网友： 我记住了，开仓开错了，必须要坚决止损。

老纪： 图5-3所示为焦炭1401合约5分钟走势图，该时段的圆圈位置就出现了坚决止损平仓操作正确的经典走势。

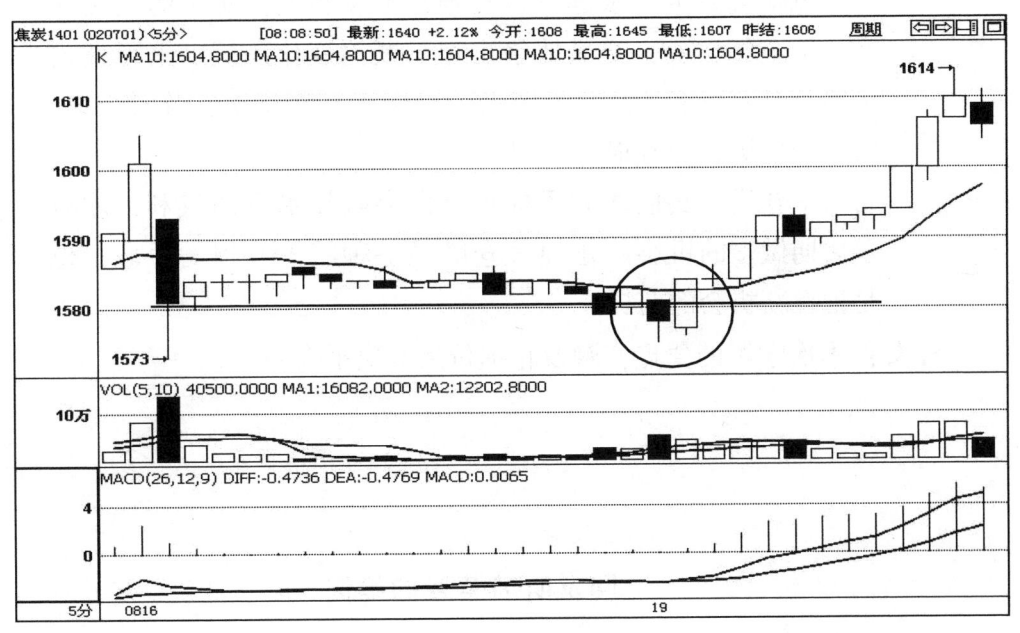

图5-3

该品种合约在进入横盘整理阶段后，出现了放量跌破支撑线的破位走势。当破位走势成立后，成交量丝毫没有减小的迹象，下跌动力显得非常充足，这时候的常规操作要么是对原持有的多单进行平仓，要么是开仓做空。

网友：我看到这种走势，首先想到的是开仓做空。图中圆圈位置破位的时候成交量放大，做空力量接踵而至，大有长江后浪推前浪的感觉。

不过，实际上后面的走势还真不是这样的，后期期价没有下跌，反而上涨了。如果在图中圆圈位置开仓做空后不及时止损，损失就大了。

老纪：在图中圆圈位置刚刚破位的时候做空是有道理的，后期出现的平台反向突破走势有力地化解了下跌，出现了快速上涨走势。

风险交易市场永远难以捉摸，市场在变，交易的人员在变，资金量在变，交易情绪也在不断地变化，所以出现任何走势都是有可能的。我们能做的是善于发现错误，及时止损，防止产生更大的亏损。

平仓后，我们才有了捕捉反向突破技术点的权利，才有了后期做多的机会。止损平仓既是一种减少亏损的手段，也是把握新机会的前提。

网友：本次学习的要点：触及止损价后坚决平仓。

网友听风紫云的笔记

平仓也是有一定的技巧和策略的。开仓时技巧相对重要一些，平仓时更讲究策略，对操作理念和交易思路的要求更高，科学的交易策略是实现完美平仓的必要条件。

第一种平仓的交易思维：减亏与平仓的交易思维。

当判断错误，期货价格与开仓方向相反时，我们就必须坚决地进行止损操作，通过平仓来防止亏损进一步扩大。

止损引发的平仓是一种坚决的平仓，是没有任何商量余地的平仓。每位交易者在开仓的时候必须要设置止损价格，并且要根据盘面的变化形成动态的止损保护。这个止损保护必须要合理、科学且有可执行性。

触及止损价后坚决平仓。

第二节
获利与平仓的交易思维

网友：除了在期价触动止损价格的时候需要坚决平仓，还有哪些情况下需要进行平仓操作呢？

老纪：能够触发平仓的条件很多，我们需要灵活掌握。

今天我们来讨论一下第二种交易思维：获利与平仓的交易思维。

顾名思义，减亏与平仓的交易思维讨论的是如何减少亏损的平仓思维，而获利与平仓的交易思维讲的是如何落袋为安或者让利润最大化的平仓思维。

网友：也就是说，前一种是在亏损状态下的平仓，后一种是在盈利状态下的平仓，对吧？

老纪：是的。图 5-4 所示的螺纹 1401 合约 3 分钟走势图，展示的就是在获利状态下的平仓。

当我们开仓方向正确后，随着期货价格的波动，就会在账面上形成浮动的利润。这时候，我们只有进行了平仓操作，才会把账面上的浮动盈利变成实实在在的真金白银。所以，盈利状态下的平仓是实现盈利的终点。

图中，我们若是在调整的底部正确地开仓做多，当期货价格不断上涨时，账面上就形成了利润。若我们对获利的预期目标是前期的高点 3660 点附近，则只要期货价格上涨，我

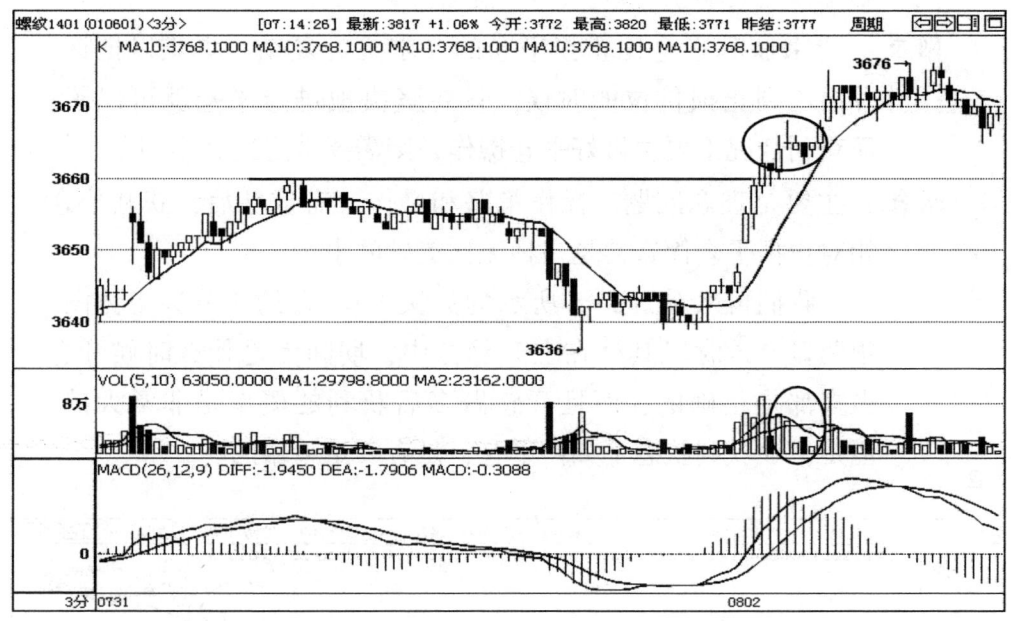

图 5-4

们就持续跟随,当价格接近 3660 点,出现上涨乏力时,就需要对手中的获利进行平仓了。

对于获利平仓,我们需要注意以下几点。

一是获利平仓是一种主动平仓的操作,所以要敢于主动地放弃有可能出现的利润,这等于主动地回避了未知的风险。

二是获利平仓要在跟随涨跌失败后再进行平仓。也就是期货价格的涨跌若与持仓的盈利方向相同,只要不出现明显的止步现象,我们就可以持续跟随价格涨跌。当涨跌方向出现止步征兆的时候,我们再进行平仓操作,这样可以让利润最大化。

三是获利平仓是建立在技术分析基础上的,技术分析的目标获利位置达到,是触发获利平仓的关键。

四是获利平仓是一种主动寻求"后悔药"的机会,操作心态一定要端正。

网友： 看来获利平仓比止损平仓的要求更为复杂，更难以把握。亏损达到止损价位的时候，只要坚决地进行平仓就可以了，而获利情况下要想做好平仓操作，则需要考虑这么多问题。

老纪： 主要是理念问题。操作策略和操作心态成熟后，获利平仓相对止损平仓而言，是一种无比美妙的事情。

我们再来看图5-5所示的焦炭1401合约5分钟走势图。很明显，该时段其处在上升趋势中，期间无论什么时候开仓做多都是正确的，而且开仓做多后获利的概率是非常大的。但是，在获利状态下如何平仓，是有一定策略的。

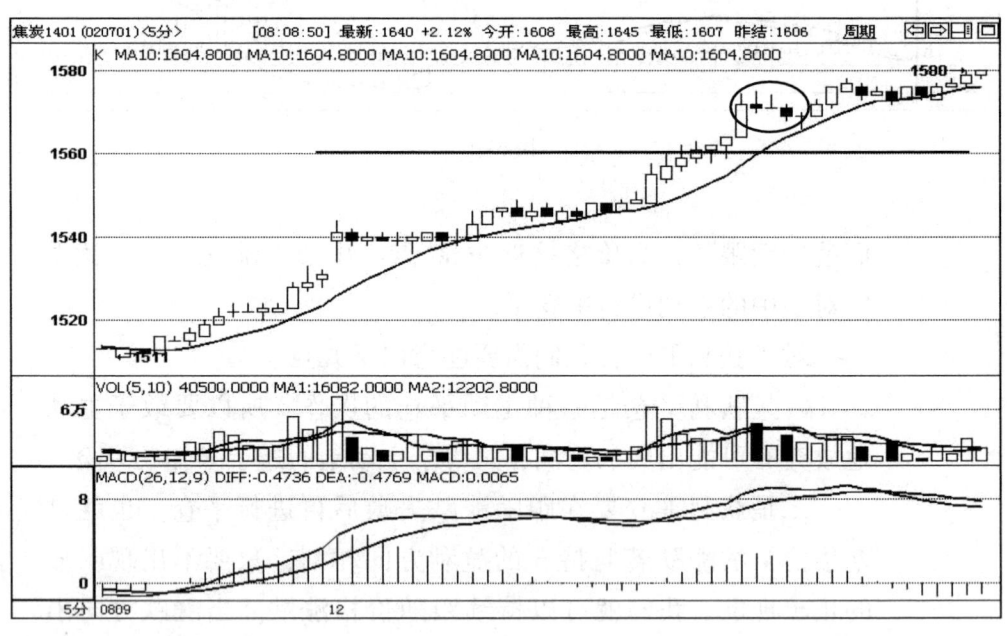

图 5-5

假设我们在开仓的时候确定的获利目标位置是1560点附近，并且确定了以10周期均线为操作依据，设置成跟随的止损价格，那么只要期货价格不向下跌破10周期均线，我们就可以持续持仓。

确定了这个操作策略后，我们就可以跟随期价的波动一路持有，离场条件只有两个：一是跌破止损价格；二是达到预期盈利目标。

实盘中，期货价格突破1560点后还在继续上涨，但是前期经技术分析确定了1560点附近的盈利目标，故只要突破该价位后出现滞涨的信号，我们就可以考虑进行盈利状态下的平仓操作。

网友：这样会不会放掉了一些应得的利润？比如，图中圆圈位置是突破1560点后的滞涨位置，此时平仓，接下来的上涨利润就与我们无关了。

老纪：主动平仓的操作是会出现丢掉利润的可能，虽然敢于拿盈利单，让利润狂奔这个操作思路是对的，但是对于短线交易者，敢于放弃机会更重要。一次操作达到预期后结束，之后我们可以寻找下一次的获利机会，重新再来。

短线操作要求提升每一次的交易成功率。

网友：有得有失，看来获利平仓要比止损平仓的不确定因素还要多。

老纪：其实，只要扫除一点儿心理障碍就可以：敢于放弃，不贪婪。

图5-6所示的是PTA1401合约分时走势图，图中如果我们在当日上半时开仓做空，那么接下来临近午盘的快速杀跌将会产生非常可观的利润。

当获利机会来临时，如何平仓、在何时平仓是需要提前制订好应对策略的。

网友：在快速杀跌后平仓显得比较好看，但是后面依然出现了下跌，又放掉了一些利润。要是以前，我一定会觉得下跌到最后再平仓是最好的操作。当前，通过学习和讨论，我感觉在

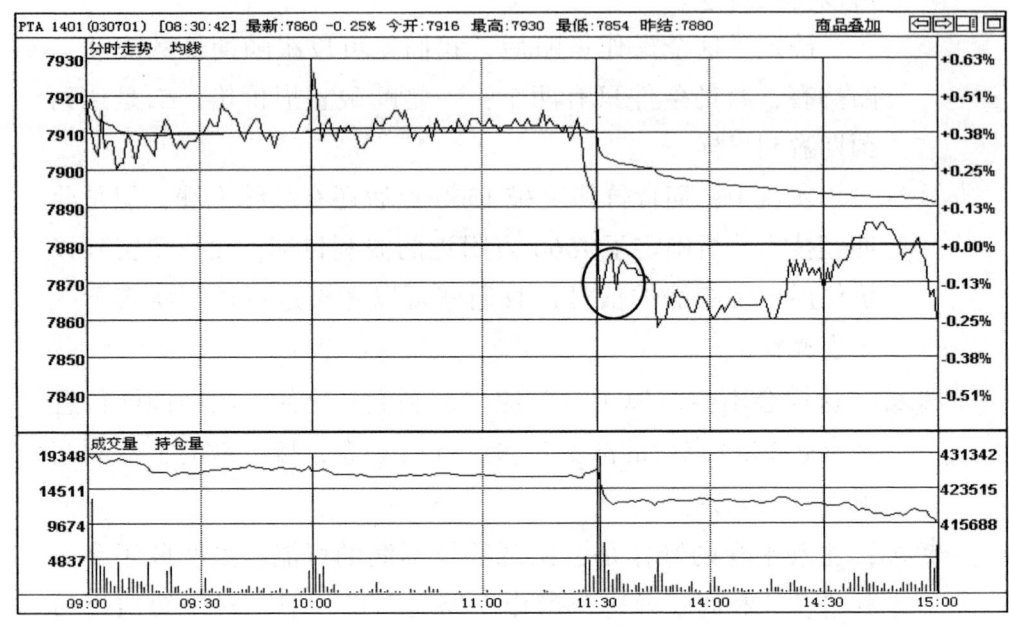

图 5-6

快速下跌的最后一刹那平仓是最好的、最科学的操作。

老纪：面对分时走势图中出现的快速杀跌走势，只要杀跌停止，我们就立即获利离场。在图 5-6 中的圆圈位置，期价杀跌停止，此时平仓后面的下跌将会被放弃，但是，从操作策略上讲平仓的位置是正确的。

虽然放掉了一些利润，但是从操作策略方面考虑，也放掉了风险，放掉了后期操作犹豫不决的折磨。任何操作都不可能绝对完美，通过制订完善的操作策略，促进操作相对完美，相对适用，相对更好掌握、更方便执行才是硬道理。

网友：是啊！获利多少才算多呢？斤斤计较会很累的。

网友听风紫云的笔记

第二种平仓的交易思维：获利与平仓的交易思维。

获利与平仓的交易思维讲的是如何落袋为安或者让利润最大化的平仓思维。盈利状态下的平仓，是实现盈利的终点。

对于获利平仓，我们需要注意以下几点。

（1）获利平仓是一种主动平仓的操作，所以要敢于主动地放弃有可能出现的利润，这等于主动地回避了未知的风险。

（2）获利平仓要在跟随涨跌失败后再进行平仓。也就是期货价格的涨跌若与持仓的盈利方向相同，只要不出现明显的止步现象，我们就可以持续跟随价格涨跌。

（3）获利平仓是建立在技术分析基础上的，技术分析的目标获利位置达到，是触发获利平仓的关键。

（4）获利平仓是一种主动寻求"后悔药"的机会，操作心态一定要端正。

第三节
阻力与平仓的交易思维

老纪：主动平仓中除了盈利后的主动平仓，还有第二种模式：遇到重要阻力位后的主动平仓。

重要阻力位置分为压力位置和支撑位置两种。当期价上涨遇到明显的压力位置时，我们需要考虑主动平仓。当期价下跌遇到明显的支撑位置的时候，我们也需要考虑主动平仓。

网友：也就是说，做多的时候看压力，做空的时候看支撑。

老纪：是的。上涨时候的压力位置和下跌时候的支撑位置统称为阻力位置，是需要考虑平仓的位置。相反，上涨时候的回调支撑位置和下跌时候的反抽压力位置，都是需要考虑开仓的位置。

网友：老师还是以图为例进行详细说明吧。

老纪：好的。如图5-7所示的螺纹1401合约3分钟走势图，我们找到了平台整理的压力位置，在这个位置积攒了大量的交易量，较多的交易者在这里交易换手。当期货价格向下跌破平台后，这里就成了交易换手和心理认可的理论技术阻力位。

图中我们找出了平台底部、平台顶部和中部小平台的价格阻力位置。后期，期价再次上涨到这个区域的时候，就会形成理论技术认可的阻力，此时如果不考虑后期成交情况以及资金博弈形成的市场氛围，该区域形成价格上涨阻力的概

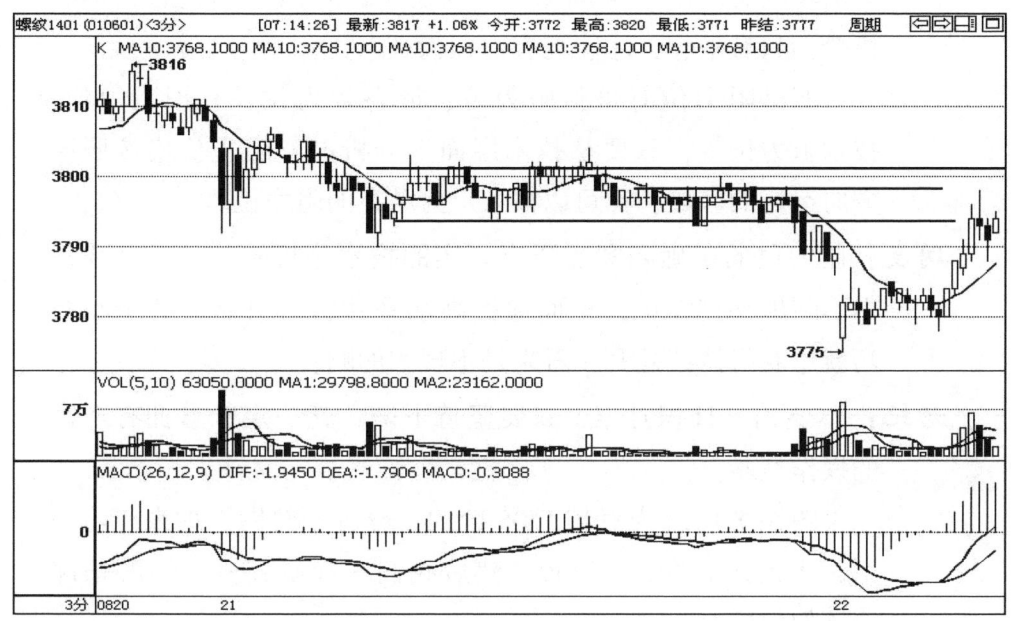

图 5-7

率是极大的。

因此,当期货价格上涨到该区域附近的时候,若市场买盘不济,出现上涨乏力,我们就需要进行主动平仓操作了。

网友:这是一种上涨中遇到阻力提前考虑平仓的操作模式,在盈利状态下,提前找到有可能出现阻力的位置,提前考虑平仓操作,可以说是提前做好了准备。

老纪:对于阻力位置面前的平仓,我们需要注意以下几点。

一是这是一种获利状态下的平仓,因此要敢于放弃想象中的未知利润,如同获利平仓一样,要戒贪。

二是对阻力位置的判断要准确,当期货价格接近阻力位置时,一定要充分考虑盘中支持冲破阻力位置的量能有多少,若出现乏力的现象,就坚决、果断地平仓。

三是虽然阻力位不是不可以突破的,但是要以看到阻力先离场的态度来思考问题，不要忘了离场后我们还有纠错的机会，只有平仓，才能拥有"后悔药"。

四是阻力位有价格阻力位、形态阻力位、心理阻力位、技术阻力位等，只要从技术层面上分析能够阻止价格按照原方向运行的区域，都可以被认定为潜在的阻力位。

网友：阻力位的正确判断需要有扎实的技术分析基础，看来我还得不断地补充知识，全面地提高水平才行。只靠一两个小技巧就想获得持续盈利，看来是不现实的啊！

老纪：不要怕，日积月累，只要坚持下来，就一定能够拥有丰富的操作经验。

图 5-8 所示为豆粕 1405 合约 3 分钟走势图，你来练习一下，找找其中的阻力位置，然后我们一起研究一下该种情况应该如何应对。

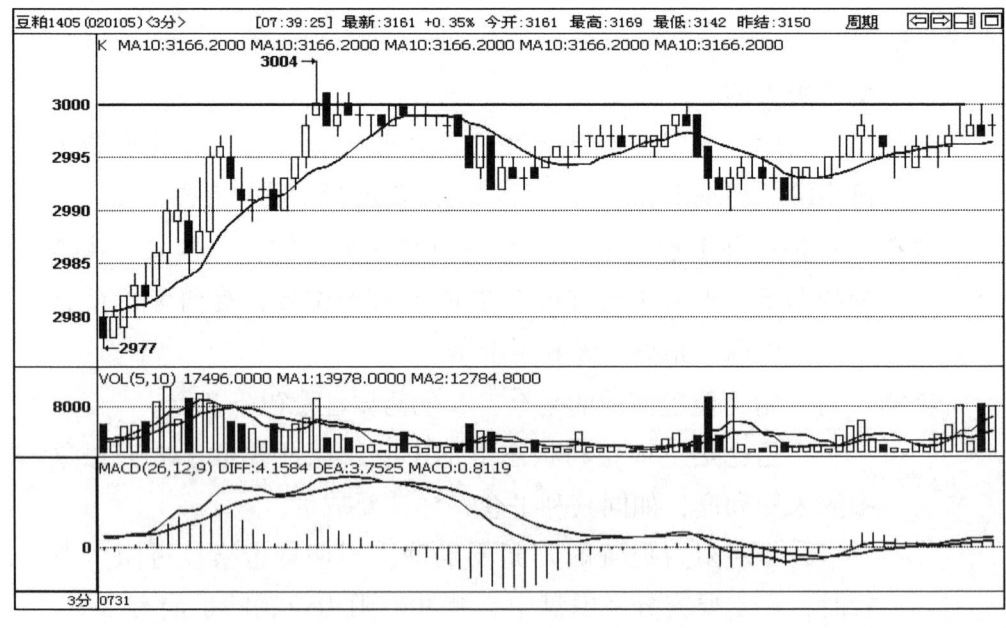

图 5-8

网友：好的。其实图中已经标注得比较清楚了，该品种在高位形成了箱体整理的格局，箱体的上方具有比较明显的阻力点，当期货价格碰触箱体上沿时，与前期高点形成了共振的压力，就会形成回落。

所以，在箱体中进行操作的时候，如果做多，只要价格碰触或者接近箱体上轨，我们就可以考虑平仓。

老纪：这里还有3000点这个重要的心理阻力位，达到3000点的时候正好与箱体的上沿和前期新高形成共振，上涨阻力比较明显。

网友：找到这样一个阻力位后，是否可以在价格达到阻力位置时反向做空？

老纪：不可以。在阻力位置，我们可以采取平仓的方式规避不可预期的风险，但是阻力只能起到阻挡价格涨跌的作用，不一定能真正阻止价格涨跌，形成反向走势。这就如同上涨有压力，这种压力能对多方形成威胁，但是谁也不能肯定这种压力会战胜多方。

网友：就如同整数关口，整数关口会在一定程度上引起交易者重视，形成心理压力，从而被多空双方争夺，但是并不是说整数关口一定不可逾越。

老纪：除了整数关口的心理阻力位，重要颈线位置也有阻力作用。图5-9所示为焦炭1401合约5分钟K线图，在这个时段，期货价格形成了震荡走势，震荡中包含了小平台和大箱体，而在大箱体和小平台之间有较为明显的颈线位。

颈线位无论在技术层面，还是在心理暗示层面，都会对后期走势产生一定的影响。颈线位置会引起市场交易者的重视，很多交易者会将颈线位的突破与否作为操作的重要参考依据。颈线位形成后，会对后面的走势产生明显的阻力作用。

网友：那么，在颈线位附近的走势我们是不是也应该高度重视，

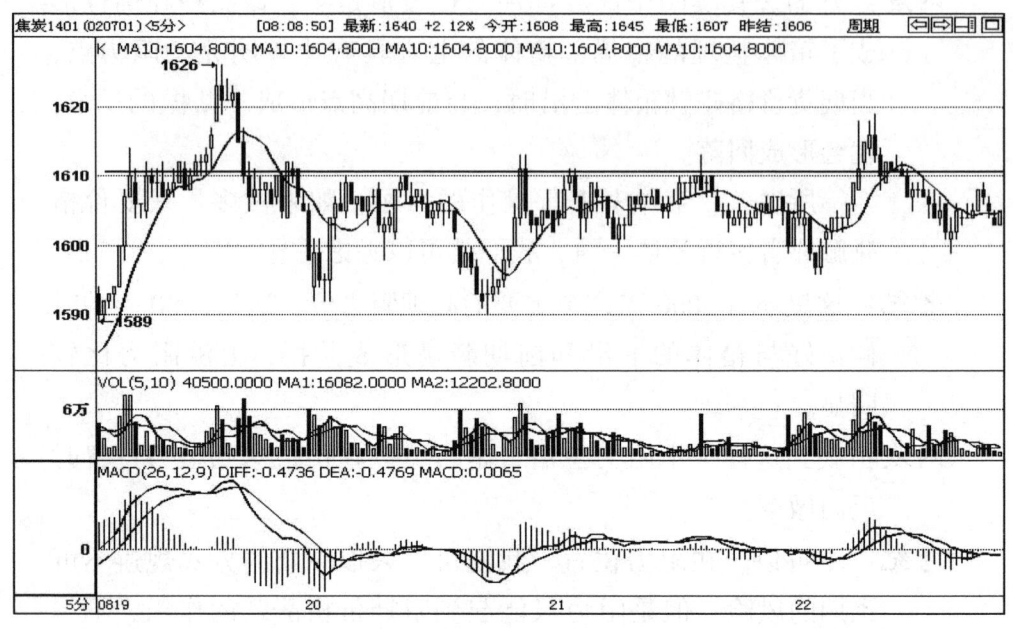

图 5-9

以便期货价格达到颈线位置时采取相应的措施？

老纪：只要前期走势对颈线位有反复确认的过程，后期我们就必须充分考虑颈线位的重要影响，最佳做法是只要价格临近颈线位置，我们就采取平仓操作，主动地避开。等到趋势明朗后，我们再另行开仓。

网友：在明显的技术阻力位置处的平仓，是一种主动的平仓。通过发现明显阻力位置并提前平仓，我们可以把握住后期操作的主动权。

把握住了操作主动权，才能够应对复杂的交易环境。谢谢老师的讲解。

网友紫岳的笔记

第三种平仓的交易思维：阻力与平仓的交易思维。

重要阻力位置分为压力位置和支撑位置两种。当期价上涨遇到明显的压力位置时，我们需要考虑主动平仓。当期价下跌遇到明显的支撑位置的时候，我们也需要考虑主动平仓。也就是说，做多的时候看压力，做空的时候看支撑。

对于阻力位置面前的平仓，我们需要注意以下几点。

（1）这是一种获利状态下的平仓，因此要敢于放弃想象中的未知利润，要戒贪。

（2）对阻力位置的判断要准确，当期货价格接近阻力位置时，一定要充分考虑盘中支持冲破阻力位置的量能有多少，若出现乏力的现象，就坚决、果断地平仓。

（3）虽然阻力位不是不可以突破的，但是要以看到阻力先离场的态度来思考问题。

（4）阻力位有价格阻力位、形态阻力位、心理阻力位、技术阻力位等，只要从技术层面上分析能够阻止价格按照原方向运行的区域，都可以被认定为潜在的阻力位。

阻力位的正确判断需要有扎实的技术分析基础，只靠一两个小技巧就想获得持续盈利，是不现实的。

在明显的技术阻力位置处的平仓，是一种主动的平仓。通过发现明显阻力位置并提前平仓，我们可以把握住后期操作的主动权。

把握住了操作主动权，才能够应对复杂的交易环境。

第四节
形态与平仓的交易思维

网友：我们今天是不是继续学习平仓的相关操作技巧？

老纪：是的。今天我们来讨论一下平仓的另外一种交易思维：形态与平仓的交易思维。

这种交易思维是建立在纯粹的技术形态分析基础上的，是以最为常见的 K 线走势为基础，结合量价及多空资金博弈分析确定的一种交易思维。

此种交易思维具有一定的不确定性。每位交易者都是一个独立个体，会因为对交易的理解程度、技术走势的分析方法不同而确定不同的平仓点。

网友：那是不是也需要具有过硬的技术分析能力，能够看懂技术形态所传递的信息？

老纪：是的。任何相对完美的操作都是建立在扎实的分析基础上的，没有过硬的技术分析能力，是不行的。投机取巧，只学习一两个技术点就想掌控风险交易，是不现实的。

下面我们看图 5-10 所示的豆粕 1405 合约 3 分钟走势图，该品种合约在相当长的时段内都是处在下降趋势中的。在下降趋势中，我们可以寻找做空的机会开仓。开仓后，只要市场环境不发生变化，交易惯性没有发生改变，形态趋势不发生变化，我们就可以坚持拿着获利单。

第五章 平仓的交易思维与技巧

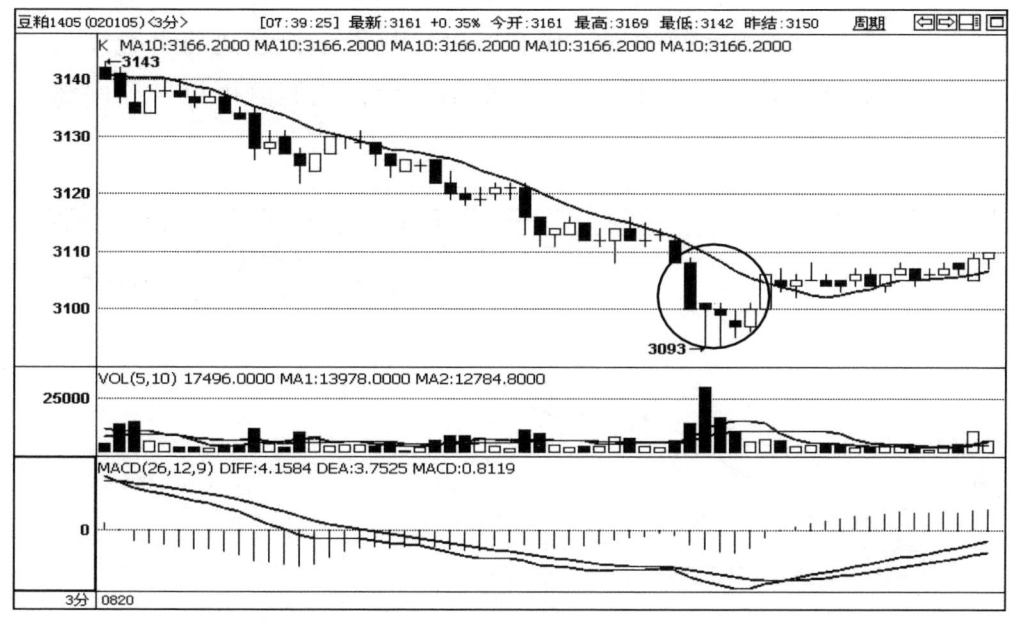

图 5-10

网友：在图中底部区域圆圈位置，连续出现了大阴线，同时成交量急剧放大。该位置产生了交易环境的变化，我们应重点关注。我还记得这种技术形态，我们前面学过，是力竭阴线的技术形态。对于这种技术形态，接下来比较容易出现止跌或者反转上涨的走势，我们应该采取的操作策略是平仓。

老纪：对。图中圆圈位置出现了力竭阴线，虽然从趋势上来看，圆圈中的力竭阴线依然处在下降趋势中，但这是一组比较重要的技术形态，值得我们重视，所以我们必须要采取措施。结合形态特点，平仓是最佳选择。

网友：通过对技术形态的分析，我们要制订应对措施，采取平仓的策略来规避未知风险。所以重要的技术形态出现后，我们有必要考虑是否需要平仓。

老纪：图 5-11 所示的焦炭 1401 合约 5 分钟走势图也是这样。该品种合约处在标准的上涨趋势中，趋势形态稳定而有力，在上涨形态确立的初期，我们可以寻找做多机会进行开仓。只要趋势不改变，市场交易环境不改变，我们就可以一路跟随获利。

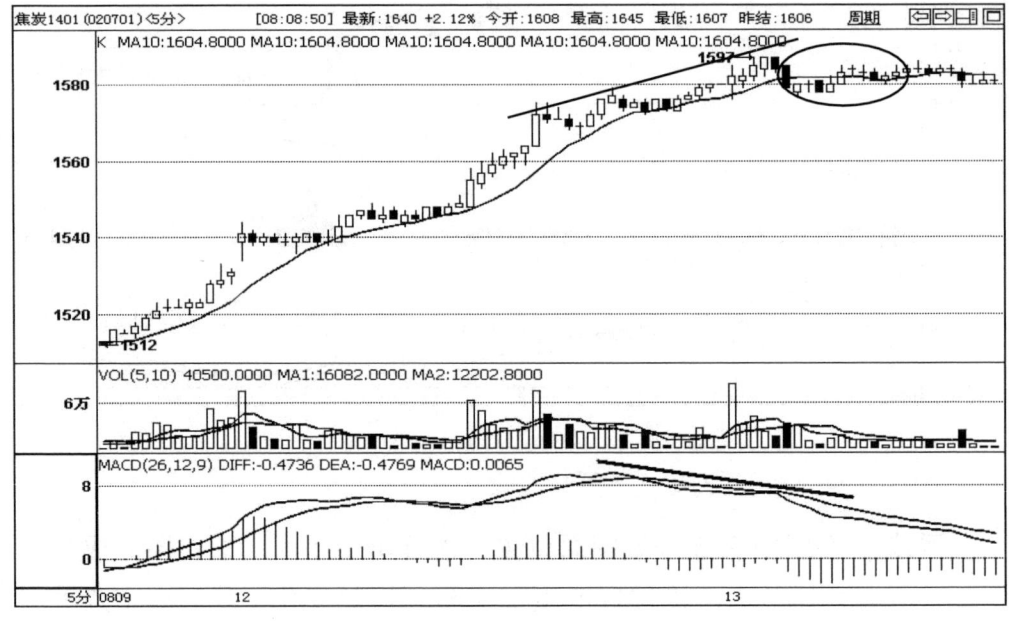

图 5-11

在实盘交易中，跟随的同时我们还需要对其他技术走势进行关注，通过技术形态的变化来判断市场资金博弈暴露出来的蛛丝马迹，从而为交易服务，为我们的资金增长服务。

用我们以前学过的知识，你能说说为什么在该图上要把高点标注出来吗？

网友：这个难不倒我。虽然趋势依然保持着稳健的上涨，但是重要的指标 MACD 已经提前出现了背离的走势。我们以前说过，重要技术指标的背离，从深层次揭露了交易资金的衰减和做多力量的逐步衰竭。

按照以前学过的交易方法,重要技术指标背离往往是趋势终止甚至是转向的信号,所以我们应该进行相应的操作来应对未知的风险。

老纪:看来你前面学过的知识没有忘,咱们可不能学了新的,忘了旧的。只有不断地积累,才能让自己的交易知识丰富起来。

这个背离位置也属于重要的技术形态点,在这里我们必须要采取相应的应对措施,所以对图 5-11 中圆圈位置的平仓分析就比较重要了,需要结合实盘考虑是否进行平仓、如何进行平仓,从而制订相应的平仓操作计划。

网友:图 5-12 所示的菜粕 1401 合约 3 分钟走势图中,当期货价格受到 BOLL 指标上轨压制的时候,是否也应该进行平仓操作呢?

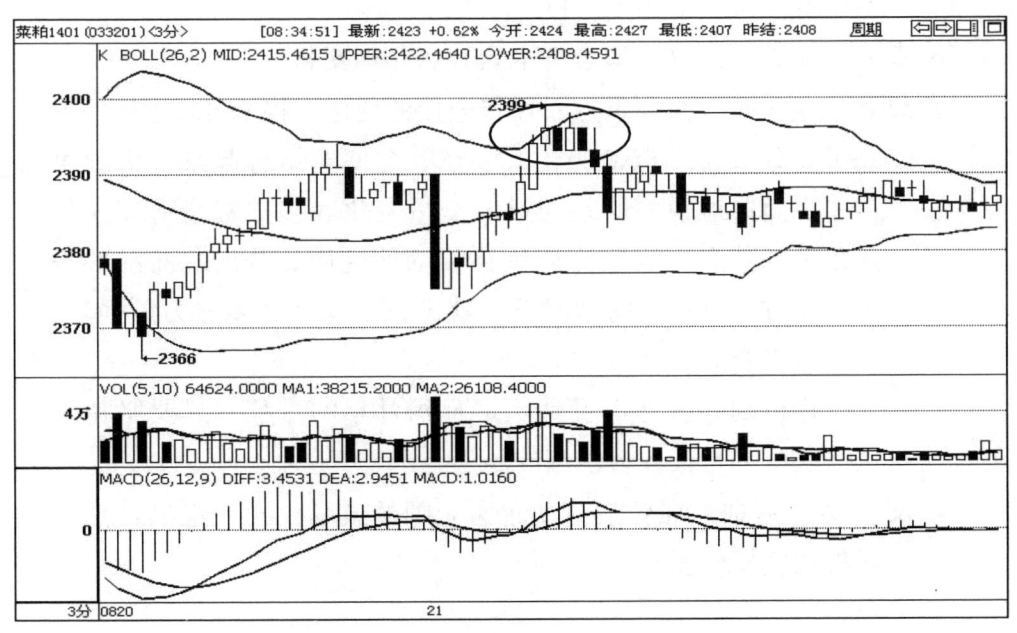

图 5-12

老纪:为什么需要平仓?结合你的理解,说说你的看法。

网友： BOLL 指标的下轨（支撑）、中轨（多空分界）、上轨（压力）的相关知识我们以前学习过。当期货价格下跌到下轨的时候，会受到一定的支撑作用，从而阻止价格进一步下跌；而当期货价格上涨到上轨附近的时候，会受到一定的压力，从而压制期货价格进一步上涨。

基于这个原因，图中期货价格达到我们标注的圆圈位置时，上轨对其有一定的压制作用，所以我们可以考虑平仓。

老纪： 这种在支撑和压力指标辅助下的技术形态走势，也需要我们重视并加以分析。所以，你的理解基本上是正确的。

需要注意的一点是，BOLL 指标反映的是压力和支撑，而压力和支撑是相对的，而非绝对不可突破的。而且 BOLL 指标反映的压力是一种短期内的动态压力，压制效果还需要结合多空资金博弈来具体分析。

网友： 看来把握好这个形态的平仓有点儿难度啊！

老纪： 其实不难。只要重点看住资金量的变化，将 BOLL 指标的形态平仓分析与成交量变化、多空资金博弈结合起来考虑就可以了。简单地说，就是通过成交量变化和多空资金博弈所传递出来的信息，确定当前价格波动的性质。若出现滞涨的现象，多方力量示弱的情况下，就进行平仓；若多方力量强势，就不必平仓。

你也别着急，学习是一个日积月累的过程，只要坚持下去，这些都是很容易掌握的。

网友： 会者不难，难者不会。谢谢老师的鼓励，我一定早日熟练掌握这些操作要点。

第五章 平仓的交易思维与技巧

网友听风紫云的笔记

第四种平仓的交易思维：形态与平仓的交易思维。

这种交易思维是建立在纯粹的技术形态分析基础上的，是以最为常见的K线走势为基础，结合量价及多空资金博弈分析确定的一种交易思维。

任何相对完美的操作都是建立在扎实的分析基础上的，没有过硬的技术分析能力是不行的，投机取巧，只学习一两个技术点就想掌控风险交易，是不现实的。通过对技术形态的分析，我们要制订应对措施，可以采取平仓的策略来规避未知风险。所以重要的技术形态出现后，我们有必要考虑是否需要平仓。

在支撑和压力指标辅助下的技术形态走势，也需要我们重视并加以分析。我们要通过成交量变化和多空资金博弈所传递出来的信息，确定当前价格波动的性质。若出现滞涨的现象，多方力量示弱的情况下，就进行平仓；若多方力量强势，就不必平仓。

第五节
判断与平仓的交易思维

老纪：前面我们讲的是跟随市场走势而产生的平仓的交易思维，本节我们再交流一种因主观判断错误所产生的一种平仓的交易思维：判断与平仓的交易思维。

我们在每次开仓的时候，都必定会对后市走势有一个判断与预测，然后根据预测的涨跌方向开仓。但是，我们并不能保证每一次的预测都是正确的，如果出现判断失误，应该如何应对？这就需要使用判断与平仓的交易思维了。

网友：因对后市的判断出现失误而需要补救，这种情况是不是和止损时候的平仓一样呢？

老纪：有相同之处，但是不完全一样，两者的本质和面对的操作宽度是不同的。

使用判断与平仓的交易思维时，交易者需要注意以下几点。

一是只要后期的走势与开仓时对市场的预期分析判断不相同，就要考虑是否需要平仓，是否需要否定开仓时所确定的操作思路。

二是判断与平仓的交易思维是一种比较灵活的、有一定包容度的交易思维，并不像止损条件下那样坚决和果断。

三是判断与平仓的交易思维是一种基于稳健操作策略上

第五章
平仓的交易思维与技巧

的可激进的交易思维，会因交易个体的不同而不同，但是只要出现预测与走势相差明显的情况，交易者都需要启动该交易思维。

网友：非常清晰的说明，让我明白了止损条件下的平仓模式和本节所讲的平仓模式的区别了。

老纪：我们还是来看具体图例吧。图5-13所示为一段螺纹1401合约3分钟走势图，在图中我们画出趋势线的位置，期货价格出现了上涨，同时成交量放大，显示出交易活跃，做多力量较为充足。同时，期货价格很容易就突破了前期高点，创出了近期新高。假设此时，我们经过充分分析、判断，预测后期将会延续上涨走势，出现快速拉升，那么，我们就可以开仓做多。暂且不论做多的位置是否合适，假设按照分析，在创出新高后进行了开仓，接下来应该如何操作呢？

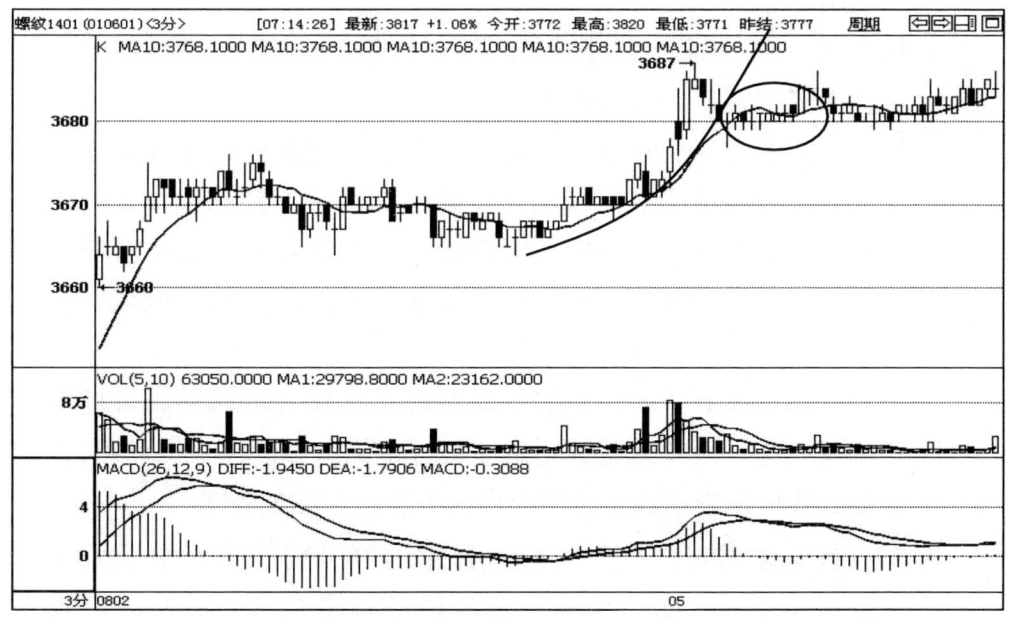

图5-13

网友： 跟踪接下来的实盘走势，并没有出现预期中的快速拉升行情。

老纪： 是的。实盘走势中并没有出现预期中的快速拉升行情，判断与预测并没有与实际走势出现同步。这也是一种正常现象，需要我们做的是正确做好应对。

判断与平仓的交易思维告诉我们，只要分析判断出现了失误，就需要寻找合适的机会平仓。也就是在图中圆圈位置，期货价格形成了横盘，宣告快速上涨的走势没有形成时，我们就可以平仓了。

平仓后重新审视当前走势，结合盘面再次进行分析，确定盘面性质。

网友： 预期期价会在成交量的配合下快速上涨，但是实际上没有形成强有力的上涨，此时平仓是一种对前期分析判断错误的终结。

老纪： 图 5-14 所示的棕榈 1401 合约 3 分钟走势图，反映的是因技术形态判断失误而触动的平仓。

图中第一个圆圈位置走出了下引线极长的单针探底小阳线。这种 K 线形态，理论上反映出市场中下跌的力量被做多的力量集中打击了一次。结合成交量的变化看，其还属于一次集中力量的有力打击，传递出的信号是多方力量开始转强，有进一步上涨的可能。

基于以上分析，我们可以考虑在该位置处做多。暂且不论仅凭这一根 K 线就开仓做多是否正确，假设在该位置开仓，那么我们的判断就是后期会形成上涨。实际走势呢？

网友： 接下来的走势并没有形成持续上涨，而是稍作整理后又进一步下跌，这时候我们就应该进行平仓了。后期的走势与前面的预测并没有达成一致，所以我们必须启动平仓策略。

第五章
平仓的交易思维与技巧

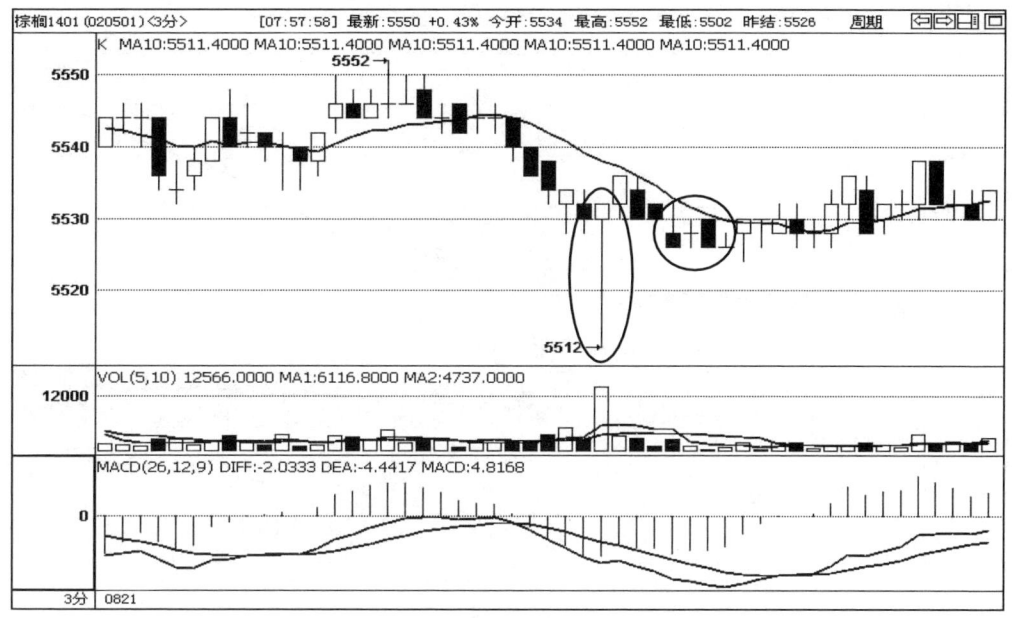

图 5-14

老纪：是的。图中第一个圆圈位置的 K 线确实反映出了做多力量对做空力量进行了一次有力打击，但是接下来的 K 线组合说明做多力量集中对空方力量进行打击后，就按兵不动了。交易量的萎缩，价格逐步向下，暗示空方力量再次占了上风，所以要对前面的预测进行否定。

保守的做法是平仓，平仓后重新启动新的操作计划。

网友：图 5-15 所示为焦炭 1401 合约 5 分钟走势图，该品种合约在这一时段中的走势是非常强劲的。如果在上涨的初期，我们判断会出现快速连续的上涨，就顺势开仓，而在上涨途中出现调整后，实际走势与原先预期的走势有出入时，是否也需要平仓呢？比如在图中的圆圈位置。

老纪：按照判断与平仓的交易思维，前期的分析判断是持续快速上涨，后期走势却出现了停止快速上涨，虽然没有改变上涨

期货冠军的逆思维与盲点获利

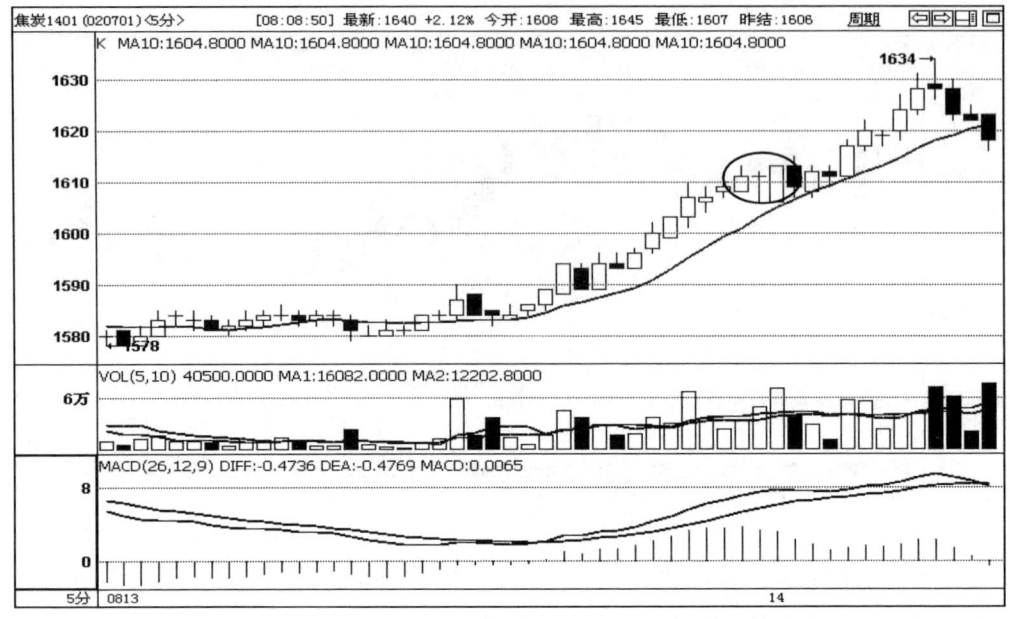

图 5-15

趋势，没有出现任何打破市场环境和技术特征的情况，但是与分析预期和我们追求的开仓后的波动性质不相符，应该考虑平仓。

这是一种交易态度，也是一种交易策略。此时的平仓不是因为会出现反向涨跌而采取的措施，而是对前面的分析判断进行的一次对应操作。

至于后期是继续上涨还是再次下跌，是需要用另外的交易策略来进行辅助决策的。交易是建立在分析判断基础上的，每一次的交易都要以本次的分析判断为前提，受本次分析判断的制约而形成闭环。

要是患得患失，总想追求完美，就会让每一次的操作束手束脚，甚至无法顺利完成。

网友：我记得在前面关于"后悔药"的讨论中，我们就说过，放弃一些才可能得到一些，只有学会放弃，才有机会拥有。

第五章
平仓的交易思维与技巧

网友紫岳的笔记

第五种平仓的交易思维：判断与平仓的交易思维。

我们在每次开仓的时候，都必定会对后市走势有一个判断与预测，然后根据预测的涨跌方向开仓。但是，我们并不能保证每一次预测都是正确的，如果出现判断失误，应该如何应对？这就需要使用判断与平仓的交易思维了。

使用判断与平仓的交易思维时，我们需要注意以下几点。

（1）只要后期的走势与开仓时对市场的预期分析判断不相同，就要考虑是否需要平仓，是否需要否定开仓时所确定的操作思路。

（2）判断与平仓的交易思维是一种比较灵活的、有一定包容度的交易思维，并不像止损条件下那样坚决和果断。

（3）判断与平仓的交易思维是一种基于稳健操作策略上的可激进的交易思维，会因交易个体的不同而不同，但是只要出现预测与走势相差明显的情况，交易者都需要启动该交易思维。

第六节
目标与平仓的交易思维

网友：我为做日内投机的那一部分资金制订的操作原则是只做日内，不做隔夜。有时候我望着隔夜的高开、低开，看到第二个交易日的快速上涨和下跌，总为错过的利润感到惋惜。

虽然我知道这样的想法是错误的，但还是忍不住去想。老师，我这种想法是不是应该遭到批评？

老纪：可以去想，但是不可以去做。这是正常人的思维，没什么，但是如果做了，将不隔夜的计划临时变成了隔夜，就要挨批评了。

结合你这个话题，正好我们来讨论一下目标与平仓的交易思维。

对于成熟的交易者，每次交易都会有一个确定的交易计划和目标，比如盈利多少，持仓多大，操作周期多久，等等。这个计划一经确立，是不能随意更改的。所以，在交易中，交易目标被触发后，交易者就应该考虑是否用平仓来完成该次交易了。

网友：交易目标达到后，就需要考虑平仓，不用过多考虑后期是继续上涨还是下跌。

老纪：确切地说，是平仓思维占的权重要大于后期涨跌分析占的权重。图 5-16 所示为螺纹 1401 合约 1 分钟走势图，按照提前制订的操作计划，只进行日内交易，不拿隔夜仓。

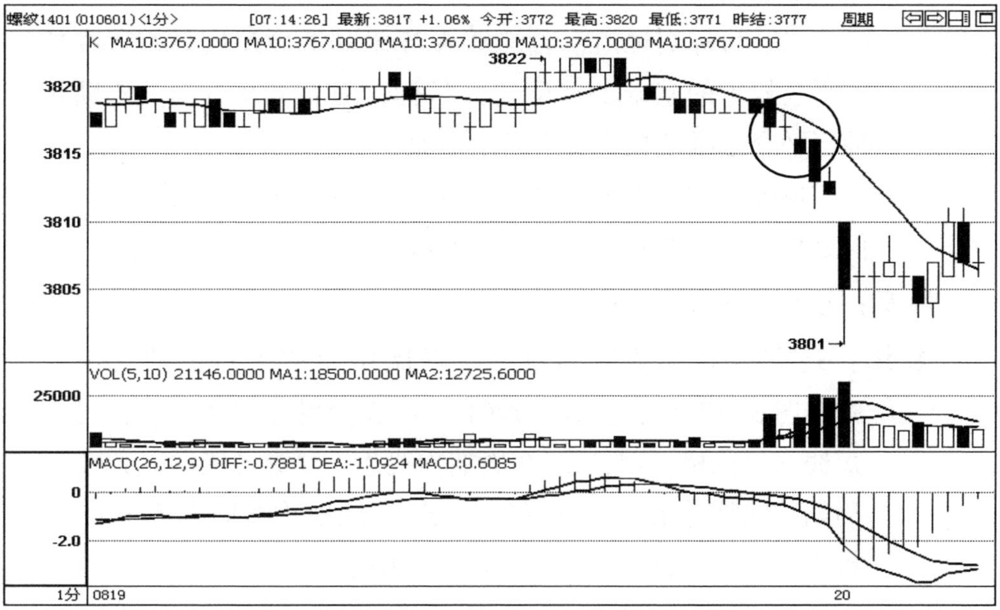

图 5-16

在后期临近收盘的时候，期价快速下跌，结合成交量和下跌的幅度、力度，推断接下来的第二个交易日期货价格低开且下跌概率极大。虽然我们能预测到后期会再度下跌，但是因为开仓的时候所确定的交易计划是不做隔夜，当交易目标达到后，就必须平仓。

虽然持有的空单在图中圆圈位置平仓，后面的利润没有拿到手比较可惜，但是也必须严格地执行操作纪律。

网友：既然确定了不拿隔夜仓，就算是下跌刚刚展开，下一个交易日低开且再度下跌的概率极大，我们也必须平仓。操作纪律比盈利更为重要。

老纪：使用目标与平仓的交易思维时，交易者需要注意以下两点。

一是目标与平仓的交易思维中的目标有盈利目标、操作目标等，无论哪个目标实现，都需要加大平仓权重，择机平仓，形成闭环交易。

二是目标实现后，若涨跌走势强劲，可适度延续，在增加平仓权重的基础上适度扩大目标，随着交易方向的不断延伸，平仓思维的权重要不断地增加。

也就是说，在有利的交易环境中可以适度地放大目标，但是只要发现稍有不对，就立即执行平仓操作。

网友：这也是一种保守中的激进做法。

老纪：还有以获利幅度为目标、以操作周期为目标的交易模式。图5-17所示为螺纹1401合约3分钟走势图，我们遵循短线交易风格，制订以10周期均线为重要参考依据，上破10周期均线持仓15分钟左右，下破10周期均线同样持仓15分钟左右的交易计划，并在日内交易中坚决执行。

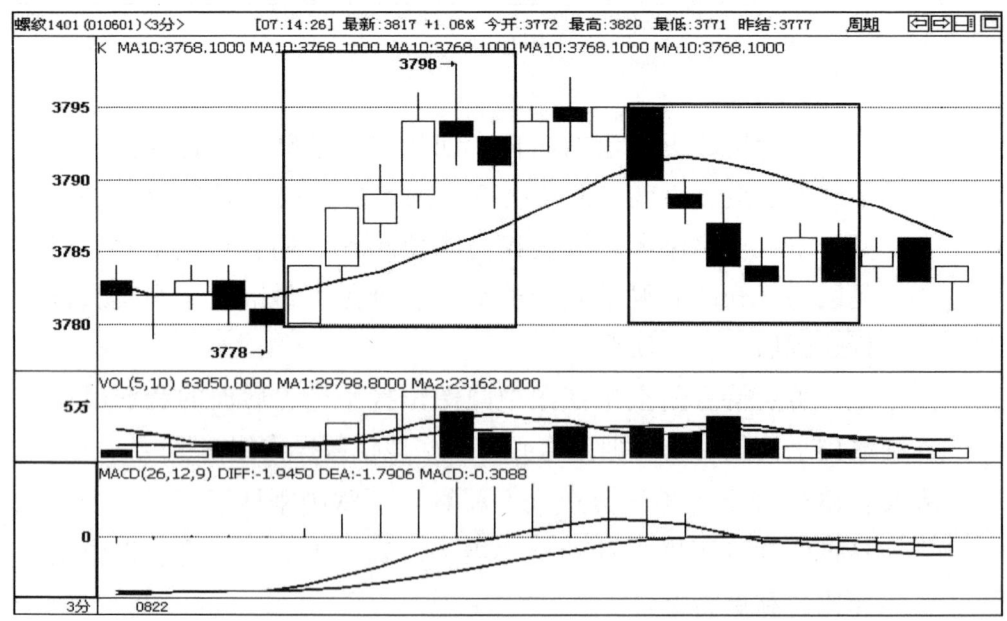

图 5-17

第五章 平仓的交易思维与技巧

这样，图中第一个方框就是开仓做多的交易区间，第二个方框就是开仓做空的交易区间。在这两个区间内，当期价站上或者跌破10周期均线时，我们就可以顺势开仓，开仓后达到了15分钟交易时间，就要增加平仓思维的权重，稍有不对，立即平仓。

这样可以形成比较明显的交易节奏，便于交易者形成固定的交易风格，养成良好的交易习惯。

网友：若确定了交易习惯且制订的计划以15分钟为周期，那么是不是要严格遵循15分钟这个周期，还是可以有的放矢呢？保守与激进之间的度如何把握？

老纪：在15分钟之内，只要出现负面因素，我们就必须平仓。也就是说，在15分钟之内，技术分析的权重是较大的，操作以技术分析为主。

达到或者超过15分钟后，交易以执行操作纪律为主，而且随着操作周期的增加，平仓思维的权重要随之增加，除非有非常有利的技术分析支持持仓。

网友：也就是说，交易目标实现后，就尽快地完成本次操作，力争在较短的时间内让本次交易达到闭环条件。

老纪：是的。至于如何把握这个度，我们来看图5-18所示的棕榈1401合约3分钟走势图。该品种合约在这个时段处于明显的下降趋势，在下降趋势中，只要找到合适的做空机会，我们就要开仓做空并持续持仓。

在下跌途中，我们可以寻找期价反抽重要均线的位置，顺大趋势开仓。假设我们在图中方框内的第一根K线位置开仓，这个位置正好是期价反抽10周期均线的位置。开仓后，期价正如我们预期的那样，形成了持续的下跌。

方框内为处于15分钟持仓计划内的K线，大势、环境、交易资金趋向等都没有发生变化，所以持仓获利是毫无疑问

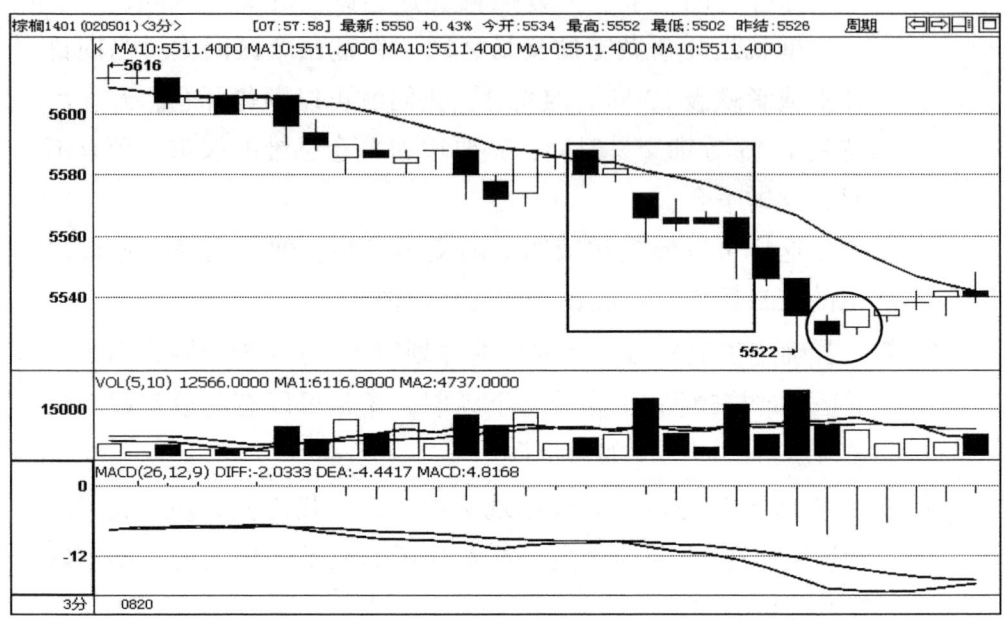

图 5-18

的选择。当 5 根 K 线过后，15 分钟的交易目标周期已经达到，此时我们就要应用平仓思维了，平仓将成为交易的第一要务。

盘中期货价格快速下跌，做空力量毫无衰竭之意，虽然规则使平仓权重增加，但是技术层面以较小的权重支持平仓，所以我们可以继续持仓。

在图中圆圈位置，下跌的力度和幅度稍有减弱，虽然下跌趋势没有改变，但是随着平仓思维权重的逐步增加，若盘面稍有风吹草动，我们就必须立即平仓。

网友：如果交易时间到了，还没有获利，或者出现了亏损，盘面显现的是横盘，那么是不是也要平仓呢？

老纪：当然了。无论交易前确定的是什么交易目标，只要目标达到了，就要启动平仓思维。

今天我们先讨论到这里，下次继续。

网友：好的，谢谢。

网友紫岳的笔记

第六种平仓的交易思维：目标与平仓的交易思维。

在交易中，交易目标被触发后，交易者就应该考虑是否用平仓来完成该次交易了。交易目标达到后，就需要考虑平仓，平仓思维占的权重要大于后期涨跌分析所占的权重。

使用目标与平仓的交易思维时，交易者需要注意以下两点。

（1）目标与平仓的交易思维中的目标有盈利目标、操作目标等，无论哪个目标实现，都需要加大平仓权重，择机平仓，形成闭环交易。

（2）目标实现后，若涨跌走势强劲，可适度延续，在增加平仓权重的基础上适度扩大目标，随着交易方向的不断延伸，平仓思维的权重要不断地增加。

在有利的交易环境中可以适度地放大目标，但是只要发现稍有不对，就立即执行平仓操作。这也是一种保守中的激进做法。

第七节
环境与平仓的交易思维

老纪：下面我们讨论一下第七种平仓的交易思维：环境与平仓的交易思维。

环境泛指市场环境、资金环境和技术走势所处的环境等。无论哪种环境，与我们开仓时所确定的环境相比，发生本质性变化时，我们都需要启动平仓交易思维。

我们开仓时，无论是做多还是做空，都是基于对后市的预测或判断，认为期价应该按照我们预测的方向涨跌。但是，当交易所处的环境发生了变化，其走势就会受到影响，所以我们有必要考虑平仓。

交易环境发生变化的情况中，最值得我们重视的是多空环境发生了变化，也就是市场大环境发生了变化。深度挖掘，则是趋势发生了改变，多空强弱发生了改变，涨跌方向发生了改变，交易活跃度发生了改变，市场大方向发生了改变，等等。

网友：那么，应用环境与平仓的交易思维时，交易者需要重点注意些什么呢？

老纪：我们以图为例来进行详细说明。图 5-19 所示为一段螺纹 1401 合约 1 分钟走势图。

一是环境与平仓的交易思维要求，只要环境发生了变化，

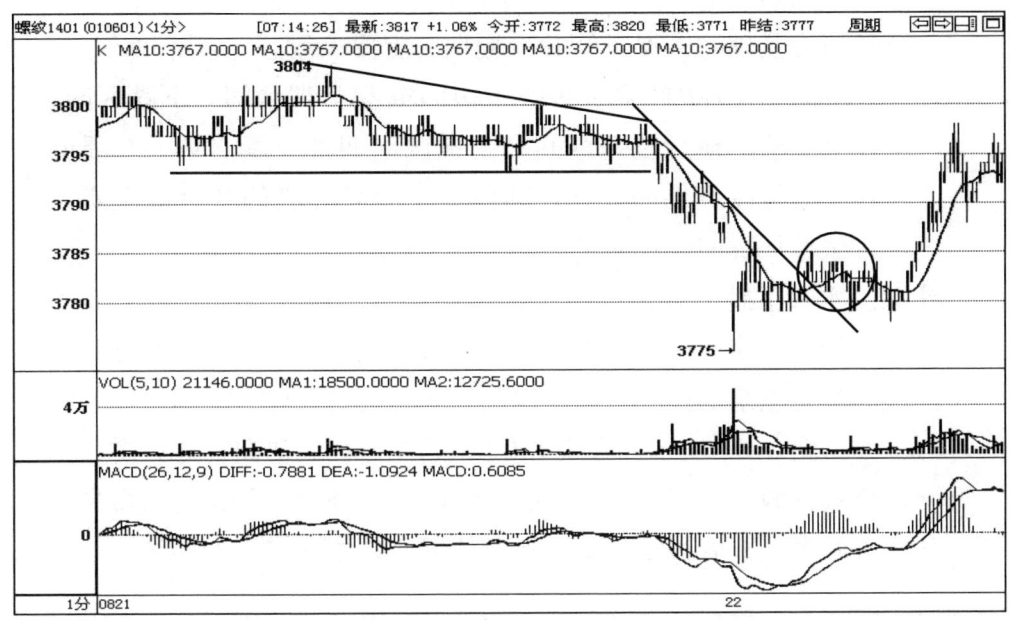

图 5-19

交易者就需要启动平仓策略，不考虑未来涨跌，不考虑当前获利或者亏损程度。

就如同在草原这个战场上，我们制订了一套适合草原作战的战略战术。如果突然转战至沙漠，我们就需要立即对原作战方案进行否定，重新制订新的作战方案。

二是由于每位交易者所选的技术分析方法不同、交易模型不同，因此开仓时所考虑的环境因素各不相同。交易者不需要考虑所有交易环境，只需要寻找到自己需要的、开仓时参考的，进行对比就可以了。

比如，图5-19中，若在平台整理区间开仓，交易者需要重点考虑的交易环境是基于多空暂时平衡的平稳交易环境。接下来的下跌说明环境发生了改变，所以交易的思维模式也需要改变。

三是所参考的分析周期是不能发生变化的，比如以多空环境为基础时，参考的 K 线周期一定要一致。

图 5-19 中产生了多空平衡的横盘整理区间、下跌区间、多空平衡的横盘整理区间和上涨区间四种环境，除了在环境转变的过渡点上的开仓，其他基于交易环境的开仓都需要结合交易环境的变化而平仓，重新制订新的交易方案。

网友：本来下跌的环境变成了横盘的环境，而且有进一步上涨的态势。环境改变了，我们就要考虑平仓了。这是环境与平仓的交易思维的核心。

图 5-20 所示的焦炭 1401 合约 5 分钟走势图也是这样一种模式，假设我们以 10 周期均线为参考，制订了 10 周期均线上方做多、下方做空的基础参考依据，来指导盘中的操作。

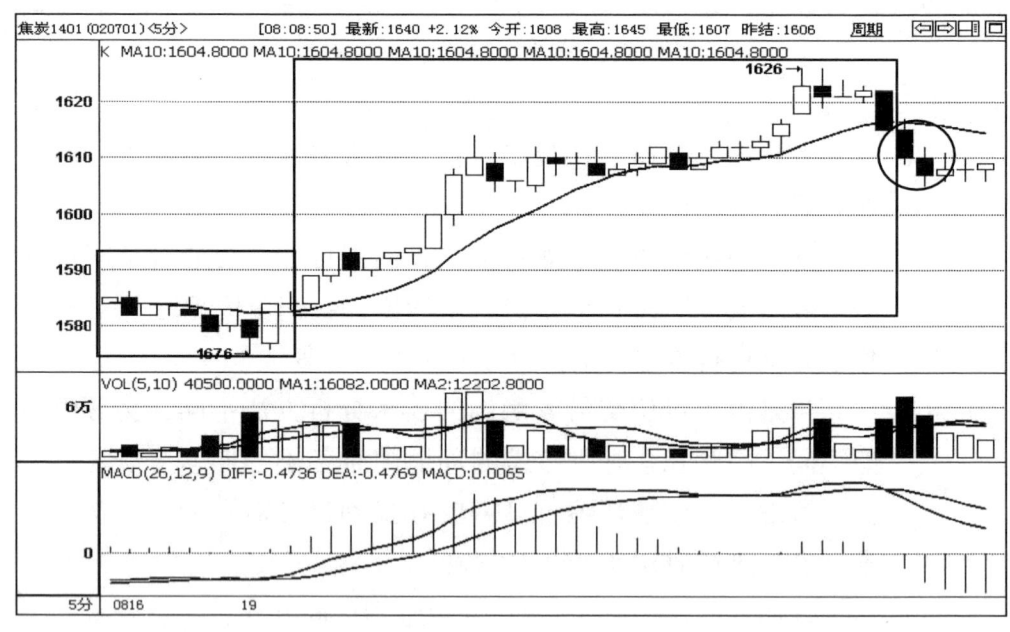

图 5-20

在图中第一个方框内，我们需要做空；当期价进入第二个方框内的时候，我们需要对第一个方框内的开仓进行平仓处理，重新确定操作思维，制订做多的交易计划，寻找机会做多。

在第二个方框的最后时刻，期货价格再次打破了 10 周期均线，原来在方框内做多的持仓都需要采取闭环措施了。

老纪：是的。如果我们以 10 周期均线为交易分界的话，那么按照环境与平仓的交易思维，你的这些分析都是正确的。

其实很多技术都可以举一反三，只要掌握了内在的原理，任何技术分析都会显得简单且容易掌握。掌握了内在原理以后，我们能准确把握一些变形走势的技术要点，应对复杂的盘面变化也不是什么难事了。

网友：呵呵！谢谢老师的鼓励，我也试着上手做一些作业，进行一些练习，这样我感觉比只听不练要进步快得多。

老纪：图 5-21 所示的菜粕 1401 合约 3 分钟走势图参考的是 BOLL 指标。基于这个指标的走势，我们应该如何操作呢？你说说看。

网友：好的。以前我们学过 BOLL 指标的上轨是压力线，中轨是多空分界线，下轨是支撑线，这是最简单也是最基础的指标使用方法，其他使用方法都是在此基础上的升级。

能够影响市场交易环境的，我想也就是 BOLL 指标的中轨了。在中轨的上面属于做多的区间，而在中轨的下方属于做空的区间，所以，只要期价相对于中轨发生了根本性改变，我们就可以考虑启动环境与平仓的交易思维了。

图中圆圈位置是期货价格从中轨上方向下突破的位置，所以在这个位置，我们需要对在中轨上方开仓的多单进行平仓。

老纪：是的。我们首先要找到影响市场交易环境的关键因素；其次，要看这个关键因素是不是我们开仓参考的重要依据，当

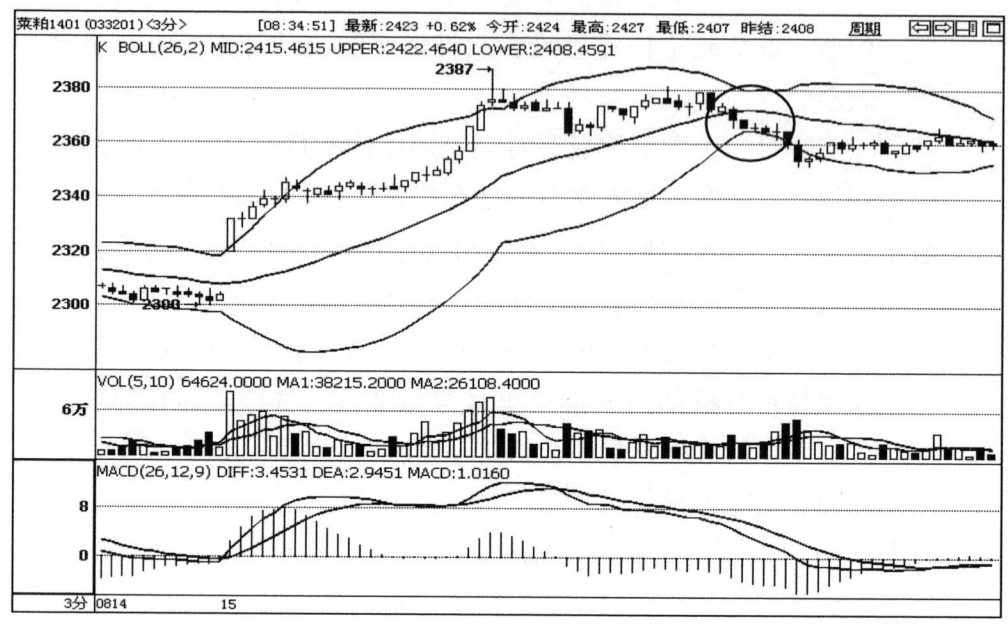

图 5-21

这个因素发生质变的时候，我们必须要考虑平仓操作。

你的进步很大，要慢慢学会独立思考，那样就能够建立属于自己的操作系统了。

网友：谢谢老师的教导，呵呵！我感到很有信心。只要这样不断地学习下去，不断地提高下去，就一定能够成为您那样的高手。

老纪：哈哈，过奖了。

网友紫岳的笔记

第七种平仓的交易思维：环境与平仓的交易思维。

第五章 平仓的交易思维与技巧

环境泛指市场环境、资金环境和技术走势所处的环境等。无论哪种环境，与我们开仓时所确定的环境相比，发生本质性变化时，我们都需要启动平仓交易思维。

应用环境与平仓的交易思维时，交易者需要注意以下三点。

（1）环境与平仓的交易思维要求，只要环境发生了变化，交易者就需要启动平仓策略，不考虑未来涨跌，不考虑当前获利或者亏损程度。

（2）不需要考虑所有交易环境，只需要寻找到自己需要的、开仓时参考的，进行对比就可以了。

（3）所参考的分析周期是不能发生变化的。

第八节
状态与平仓的交易思维

网友： 有时候我操作思路清晰，有时候觉得很乱，似乎看不清方向，不知道应该采用哪些技术分析方法，运用哪些操作策略，无论怎样操作都觉得不妥，畏首畏尾，不敢下单。

老纪： 首先，这是你对所学到的技术方法应用不熟练的结果；其次，你还没有形成自己比较完善的交易系统；再次，你在交易中不够自信，需要进一步培养交易的自信心。

不过，这种迷茫状态每个人都会有，只要不是经常出现，也是正常的。

对于这种情况，我们有应对措施，即状态与平仓的交易思维。

每个人都有不在状态的时候，每个人都有交易盲点，每个人都有精力透支而昏昏沉沉的经历，所以就有了我们需要注意的交易状态与平仓的交易思维。

使用状态与平仓的交易思维时，我们要重点注意以下三点。

一是只要进入迷茫状态，当前无论是对环境还是技术走势，或者是在交易心态上觉得迷茫无助，弄不清方向，就进行平仓操作。

二是状态不好时的平仓是一种规避风险的平仓，是一种放弃交易的平仓，所以后期的涨涨跌跌都将与我们无关，要有一种舍弃的心态。

三是只要发生我们看不懂的，不想面对的，影响到交易心态的情况，我们就可以平仓。要确保自己在清醒、理性的状态下完成每一次交易，只要有影响理性操作的事情发生，就一定平仓。

网友： 这样可以保证我们每一次都能够理性交易。我经常会因为一时冲动而下单，造成不必要的损失。保证拥有理性的交易心态，是一件非常重要的事情。

老纪： 图5-22所示为螺纹1401合约3分钟走势图，图中当走出横盘整理走势时，后市是涨是跌就不大容易判断了。在这个区间，交易者很容易进入迷茫状态，弄不清方向，若手中有持仓，就可以寻找有利时机，进行平仓操作。

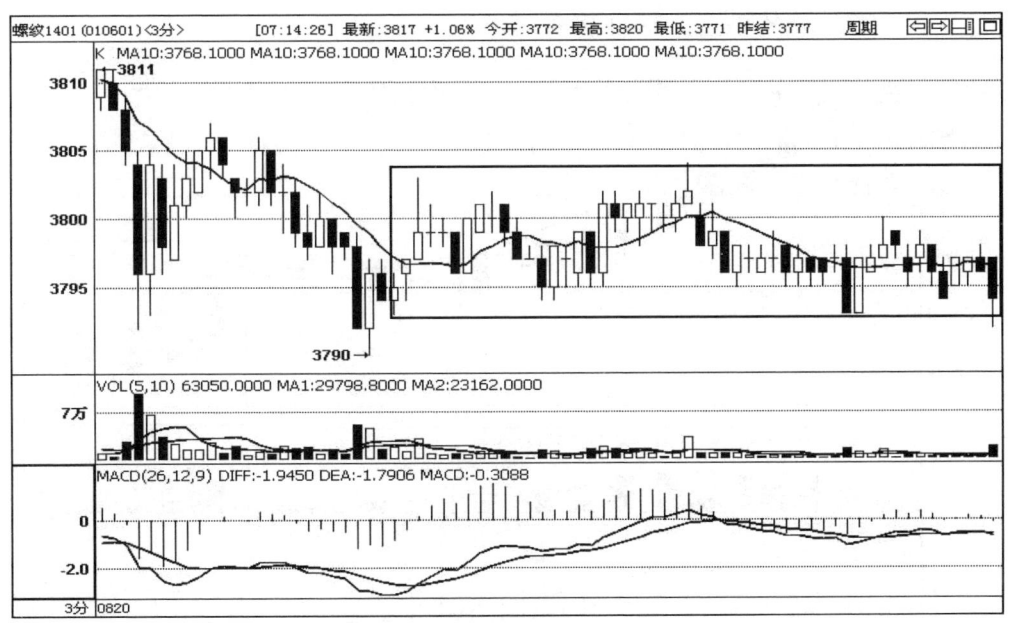

图 5-22

平仓后，我们依然可以对走势进行跟踪。当多空状态发生变化，市场走势趋于明朗的时候，我们就可以根据市场交易中传递出来的信息，选择新的操作方向，这样就很容易把握住交易主动权。

网友：呵呵！以前我遇到这种情况时，只会持仓等待。如果之后的波动方向对自己有利，就赚到了；对自己不利，就止损。

现在想想，其实先行平仓，平仓后再在场外等待观察，是一种非常利于后期操作的方法。

老纪：是的。同样是等待，两种等待的方法不同，结果也会不同。

网友：看似简单的思维模式，但是确实实用。又学了一招，真不错。

老纪：我们再来看图 5-23 所示的豆粕 1405 合约 3 分钟走势图，本时段该品种合约处在下降趋势中，这时候我们应该做的事情是顺势做空，这样更容易获利。

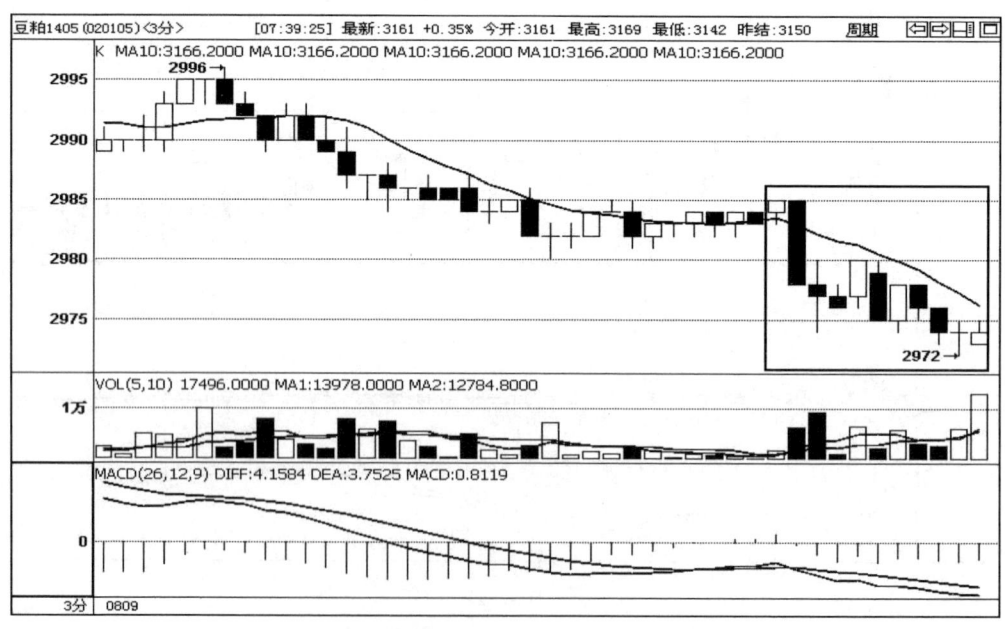

图 5-23

第五章
平仓的交易思维与技巧

在图中方框位置，期价发生了较为明显的变化，而且交易量和K线组合比较复杂。盘中交易时而上涨放量，时而下跌放量，既有假阳线，也有假阴线，如此走势会加大我们的分析难度，很容易产生错误的分析判断。

此时如果我们依然坚持持有空仓，也可能会因继续下跌而获利，因为趋势没有改变，大方向和大形态没有发生根本性变化，但是若综合考虑下跌幅度、盘面的复杂情况，以及获利状态和稳健的操作要求，此时平仓后离场等待会比持仓等待更为稳健。

网友：对于这种看不懂的走势，我觉得平仓后进一步观察更好一些。放弃了这次获利机会，以后还有的是机会，若产生了资金亏损，那损失的可是真金白银，是需要从下次的盈利中弥补的啊！

老纪：哈哈，你说得很对。这个理念必须要入脑入心，看来"后悔药"那课你学得很不错。

网友：总受表扬，哈哈，都不好意思了。

老纪：确实是进步了，必须要表扬。你现在的理解能力和判断能力有了大幅度的提高，真的不错。你来看看图5-24，结合本节的内容，该图应该怎样理解？

网友：对分时走势进行分析时，主要是看涨跌强弱程度。当价格上涨并且有持续做多力量的时候，考虑跟随做多；当价格下跌并且做空资金主动出击的时候，跟随做空。

如果盘中反复地震荡，对重要的支撑、压力或者关键点位毫不理会，且难以形成涨跌趋势，交易者就会处于较为迷茫的操作状态，此时要么不操作，要么对手中的持仓平仓，看明白后再操作。

老纪：是的。该分时图中最为明显的是用来区分多空强弱的重要参考——分时均价线被反复地、毫无征兆地来回打破。分时

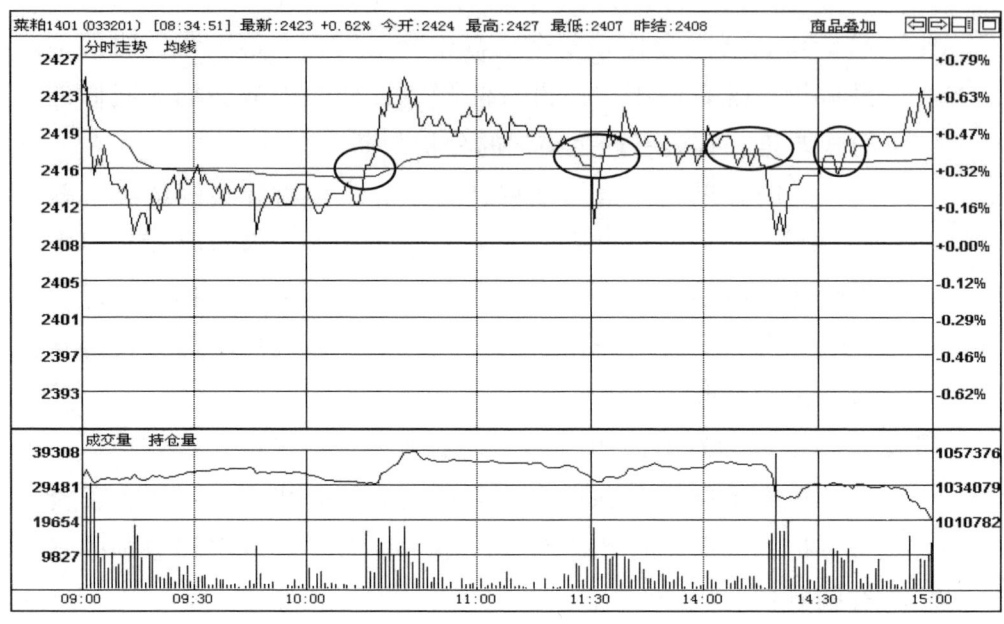

图 5-24

均价线的参考意义越来越弱，市场难以形成明显的涨跌趋势。此时，如果没有好的操作方法和策略，则尽量不要参与其中。

经过一段时间的学习和交流，我发现你的思维开阔了很多，考虑问题时也相对比较成熟了，希望你再接再厉，在操作上多出好成绩。

网友：谢谢老师，这都是受您的熏陶，如此我才不断地打开了交易思路。我已经能够保持长时间持续盈利了，很久都没有亏损了。

真心地谢谢您。

第五章
平仓的交易思维与技巧

网友紫岳的笔记

第八种平仓的交易思维：状态与平仓的交易思维。

使用状态与平仓的交易思维时，交易者要注意以下三点。

（1）只要进入迷茫状态，当前无论是对环境还是技术走势，或者是在交易心态上觉得迷茫无助，弄不清方向，就进行平仓操作。

（2）状态不好时的平仓是一种规避风险的平仓，是一种放弃交易的平仓，所以后期的涨涨跌跌都将与我们无关，要有一种舍弃的心态。

（3）只要发生我们看不懂的，不想面对的，影响到交易心态的情况，我们就可以平仓。要确保自己在清醒、理性的状态下完成每一次交易，只要有影响理性操作的事情发生，就一定平仓。

对于看不懂的走势，平仓后进一步观察更好一些。放弃了这次获利机会，以后还有的是机会，若产生了资金亏损，那损失的可是真金白银，是需要从下次的盈利中弥补的。

第六章　关联品种分时盲点获利法

挖掘市场的潜力，发现被忽略的问题。只有看别人看不到的东西，想别人想不到的问题，才能赚取别人赚不到的利润。关联品种的盲点获利技巧包含的内容很多，也属于逆思维交易模式的范围。由于章节原因，本次先构建一个交易框架，希望能够对大家有所帮助。

第一节
关联品种盲点获利交易基础

老纪：今天我们来学习一种在分时中进行盲点套利的操作方法。这种方法如果运用得好，交易者可以进行一些比较快速的日内超级短线的投机操作，获利效果比较好，风险相对比较小。

网友：好的。进行日内操作比较刺激，我喜欢每天快进快出，就是有时候把握不好，掌握的方法不多，又不能够耐心地等待，多掌握几种日内操作方法是让我觉得很开心的事情。

老纪：呵呵！我们今天要学习的这种方法叫作"关联品种日内分时盲点获利"。

网友：从字面上理解，似乎是从相关联品种中寻找一些容易被大家忽视的操作方法。我发现老师有不少操作方法都是建立在关联品种这个基础上的，看来，在关联品种之间的价格波动方面，有很多宝藏可以挖啊！

老纪：之所以很多操作方法会依托关联品种，是因为我们判断期货价格波动时需要有一个参考依据，也就是说，需要有一个基准点，才能推断出另外一个品种的波动性质。有了参考和对比，才能分析出强弱，预测其涨跌，这样可以提高对后市期货价格波动方向判断的准确度。

要想运用好这种方法，第一，要找到两个走势关联度比较高的品种，这两个品种最好是自己比较熟悉的品种。

第六章 关联品种分时盲点获利法

网友： 我选择焦煤、焦炭、螺纹钢这三个品种，从中找到关联度比较高的作为目标品种进行跟踪，如何？

老纪： 能说说你选择这几个品种的原因吗？

网友： 焦煤、焦炭、螺纹钢是产业链上下游关系。焦煤通过洗选，得到精煤；多种品质精煤混合后，经过炼焦环节，形成焦炭，因此焦煤对焦炭的价格走势影响巨大。焦炭用于高炉炼铁，焦炭的需求情况完全取决于钢铁行业状况，同时，焦炭是除铁矿石之外的炼铁的第二大原料，因此，焦炭和螺纹钢走势的相互影响度也是非常大的。

基于以上原因，焦煤、焦炭、螺纹钢三者的价格波动存在比较明显的正相关关系，具有同升同降的走势特征，所以我们可以在这三个品种中间找到两个比较合适的进行操作。

老纪： 是的。看来你的功课做得比较好。在实盘操作中，焦炭、焦煤、螺纹钢三者的走势确实存在比较明显的关联性。无论是将其作为关联品种进行分析操作，还是将其作为套利操作的目标品种，都是可取的，焦炭和焦煤之间的关联度更高。

我们来看图 6-1 所示的焦炭和螺纹的长期日 K 线走势图。从大趋势波动中，我们可以很明显地看出，当焦炭期价形成下跌走势的时候，螺纹的价格走势同样是下跌的。当焦炭期价形成上涨的走势时，螺纹的价格走势也是上涨的。

两者在价格波动中，虽然存在波幅大小的差异，但是在大的波动方向上始终保持相对同步，这样的品种就是我们关注的关联品种。

网友： 同样，如图 6-2 所示，焦煤和焦炭的关联度更高。

当焦煤价格开始下跌的时候，焦炭价格也保持了相对下降走势；当焦炭价格开始上涨的时候，焦煤的价格也会保持上涨。

图 6-1

图 6-2

第六章 关联品种分时盲点获利法

在同期的波动周期内，这两个品种大部分时间保持同步收阳K线和阴K线的走势。如此步调一致的价格波动，使得分析判断有了一定的参考依据。

呵呵！这有点儿像相对论，有了一个基准点后，才能确定另外一个波动的性质是强还是弱，是相对静止的还是相对运动的。

老纪：是的。只有关联度相对较高的品种，没有绝对同步涨跌的品种。我们这里所讲的关联波动是相对而言比较能够形成同步共振的走势，而不是要求其涨跌必须绝对一致，这样苛刻的条件会限制操作。

网友：那么，这个度如何把握呢？

老纪：确定两个关联品种后，只需要把握住在操作周期内其关联度相对比较高就可以了。这也是我们所说的需要注意的第二点，即进行操作的两个目标品种要在近期保持相对较高的关联波动，这样可以大大地提高操作的成功率。比如图6-3所

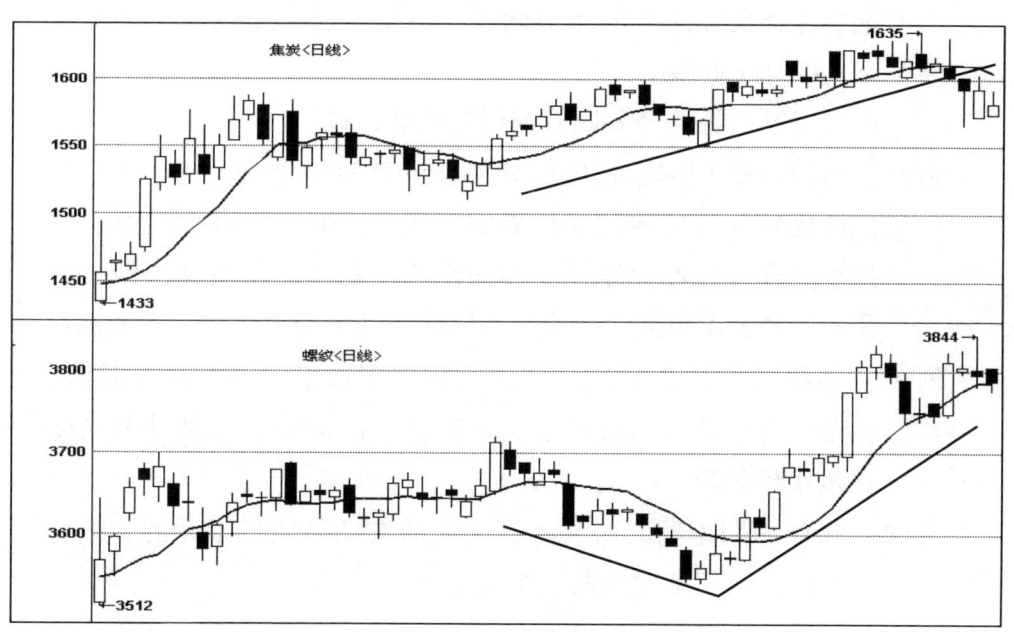

图6-3

示的螺纹和焦炭的日K线走势，通过上面的分析和论证，我们确定了这两个品种可以作为目标品种进行操作，但是任何关联品种的走势都只是相对同步，由于外部各种环境因素的影响，在不同的时期也会出现走势不同步的情况，图中所示的这个阶段就是不同步的阶段。

在实盘操作中，当出现关联品种走势不同的时候，我们就尽可能不对其进行关联操作方面的分析，减少关联分析的权重。

网友：图6-3所示的焦炭和螺纹这两个品种，在标注的位置，当螺纹期价开始下跌的时候，焦炭期价依然保持着底部逐步抬高、相对上涨的走势。

而当螺纹期价开始反弹，快速上涨的时候，焦炭期价却不能保持同步快速上涨，形成缓慢上涨和趋于横盘的走势。虽然从大的方向和趋势走势上来看，螺纹近期的走势与焦炭能够保持大方向上的相对同步，但是在这个小周期上确有明显的波动不同步。

老师所说的是要回避类似的波动，对吧？

老纪：可以这么理解，具体还要根据盘面的变化，以及自己所选用的操作模式对应的操作周期来确定。虽然在图6-3所示的这个阶段，二者大体上能够同步收出同样的阳线和阴线，但是幅度和力度不同，形成了不同的波动小趋势。

网友：螺纹期价的相对快跌和快涨虽然形成了不同步的小趋势，但是最终还是与焦炭形成了大趋势上的同步，可见其关联度还是比较高的。

老纪：操作周期不同，所要重点关注的波动周期是不同的。结合第二点，我们来关注第三个注意事项。

第三，进行关联波动分析的时候，选择的波动周期要符合当前使用的操作方法。

第六章
关联品种分时盲点获利法

如图 6-4 所示，若我们的操作分析建立在日内同步关联走势的基础上，则需要首先对近期大趋势的关联情况进行初步判断，其次，对短周期内的关联走势进行重点判断。

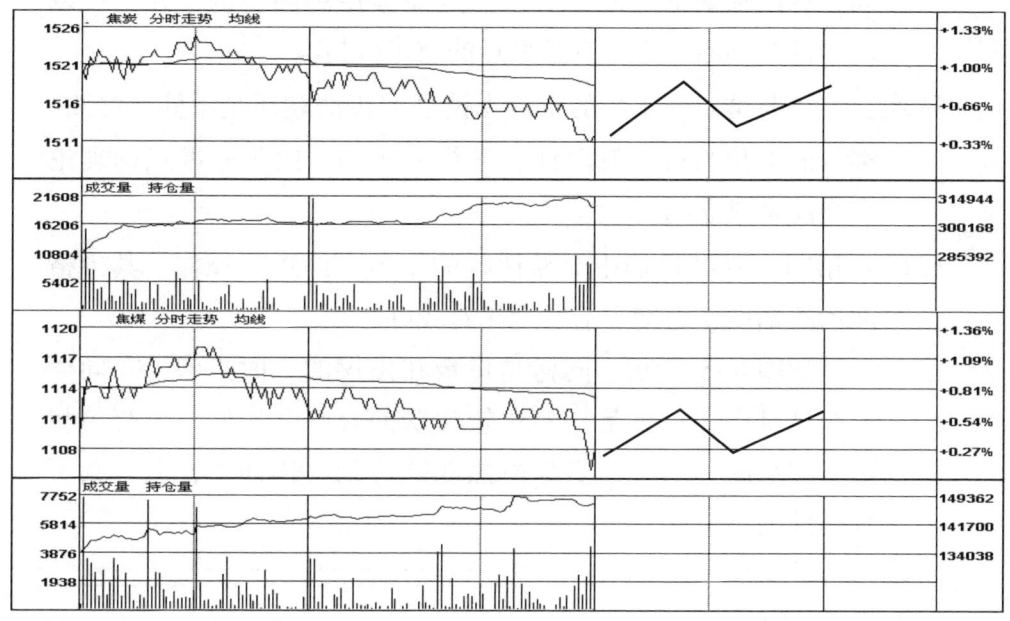

图 6-4

倘若我们需要做的是一次日内短线投机操作，就必须要对其当日或前两个交易日的分时走势关联度进行重点关注。只有短期的分时走势关联度相对比较高，才可能将分析建立在关联操作这个理论基础上。

图 6-4 显示的是焦煤和焦炭同一交易日的分时走势，你觉得其关联度如何？

网友：其关联度非常高，价格几乎同步涨跌，波动的形态保持高度一致。这种情形下的走势，其相互影响也应该是明显的。

老纪：焦煤和焦炭的波动关联度是比较高的，图 6-4 中的分时价格变化，与均价线的位置变化，以及成交量、持仓量的变化都是比较同步的。

对于这种关联度比较高的走势，我们按照以往说过的惯性原理，以市场氛围及大环境不发生变化为前提进行技术判断，可以预期下午的走势依然是能够达到同步的，并且可以基于这个判断，进行有基准点的技术分析。

网友： 有了基准点，下午的走势无论是同步涨跌还是不同步涨跌，都是值得我们对其波动性质进行分析的，因为基准点的理论在当前是成立的。

老纪： 第四，要尽量选用交易活跃的主力合约进行操作，其价格波动的幅度、力度和活跃度相对较好。

如图 6-5 所示，同样是焦炭和焦煤的分时走势，在同样的交易日中，一个是交易比较活跃的合约，另外一个交易相对不够活跃。两者的走势虽然能够达到大体同频，但是其可操作性大不一样。

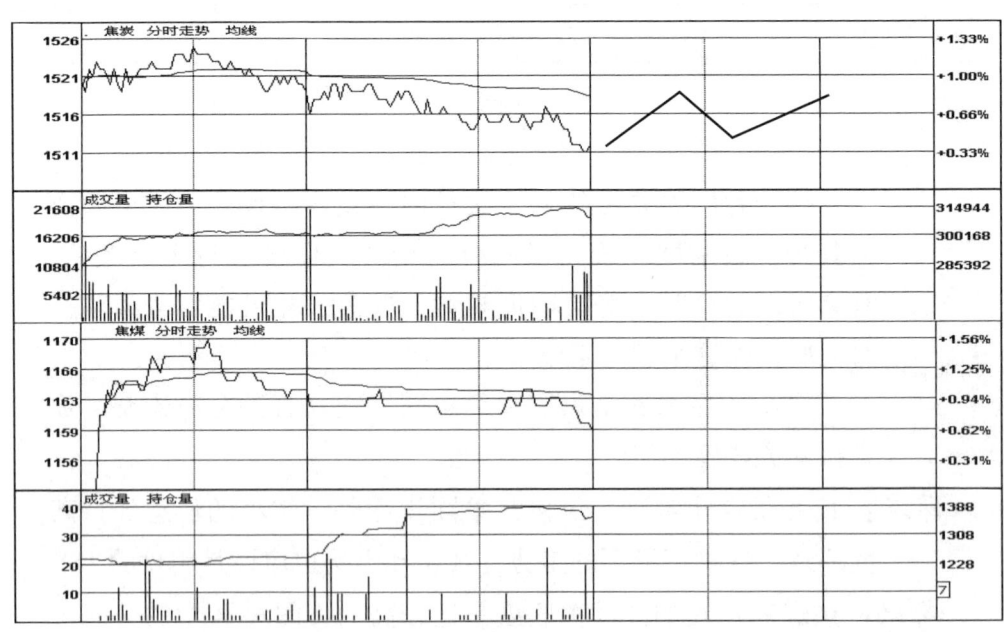

图 6-5

第六章
关联品种分时盲点获利法

我们在对焦炭和焦煤进行技术分析的时候，焦炭价格的波动相对比较平滑，具有较强的参考价值，而焦煤价格的波动显得比较呆滞，有时候会出现较长时间无变化的情况。对于交易不够活跃的品种，参与其中的资金若出现明显的突变，会造成走势失真的情况，所以需要回避这种情况。

同时，为了保证操作的灵活性，我们还要考虑参与那些价格波动幅度相对较大，涨跌力度比较大，交易活跃的品种。这个观点我们在以前的交流中曾详细说过，这里就不再解释了。

网友：通过以前的学习和交流，这点还是比较容易理解的。呵呵，不用详细说了。

老纪：第五，要等到价格波动相对稳定的时候再进行对比和分析，早盘的走势要尽可能回避。如图6-6所示的豆油1401的分时走势图，在早盘开盘时，价格快速冲高，随后快速回落，这样的走势对关联性分析意义不大，我们可以回避掉。

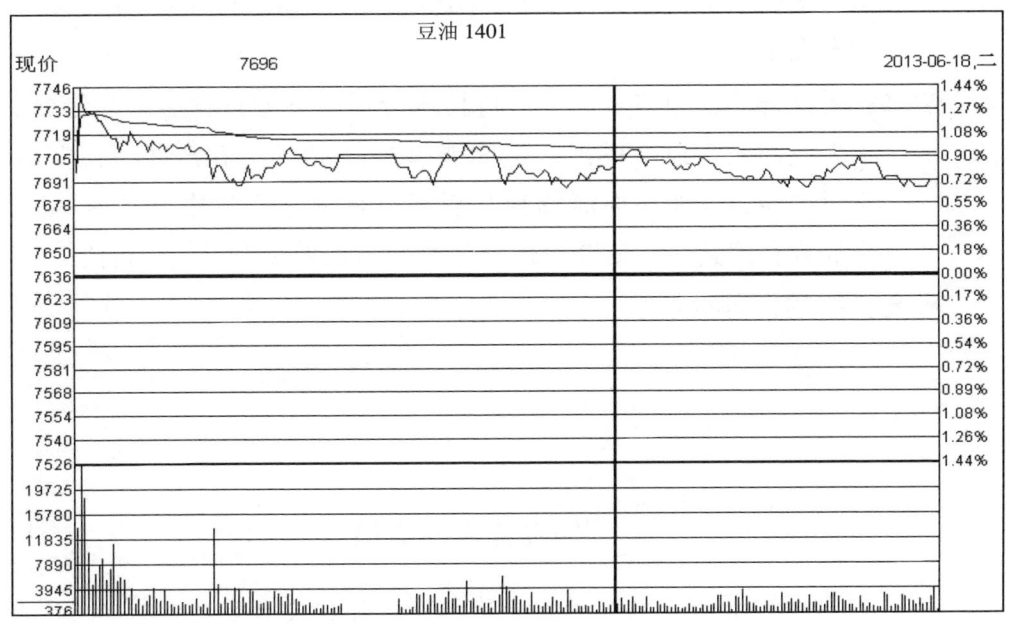

图6-6

在早盘开盘的时候，期价往往会受到隔夜外盘以及各种消息面的影响而大幅高开或者低开，同时交易资金相对比较浮躁，相关品种所面临的资金环境会大不相同，形成的盘中涨跌有时候不能真实地反映出市场的趋势方向。

网友：早盘市场环境比较复杂，是不太好把握的时段，而且涨跌趋势、波动性质都不明确，这时候很难看准。在实盘操作的时候，除非为了追求日内暴利，否则我不太愿意在早盘交易，感觉很难把握，有一种掷骰子的感觉。

老纪：不仅早盘，有时候盘面会出现极度的突发变化，形成不稳定、不理性的涨跌，比如快速涨停跌停走势的时候，交易者也要尽量回避。关联性交易对比分析是建立在两个品种的波动相对比较理性，同时遵循惯性原理基础上的，不稳定的价格波动不会诱发市场交易情绪的变化，所以要回避。

网友：一种交易模式需要有很多交易基础，以前我对技术分析的认知太粗浅了，大多停留在形态分析上，今天的学习对我帮助太大了！

老纪：看问题不能只看表面，进行技术分析时不能只看形态变化。今天我们先学到这里，希望你能够举一反三，培养自己独立思考的能力。如果你能够独立思考，从形态变化中寻找到操作的内在因素，你就会发现自己的交易水平又上了一个台阶。

网友：好的，谢谢老师。

网友蓝天的笔记

"关联品种日内分时盲点获利"的操作要点如下。

（1）要找到两个走势关联度比较高的品种，这两个品种最好是自己比较熟悉的品种。

（2）进行操作的两个目标品种要在近期保持相对较高的关联波动，这样可以大大提高操作的成功率。

（3）进行关联波动分析的时候，选择的波动周期要符合当前使用的操作方法。

（4）要尽量选用交易活跃的主力合约进行操作，其价格波动的幅度、力度和活跃度相对较好。

（5）要等到价格波动相对稳定的时候再进行对比和分析，早盘的走势要尽可能回避。

第二节
关联品种共振跟随获利技巧

网友：我们学习了关联品种盲点获利交易基础后，如何从关联品种走势中获取利润呢？

老纪：看把你急的，学习要静下心来一步一步地打牢基础，要学一个，理解一个，掌握一个，最好还能够扩展几个，然后淘汰几个，最后形成自己的一套操作技巧。

网友：呵呵，是有点儿着急。求知的欲望天天驱使我想老师这里还有多少我不知道的，要一个不少地全部学到手才行啊！哈哈。

老纪：关联品种的交易方法很多，我们先从最简单、最实用的入手，逐步建立关联品种日内分时盲点获利体系。今天我们讨论第一种：共振跟随获利法。

图 6-7 将两个关联品种的分时走势进行了叠加。

我们知道，对于关联性比较强的两个品种，分时走势会出现共振现象。也就是说，一个上涨，另一个也会同步上涨；一个下跌，另一个也会同步下跌。在期货中，两个关联度较高品种的走势在大周期中必然是相同的，但是在小周期中经常会出现短时间内相对不关联的走势。

网友：为什么在大周期中相同，而在小周期中容易出现不同呢？

老纪：在较短的周期中，期价非常容易受到交易者的情绪、市场环境、资金状况的影响而出现涨跌，不同品种所面对的交易对象是不同的，所以会出现一定的差异性。

这种差异性多体现在涨跌的幅度、时间差、速度等方面。

共振跟随获利法就是要寻找那种分时走势高度关联，而上涨的时间和速度出现短时间不同步的品种来进行交易。

比如图6-7所示的两个品种的分时走势，一个先涨，另一个后涨。实盘中，当我们发现一个品种开始快速上涨，而关联品种还没有启动的时候，可以对关联品种进行同向的开仓操作。

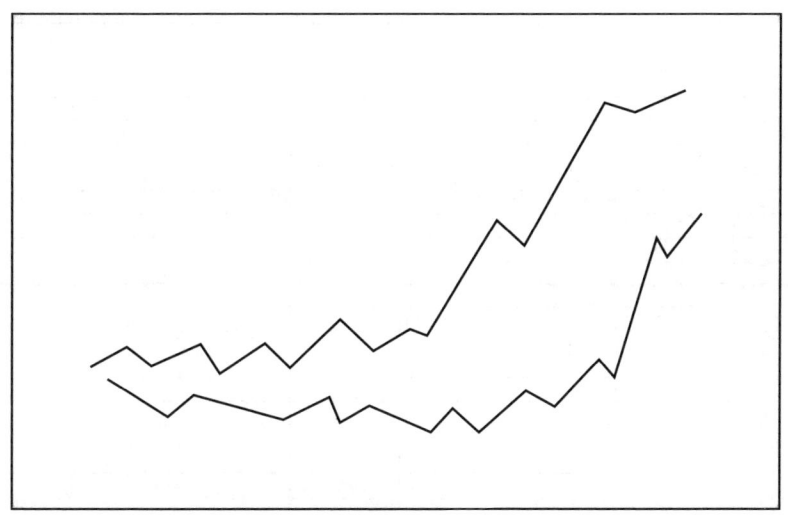

图6-7

共振跟随获利技巧的操作要点如下。

第一，两个关联品种的近期走势关联度较高。

第二，其中一个品种出现快速上涨或下跌，上涨或下跌的幅度一定要大，并且是突然启动。

第三，当我们判断上涨或下跌成立时，可以对另一个品种进行同向开仓。

第四，开仓后跟随品种的涨跌幅度接近先启动的品种时，或者启动品种没有拉动跟随品种而开始回归时，进行平仓。

网友：因为是关联品种，通常条件下，一个上涨，另一个也应该上涨，有时候一个上涨先启动，另一个后启动，这就是机会。通过先启动的品种，我们可以发现涨跌的方向，顺势开仓。我理解得对吧？

老纪：对。图6-8和图6-9分别为豆粕和豆一同一交易日的分时走势图，其中就有共振跟随获利的机会点。

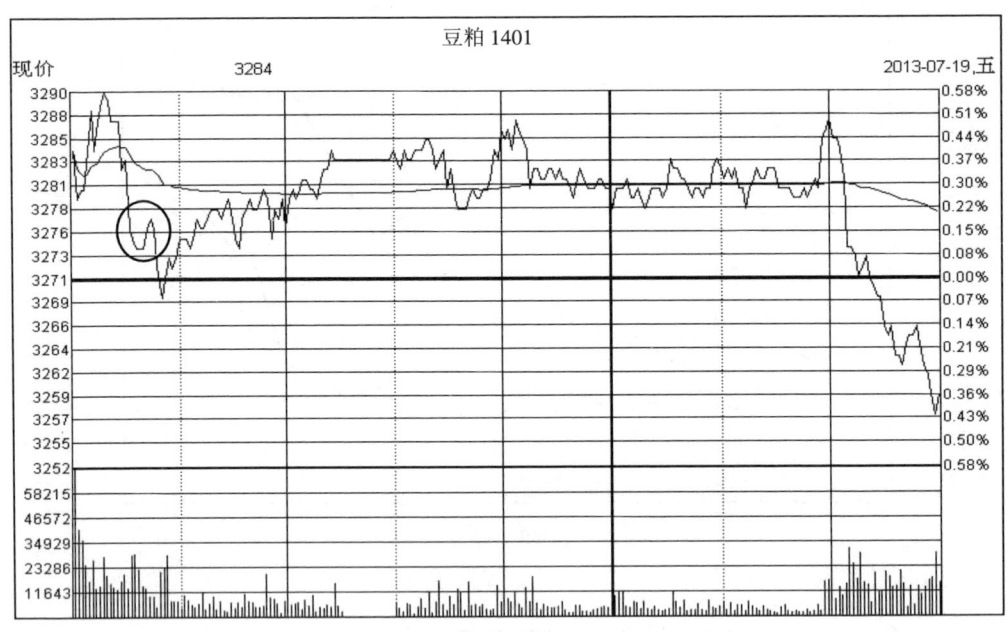

图 6-8

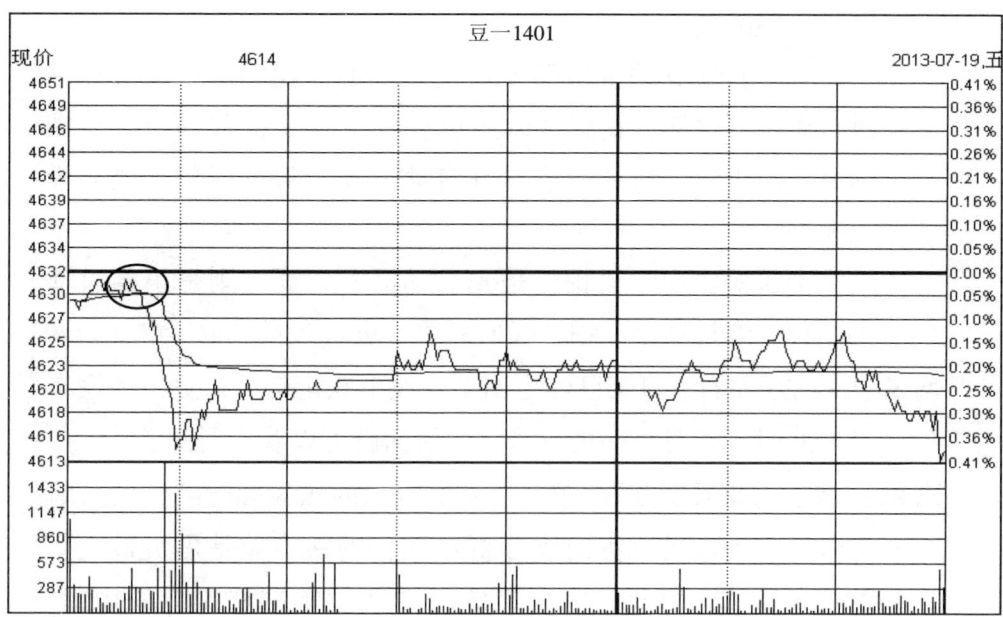

图 6-9

豆粕和豆一的走势具有很高的关联度，豆粕是大豆的副产品，每吨大豆可以制出 0.2 吨豆油和 0.8 吨豆粕。豆粕的价格与大豆的价格有密切的关系，每年大豆的产量都会影响豆粕的价格：大豆丰收，则豆粕价跌；大豆歉收，豆粕就会涨价。

在通常情况下，豆粕和豆一的走势保持着相对较高的关联度：豆粕上涨，豆一也随之上涨；豆粕横盘，豆一也随之横盘。甚至可以说，两个品种同步波动，分不清谁先涨谁先跌，谁带领谁波动。

图 6-8 和图 6-9 所示为 2013 年 7 月 19 日两个品种的分时走势，开盘后短时间内还能够保持同步共振，随后，豆粕形成了快速下跌的走势，而豆一没有立即形成下跌走势，继续保持横盘整理。此时，豆粕下跌幅度较大，因关联性较强，必然会对豆一的走势造成影响，所以我们就要考虑豆一是不

是也会跟随其下跌。

若经验证豆粕价格的下跌是真实的,我们就可以对豆一进行做空。这样,我们可以通过豆粕下跌来提前判断出豆粕和豆一的走势,在豆一还没有启动下跌走势的时候,提前开仓布局。

本次操作中,豆粕就是先启动品种,豆一则是跟随启动的品种。通过观察豆粕,我们对豆一进行买卖决策。

网友: 9:20左右,豆粕已经走出了一波下跌走势,而豆一还没有跌。此时,若对豆一进行做空,后面就可以获取利润了。

老纪: 我们再来看图6-10和图6-11所示的焦炭和螺纹钢的分时走势图。由焦炭消费构成分析可知,钢铁工业是焦炭最主要的消费领域,因此,焦炭消费高度依赖于钢铁工业的运行,钢铁价格与焦炭价格高度相关。

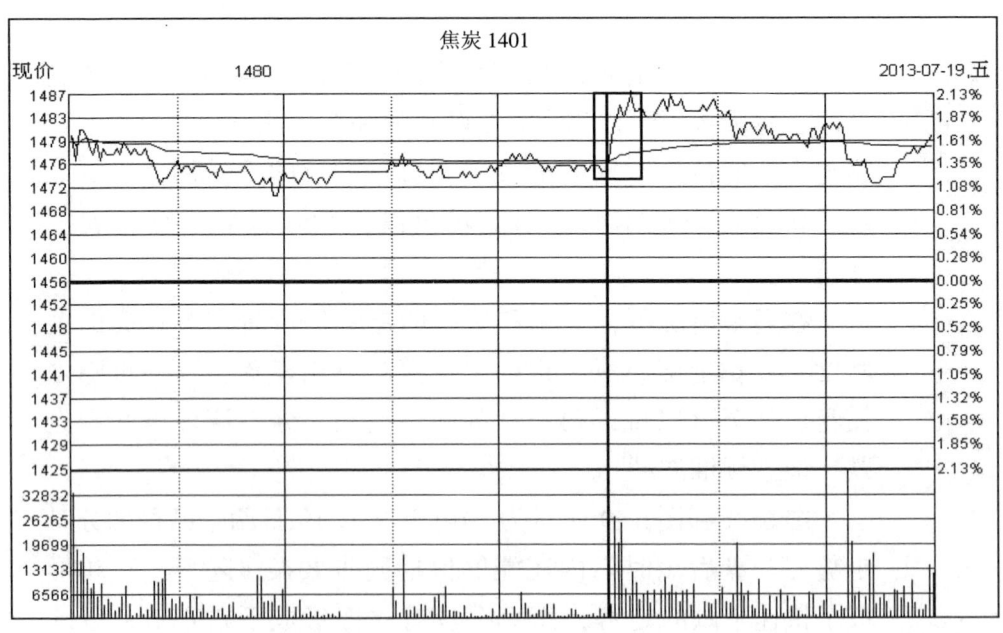

图6-10

第六章
关联品种分时盲点获利法

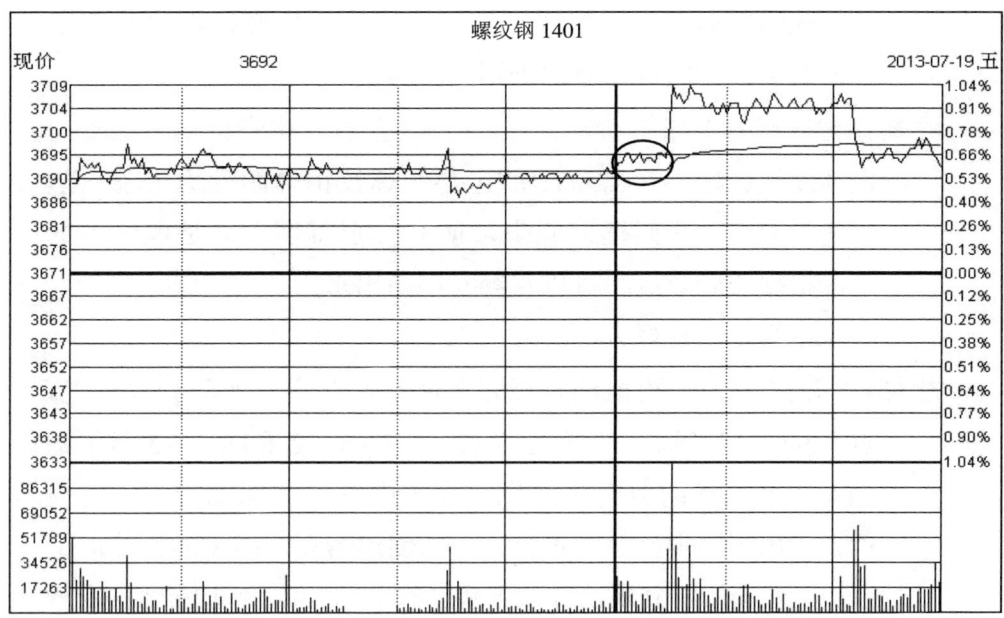

图 6-11

钢材是焦炭主要的下游产品，钢材的价格走势直接影响焦炭的价格走势。在钢价上涨阶段，钢铁业的景气足以承受较高的焦炭成本压力，焦炭价格表现为上涨；在钢价下跌阶段，钢铁业盈利能力弱化，钢厂可能会采取限产、重新议定焦炭价格或延迟付款等措施，从而使焦炭价格表现为追随钢价下跌。

实际走势中，两者也具有高度的关联性，焦炭和螺纹钢能够保持同步涨跌。所以，我们可以根据螺纹钢的走势，来判断焦炭的波动方向。同样，我们也可以通过焦炭的走势，来参考分析螺纹钢的波动方向。

在 2013 年 7 月 19 日的分时走势中，螺纹钢与焦炭的走势基本上能够保持一致。13：30 开盘后，焦炭价格直接快速拉升，形成了向上突破的走势。而此时，螺纹钢依然保持相对平稳的波动状态。

当焦炭价格上涨到一定高度后，螺纹钢依然没有启动。

此时我们依据焦炭价格的上涨,可以判断出螺纹钢也具有上涨的机会,所以可以对螺纹钢进行做多。

网友:螺纹钢的上涨启动发生在 13:40 左右。焦炭价格上涨到一定高度后,影响了螺纹钢的走势,螺纹钢开始发力上涨。焦炭的发力点,我们把握起来可能有一定难度,但是螺纹钢的上涨根据关联效应,可以很容易判断出来。

这真是一种好方法。

老纪:任何方法都不可能拥有百分之百的成功率,但是这种分时盲点套利的方法具有一定的稳定性。如图 6-12 和图 6-13 所示的 PTA 和聚乙烯的分时走势图,在图中方框和圆圈位置,首先 PTA 走出了逐步上升的走势,不断创出新高。PTA 的价格向上涨,必然会影响到聚乙烯的走势,在 PTA 的价格上涨到一定程度而聚乙烯的价格还比较滞后,没有形成上涨的时候,按照本节我们讨论的共振跟随获利技巧,我们可以择机对聚乙烯做多。

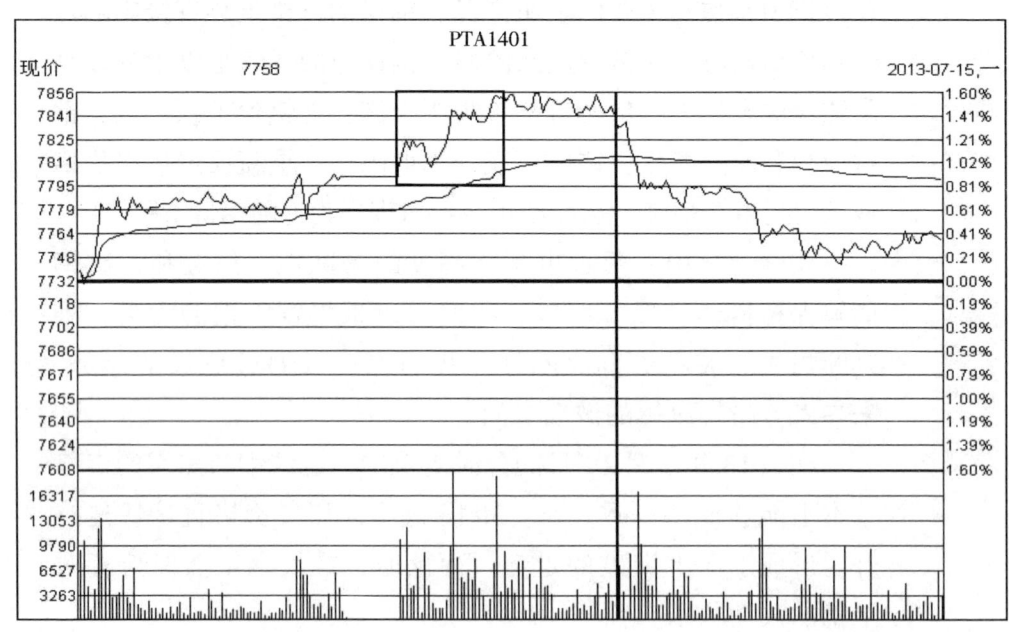

图 6-12

第六章
关联品种分时盲点获利法

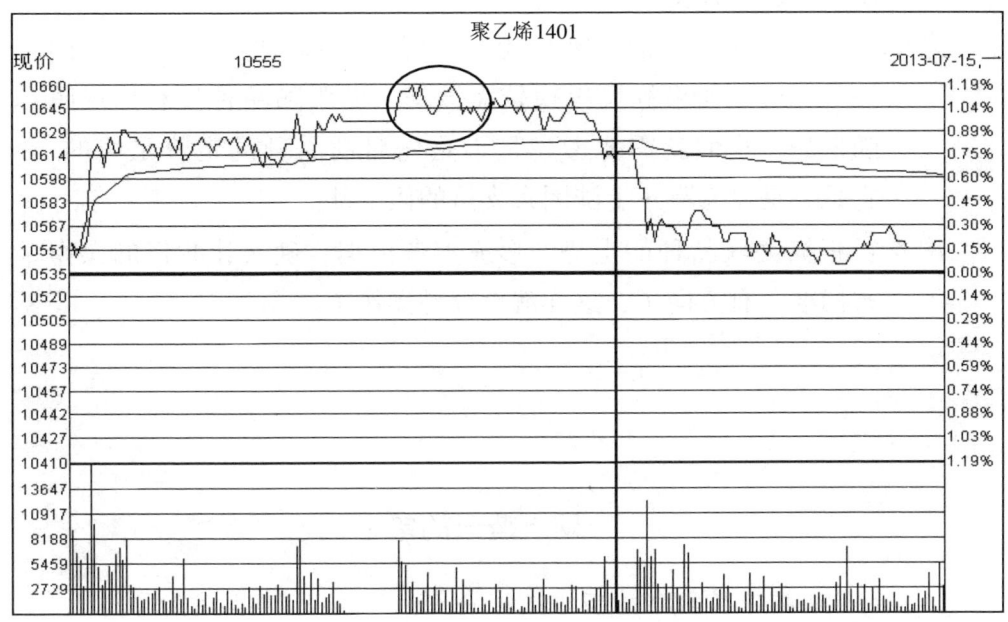

图 6-13

开仓后，PTA 价格上涨停止，此时的聚乙烯价格虽然没有形成跟随上涨的走势，但是由于 PTA 的走势对聚乙烯有关联影响，所以从概率上讲，聚乙烯价格下跌概率相对较小。

在实盘中，如果发现开仓后聚乙烯不能够跟随 PTA 上涨，同时 PTA 出现了下跌征兆，那么我们可以对聚乙烯进行平仓操作。此时 PTA 的下跌幅度会相对较大，而聚乙烯会相对平稳很多。

在这种操作模式下，如果我们出现判断错误，也有比较充足的平仓机会，相对风险也会小很多。

网友：这是一种既激进又保守的操作方法：如果判断对了，就可以获取利润；如果判断出现问题，也不会造成太大的亏损，有足够的纠错机会和纠错空间。

我们对跟随者的平仓判断是不是还要基于先启动者的涨

跌动力衰竭程度？

老纪：是的。先启动的品种是我们分析判断的重要参考，就如同一个标尺。如果标尺出现较大波动，而跟随品种没有出现跟随走势，我们就需要考虑是不是先启动品种的走势是假的，它是不是没有真正上涨因素支持的假上涨。

网友：根据关联品种的走势，形成参考依据，确实让我们的操作有标准、有方向了，这样就更容易操作了。

网友蓝天的笔记

共振跟随获利技巧的操作要点如下。

（1）两个关联品种的近期走势关联度较高。

（2）其中一个品种出现快速上涨或下跌，上涨或下跌的幅度一定要大，并且是突然启动。

（3）当我们判断上涨或下跌成立时，可以对另一个品种进行同向开仓。

（4）开仓后跟随品种的涨跌幅度接近先启动的品种时，或者启动品种没有拉动跟随品种而开始回归时，进行平仓。

这是一种既激进又保守的操作方法：如果判断对了，就可以获取利润；如果判断出现问题，也不会造成太大的亏损，有足够的纠错机会和纠错空间。

先启动的品种是我们分析判断的重要参考，就如同一个标尺。如果标尺出现较大波动，而跟随品种没有出现跟随走势，我们就需要考虑是不是先启动品种的走势是假的了。

第三节
关联品种共振逆向获利技巧

老纪：根据关联品种的共振走势，我们不仅可以采用跟随的操作方法，还可以采用逆向的操作方法实现获利。

今天我们就详细讨论一下关联品种的共振逆向获利技巧。

网友：好的。上次学习的时候，我还在想：一个品种启动后，如果启动是假启动，会不会再次回落到原来的位置？如果会，是不是可以在先启动的品种上涨到高点或者下跌到低点的时候反向开仓？

看来我想的是对的。呵呵！

老纪：呵呵！善于思考是好事情，你说得很对，我们来看图6-14所示的共振逆向获利法的图解。在图中，两个关联品种总能形成相对同步涨跌走势。但是市场环境千变万化，有时候由于某种原因，其中一个品种会突然出现快速上涨或者下跌，无论是真跌真涨还是假跌假涨，只要出现这种情况，就有一定的获利机会。

共振跟随获利法基于真涨真跌，而共振逆向获利法基于假涨假跌，是一种不跟随的操作方法。

共振逆向获利技巧的操作要点如下。

第一，两个关联品种的近期走势关联度较高。

第二，其中一个品种出现快速上涨或下跌，上涨或下跌的幅度一定要大，并且是突然启动。

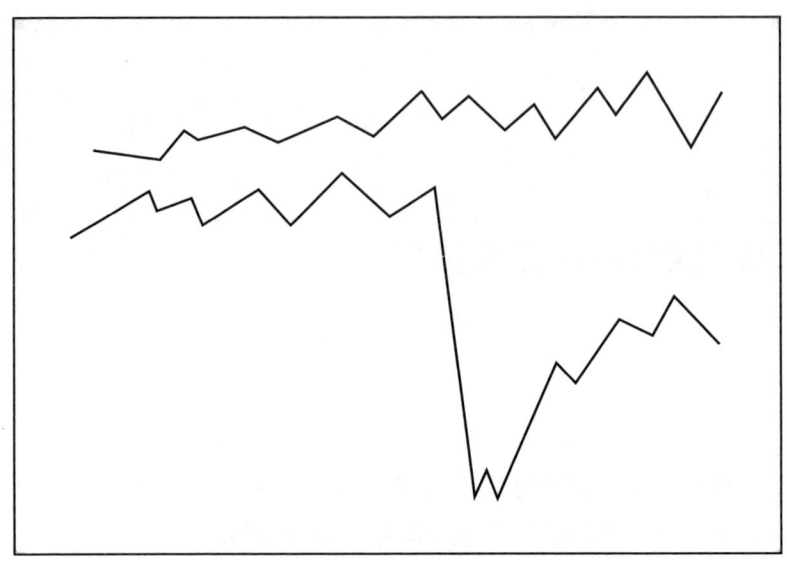

图 6-14

第三，当我们判断上涨或下跌形成的突破是假突破的概率较大时，可以对启动的品种在相对极限位置反向开仓。

第四，开仓后另一个品种跟随涨跌时，或者该品种的期价回到原来价位附近时，进行平仓。

对于快速上涨或者下跌的真假，我们可以结合成交量等进行判断。

网友： 两种操作方法基于的市场环境和条件是基本相同的，操作方向却是完全相反的。一种原理可以从不同的角度使用，真不错。

老纪： 很多的道理都是相通的。我们来看图 6-15 和图 6-16 所示的焦炭和螺纹钢 2013 年 7 月 4 日的分时走势图。这两个品种的关联度一直较高，开盘后，两个品种依然保持着相对同步的涨跌走势。虽然期间有时候涨跌的幅度和启动的点位稍有差异，但也算得上比较稳定，能够形成同涨同跌的走势。

问题出在 10：30 左右。你来说说出现了什么问题，我们应该如何应对。

第六章
关联品种分时盲点获利法

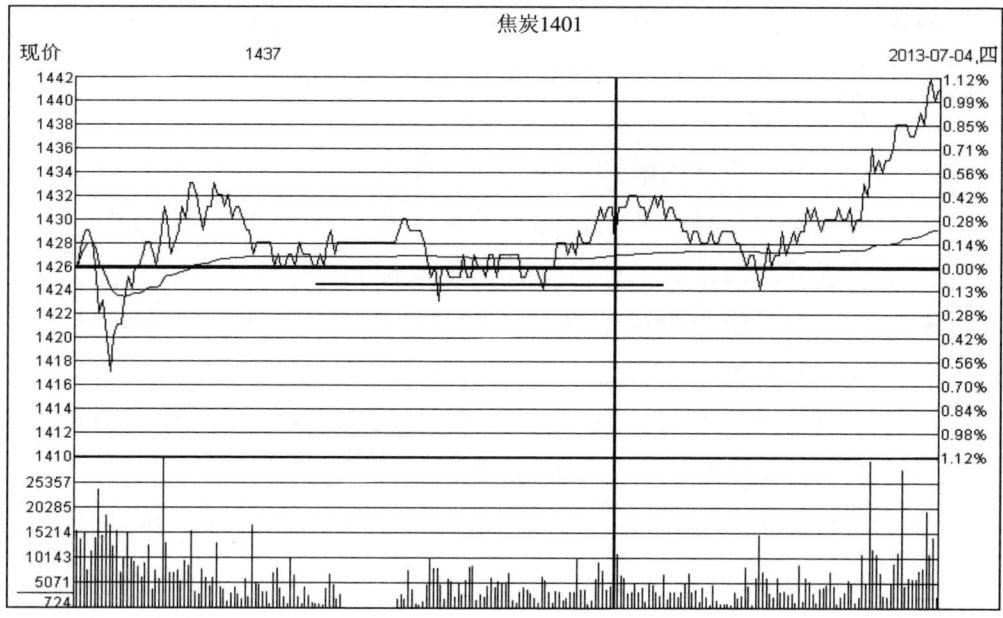

图 6-15

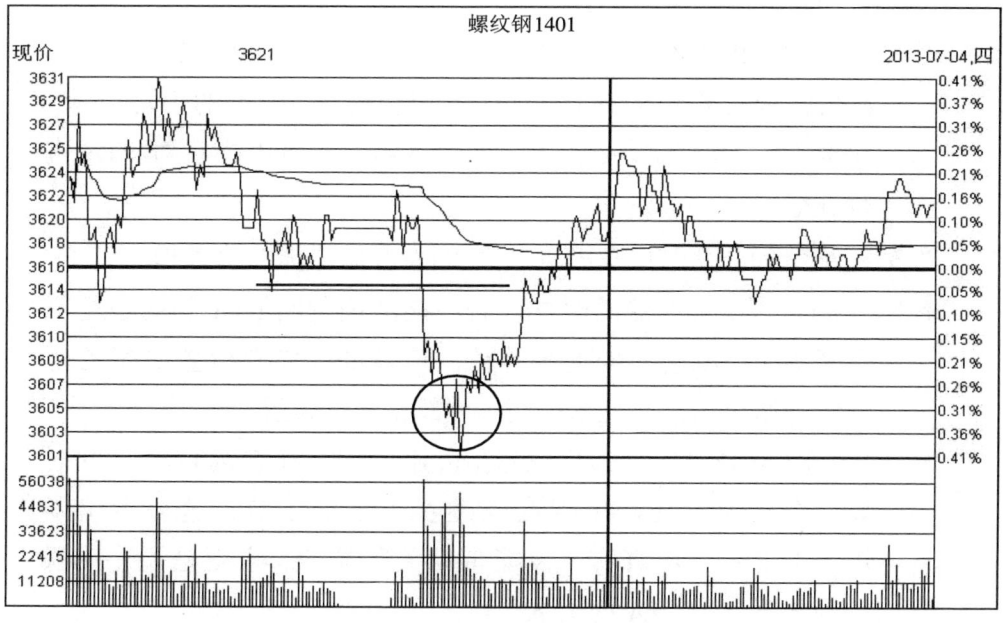

图 6-16

网友：本来两个品种保持着同步涨跌走势，但是突然螺纹钢快速下跌，而且是以近似90°的杀跌角度下跌，此时焦炭没有下跌。

随后螺纹钢继续下跌，焦炭却不破低点，形成横盘整理的走势。此时，若判断是假突破，螺纹钢的下跌不真实，我们就可以选择低点对螺纹钢进行做多。

老纪：是的，螺纹钢的下跌并没有带动焦炭快速下跌。如果螺纹钢的下跌条件不成立，那么必然会有一个价值回归的走势，我们可以结合成交量的变化找到相对低点位置，开仓做多，利用其价值回归走势实现短线获利。

网友：只要另一个不跌，跌的就要产生价值回归，所以开仓后交易者心里会非常有底。

图6-17和图6-18所示的PTA与聚乙烯的关联品种共振逆向获利操作就显得稍微复杂一些，但也符合标准，是我们必须掌握和理解的走势。

老纪：图中，PTA在标注的方框位置先形成了上涨走势。PTA上涨后，聚乙烯并没有立即跟随。此时，若PTA的上涨结束，而聚乙烯还没有形成上涨，盘面显弱，就可以择机对PTA进行做空。

网友：最佳的开仓时机在哪里？是PTA开始滞涨的位置吗？

老纪：PTA刚出现滞涨的时候，若不能准确判断PTA的突破是不是真实的，就进一步观察等待。最佳的开空仓位置是聚乙烯走势开始显弱，并且形成明显下跌征兆的位置。

图6-18中，我们已经标示出了PTA还在高位横盘的时候，聚乙烯就开始出现高点逐步下滑的走势，这显示出了PTA的上涨并不真实，没能带动关联品种。也就是说，关联品种并不支持PTA的上涨。

第六章
关联品种分时盲点获利法

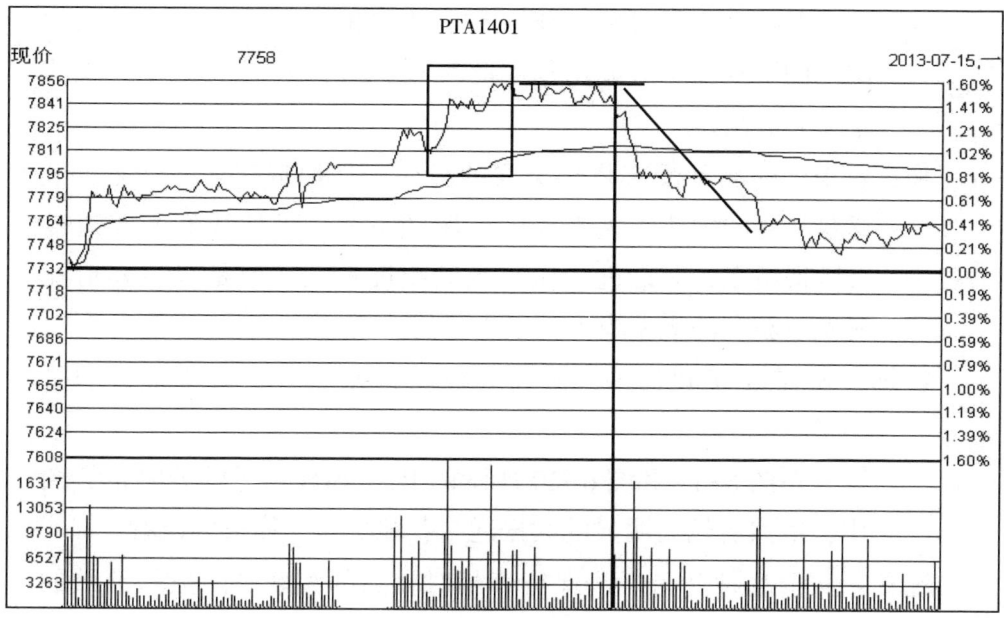

图 6-17

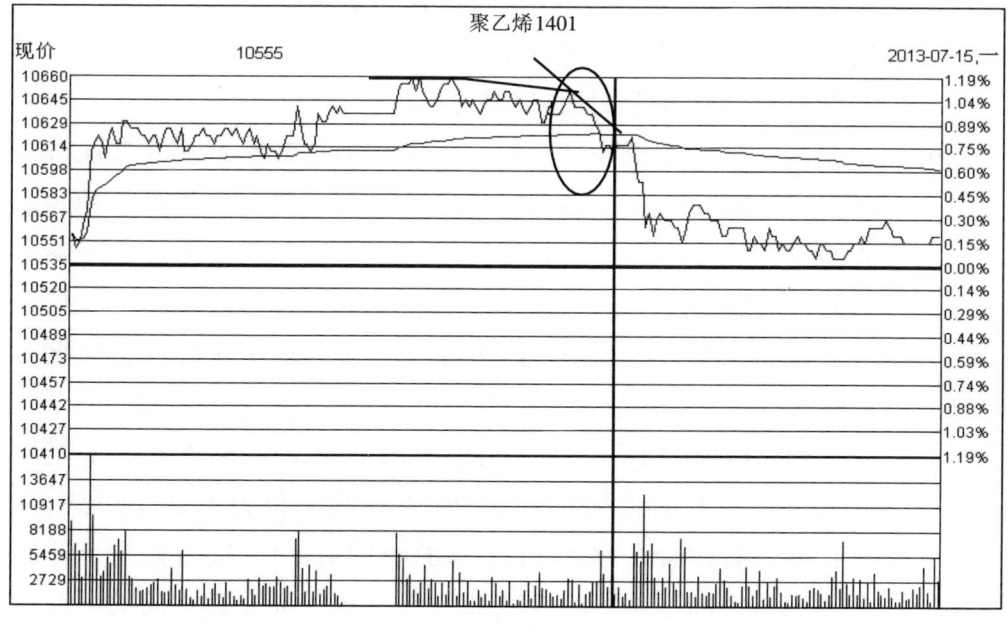

图 6-18

随后聚乙烯开始向下破位，市场的较弱表现，让虚涨的PTA 的下跌概率大幅增加，此时对 PTA 进行开仓做空，成功率将会极高。

网友：上涨的品种没有将相关联的另一个品种带起来，反而自己横盘，弱的加速下跌带动强的跟随下跌，虽然我们不知道谁会跌得更多，对谁进行做空盈利幅度更大，但是只要知道此时做空获利的概率极大就很牛了。

老纪：不需要获利最多，只需要保持经常获利，大概率获利是王道。

在图 6-19 和图 6-20 所示的 PTA 和聚乙烯的分时走势图中，依然有较为明显的共振逆向获利机会。你来说说看。

网友：两个品种开盘后，保持着相对较高的关联度。虽然涨跌的幅度不尽相同，但是基本上能够保持同步涨跌、同步创新高和同步破位走势。

下午两个品种均出现了快速拉升的走势，由于快速拉升的幅度不同，因此后面两个品种的走势出现了一定的分歧，共振逆向获利的机会应该在这里吧？

老纪：是的。第一波快速拉升中，两个品种都能够上涨并且保持较大的上涨幅度，做多力量均比较强劲。我们看关联品种的走势时，不仅要看涨跌是否同步，还要看其对重要位置的突破和分时形态。

在第二波的拉升中，PTA 非常轻松地创出了新高，而聚乙烯不仅不能创出新高，随后还出现了高点降低的走势。

通过以前的学习，我们可以看出 PTA 创新高没有成交量的支持，加上聚乙烯在图 6-20 中的圆圈位置形成了下跌，这让我们有机会在大约 14：10 的时候对 PTA 进行做空。此时我们看重的不是 PTA 究竟能够跌多少，而是其极高的下跌概率。

第六章 关联品种分时盲点获利法

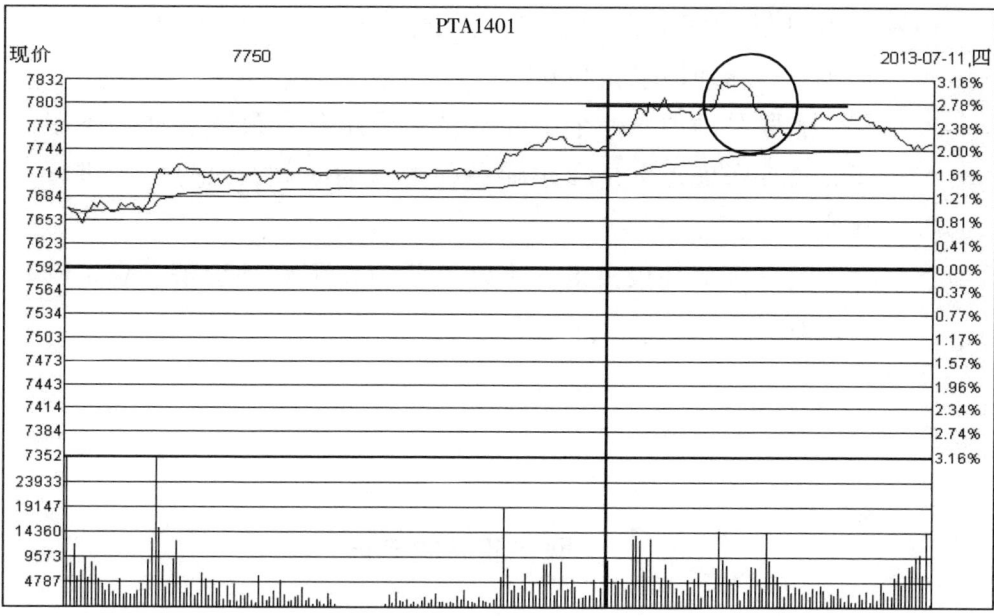

图 6-19

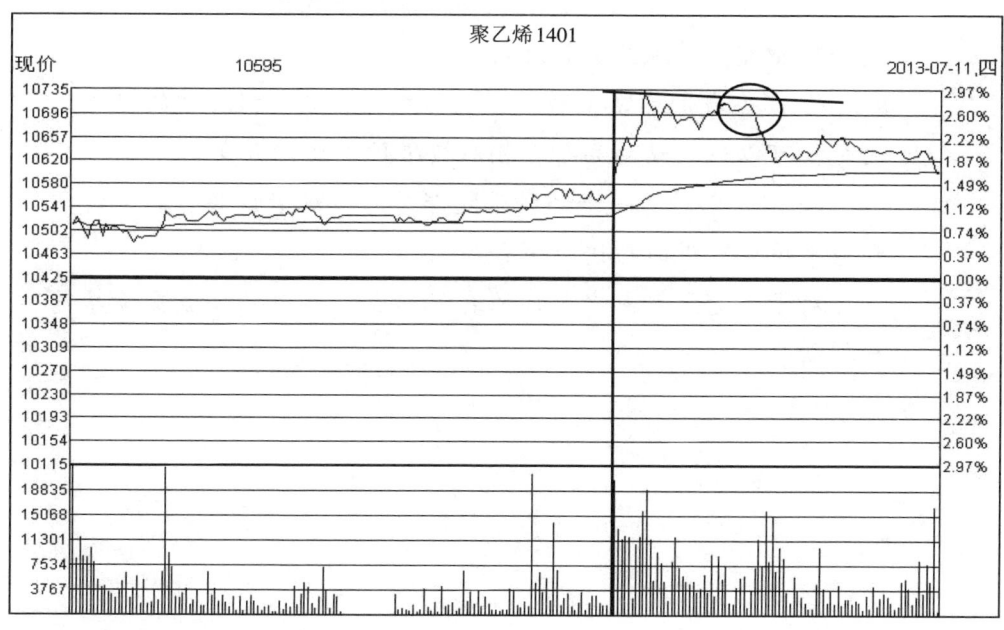

图 6-20

网友：我能够理解老师的意思，要通过分析提高操作的成功率，而不是一味地追求获利幅度。

关联品种中，一个上涨，另一个跟随，跟随上涨的不跟了，就要考虑是不是在跟随品种下跌的时候，对另一个进行做空。

这些细节都很关键，不好好学习，不好好理解，忘了哪一点都是不行的。

网友蓝天的笔记

共振逆向获利技巧的操作要点如下。

（1）两个关联品种的近期走势关联度较高。

（2）其中一个品种出现快速上涨或下跌，上涨或下跌的幅度一定要大，并且是突然启动。

（3）当我们判断上涨或下跌形成的突破是假突破的概率较大时，可以对启动的品种在相对极限位置反向开仓。

（4）开仓后另一个品种跟随涨跌时，或者该品种的期价回到原来价位附近时，进行平仓。

对于快速上涨或者下跌的真假，我们可以结合成交量等进行判断。

第四节
关联品种双向保护获利技巧

网友：通过学习共振跟随和共振逆向获利法，我找到了一个能够在分时走势中成功率极高的盈利机会，结合实盘中的量价表现及多空环境分析，加之使用其他辅助分析方法，操作变得非常简单。

虽然这种操作模型在交易中不是很容易出现，但是只要出现，做好基础分析后盈利的概率是非常大的，我非常喜欢这种盲点获利的方法。

老纪：你获利我也高兴。市场上的钱，稳稳拿到手中的，才是属于自己的。

网友：在这两种交易方法中，如果能够准确判断先启动的品种是真正的上涨或下跌，还是外强中干的上涨或下跌就更好了，那样会让获利的幅度和准确度更高。

如果判断错了，虽然风险不大，但是也会有一定的风险，而且获利的幅度会相对小些。

老纪：其实，交易者可用关联品种双向保护获利技巧来提升其稳定程度，这样操作起来不仅可以获利，而且风险极小，但是其获利幅度会降低。

网友：关联品种双向保护获利技巧，听上去不错，老师快说说。获利幅度降低是可以接受的，任何事情都是有利有弊的，想要追求稳定获利，还想追求高利润，这是不现实的。

老纪：这样的心态是正确的。我们来看图 6-21 所示的关联品种双向保护获利技巧的模型解析。

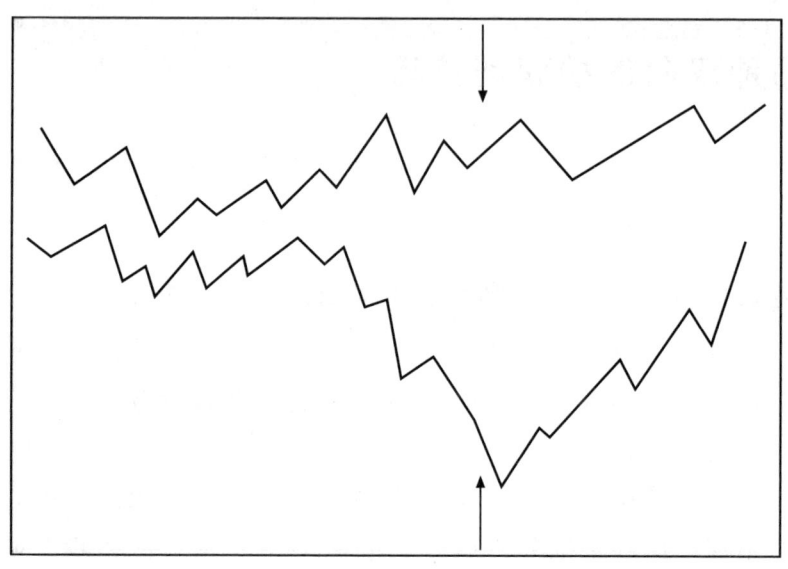

图 6-21

当关联品种有较高的关联度时，会相互影响。在某个时候，其中一个品种受到交易资金的突发影响，出现快速上涨或者下跌后，会对另外一个品种造成一定的影响。

快速涨跌的品种会对还没有涨跌的另一个关联品种起到带动作用，而另一个没有涨跌的品种会对先形成涨跌的品种起到牵制作用。如果能够准确判断出先行启动的品种涨跌的真实度，我们就很容易实现获利。若不能够准确判断其涨跌的真实性，我们可以采用双向开仓的方式，来谋取价值回归的利润。

网友：那么，操作要点和注意事项是什么呢？

老纪：因所参考的模型基础相同，所以有一些要点是相同的。

第六章
关联品种分时盲点获利法

关联品种双向保护获利技巧的操作要点如下。

第一，两个关联品种的近期走势关联度较高。

第二，其中一个品种出现快速上涨或下跌，上涨或下跌的幅度一定要大，并且是突然启动。

第三，当一个品种的涨跌即将达到极限，另一个品种还没有启动的时候，对上涨或下跌幅度较大的品种反向开仓，对没有启动的品种跟随先启动品种的启动方向开仓。

我们以图6-21为例，图中两个品种的分时走势相叠加，下面的品种突然快速下跌，而上面的没有形成跟随。当我们判断下跌将达到极限的时候，对下跌品种做多，同时对上面的横盘品种做空。

第四，无论后期是否涨跌，在两个品种的走势形成价值回归的时候，进行平仓。

进行这方面的操作时，一定要注意两个品种的配比要合理，这样才能实现利润最大化，且资金安全度最高。

网友： 一个开仓买入，一个开仓卖出，获利幅度会大幅减少，但是操作安全多了。

老纪： 双向保护获利技巧的操作看上去比较简单，但是也有很多技术要点需要注意。比如资金配比问题，要尽量选择那些一个品种快速波动，另一个品种相对稳定的关联品种进行交易，我们后期再找机会详细说明，本次先形成一种交易思维，后期再深入探讨。

网友： 好的。咱们还是以图为例来详细说明吧。

老纪： 我们来看看图6-22和图6-23所示的聚乙烯和PTA的同日分时走势，在图中两个方框位置，PTA形成了快速上涨走势，而聚乙烯表现得较为呆滞。于PTA我们在相对高点开仓做空，同时对聚乙烯开仓做多。

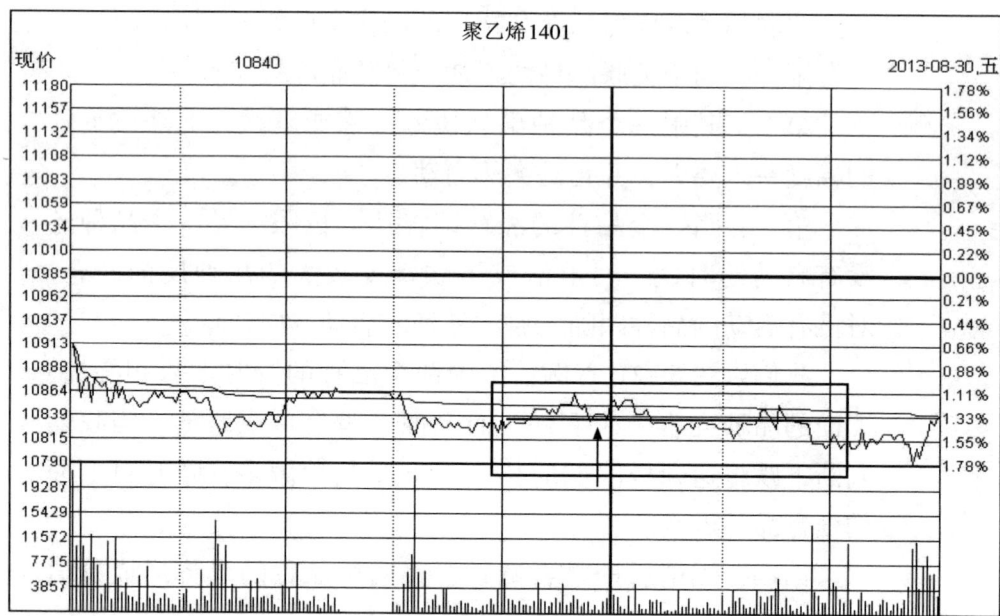

图 6-22

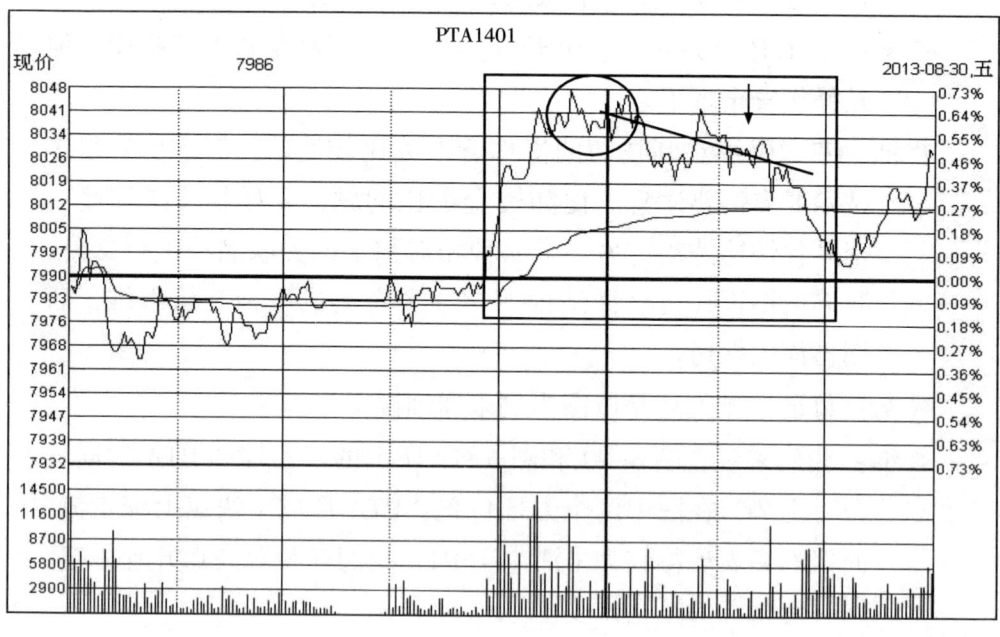

图 6-23

后期 PTA 受到聚乙烯的牵制而价格回落，做空实现获利，而聚乙烯基本上保持相对平稳状态，此时的主要获利来源是对 PTA 的做空获利，也就是共振的逆向获利。

网友：虽然做多聚乙烯没有获利，甚至有可能形成亏损，但是做空 PTA 的获利和做多聚乙烯的获利中和后，获利的概率还是极大的。

老纪：我们来看另一种情况，图 6-24 和图 6-25 所示为焦炭和螺纹钢两个品种的分时走势。在图中方框和圆圈位置，焦炭先行启动，形成了快速上涨，而螺纹钢并没有形成快速上涨。很明显，在该时段，两个走势一直保持较高关联度的关联品种出现了不关联的走势。

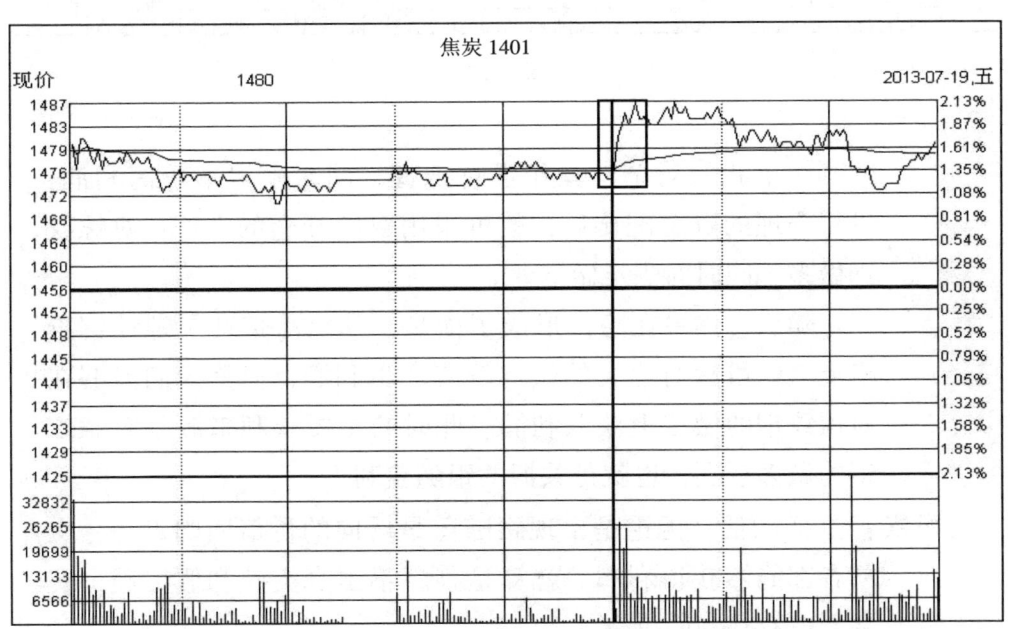

图 6-24

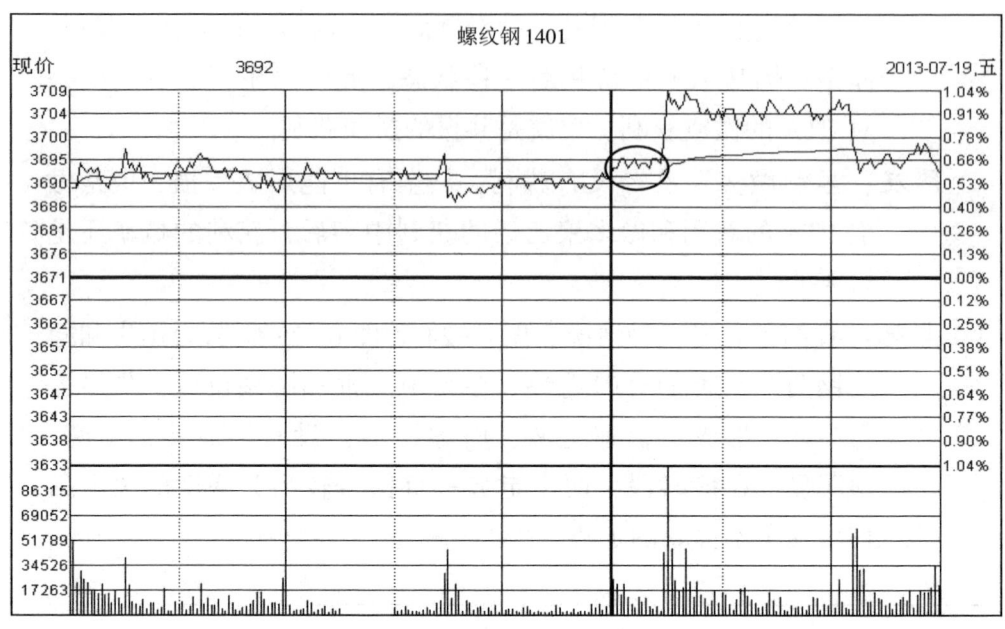

图 6-25

如果我们对单向操作没有把握，同时不追求较高利润，进行合理的资金配比后，就可采用双向开仓的方法，对螺纹钢做多，同时对焦炭做空。

随后，焦炭在高位形成了横盘，其上涨带动了螺纹钢价格上涨。虽然对焦炭的做空没有产生利润，但是我们能够在对螺纹钢的做多上获取利润。此时的主要获利来源是对螺纹钢的做多获利，也就是共振的跟随获利。

网友：这样的话，无论是出现跟随还是反向的价值回归走势，交易者都能够获得利润。就算是判断不出真突破和假突破，交易者也有获利的机会。

老纪：根据你的理解，看看图 6-26 和图 6-27 的关联走势。

第六章
关联品种分时盲点获利法

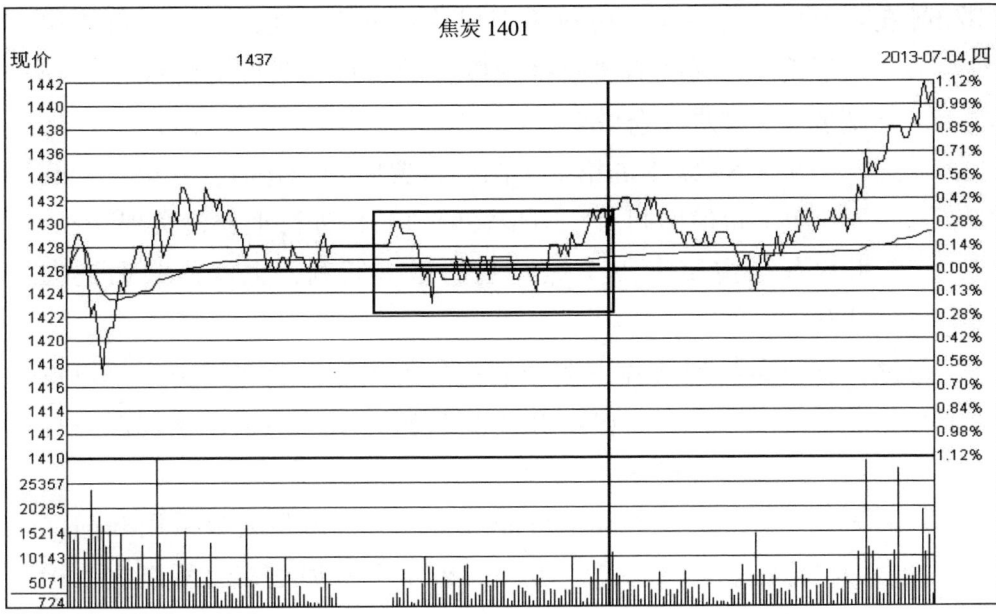

图 6-26

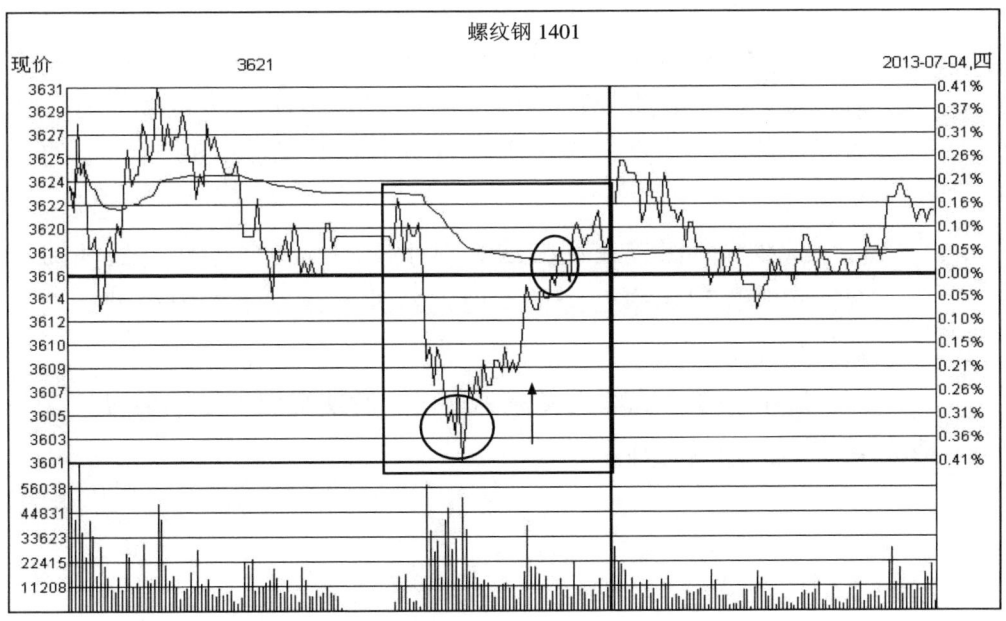

图 6-27

· 249 ·

网友：好的。在图中，螺纹钢形成快速下跌，而焦炭没有形成快速下跌。在螺纹钢跌幅将近极限的时候，我们对螺纹钢开仓做多，对焦炭开仓做空。

在图6-27上的第一个圆圈位置同步开仓后，在第二个圆圈位置，价值回归后，同步将两个品种进行平仓，实现获利。此次获利主要来源于螺纹钢的做多获利，也就是共振逆向获利。

老纪：螺纹钢持续快速下跌，而焦炭不跟随，给我们带来了盲点获利的机会。双向保护开仓获利的方法，是一种比较保守且比较稳健的获利方法。

任何操作方法都不可能万无一失，但是因为采用双向保护技巧，就算总体产生亏损，也不会亏损很多，所以这个操作模型还是值得研究的。

在操作中，我们一定要注意，下跌或者上涨一定要快速、突然，而且对于各种不同品种的关联交易，双向开仓时还要考虑开仓手数的配比，合理的配比也是获利的关键。其他方面，为了提升、增强操作的准确度和实用性，我们还要结合力度、角度、热点、跟风等其他分时操作要点，形成完整的交易模型。

虽然双向保护获利方法相对于跟随和逆向操作，获利的幅度和资金利用率会降低，但是这种操作方法更为稳健，这就是其优点。

好了，今天我们先交流到这里，后期咱们再继续学习。

网友：好的，谢谢老师。

网友蓝天的笔记

关联品种双向保护获利技巧能够提升获利幅度的稳定程度，这样操作不仅可以获利，而且风险极小，但是其获利幅度会降低。

关联品种双向保护获利技巧的操作要点如下。

（1）两个关联品种的近期走势关联度较高。

（2）其中一个品种出现快速上涨或下跌，上涨或下跌的幅度一定要大，并且是突然启动。

（3）当一个品种的涨跌即将达到极限，另一个品种还没有启动的时候，对上涨或下跌幅度较大的品种反向开仓，对没有启动的品种跟随先启动品种的启动方向开仓。

（4）无论后期是否涨跌，在两个品种的走势形成价值回归的时候，进行平仓。

进行这方面的操作时，一定要注意两个品种的配比要合理，这样才能实现利润最大化，且资金安全度最高。

第五节
关联品种分时盲点获利综述

老纪：关联品种分时盲点获利的方法比较多，近期我们主要研究讨论的是如何建立期货交易中的逆思维。基于这一话题，引出了分时盲点获利，围绕主题，我们介绍了几种最容易理解、最为简单的交易方法，后期有机会，我们再针对这一主题进行更加深入的讨论研究。

网友：首先，我想说的是，虽然这只是其中的一小部分，但是我觉得对我的交易思路有很大的帮助，这些内容真的不错。

其次，我觉得有些可惜，迫不及待地想更深入地了解和学习。

不过，我还是觉得挺好的。

老纪：不要求多，要学习一个，掌握一个，理解透彻一个。

关联品种分时盲点获利的方法，看上去很简单，但是一定要严格约束条件，否则很容易出现操作变形。

首先，两个关联品种近期走势关联度较高。任何关联品种都有波动相对不关联的时候，只有在高度关联的走势形成的时候，其关联分析才是有效的。

其次，其中一个品种出现快速上涨或下跌，上涨或下跌的幅度一定要大，并且是突然启动。突然启动才会给另一个跟随品种滞后的反应机会，我们所进行的关联交易分析其实是在这种滞后与跟随、滞后与回归之间寻找盈利机会的。

第六章
关联品种分时盲点获利法

在运用不同方法的时候，交易者还需要把握其中的要点。如果能精准地分析出波动的极限，或者判断好突破与假突破，将会让操作更加容易。这些内容，我们在以前或者以后的讨论中都已或都将涉及，大家要结合起来使用。

对于双向保护的获利操作，更是要注意两个品种的配比要合理，这样才能实现利润最大化，且资金安全度最高。

网友：这些还真是重中之重，哪一条都需要记住并严格遵守。

老纪：大家在实盘操作中发现了几个问题，需要注意。最为突出的一个是上涨是否同步的问题。

如图6-28和图6-29所示，PTA和聚乙烯两个品种在我们画框的位置都形成了上涨，区别是一个上涨速度快、角度大，另一个上涨速度慢、角度小，这种走势也属于同步且共振的走势。我们要求两个品种走势同步，不是说一定要完全一样地涨跌，而是保持相对同步就可以了。

没有完全相同的走势，只要是一个在涨，另一个也在涨，一个处于下跌趋势，另一个也处于下跌趋势就是对的。至于上涨多少，下跌多少，幅度如何，跟是否同步没关系，完全一样是不可能的。

网友：这种走势一个涨得多、幅度大，另一个涨得少、幅度小，相互一比较，很容易让不熟悉操作方法的交易者认为两个走势不一样，符合关联品种分时盲点获利操作方法。

老纪：我们甚至可以说，这两个品种当前的走势是同步的，是没有操作机会的。不同步，出现操作机会时，一定是一个快速上涨，并且形成了较大幅度的快速上涨，另一个原地踏步。这才是我们要追求和把握的机会。

网友：是的。不注意这点的话，还真容易判断错误。

老纪：第二种大家比较容易犯的错误是没有把我们反复强调的突然启动考虑进来。

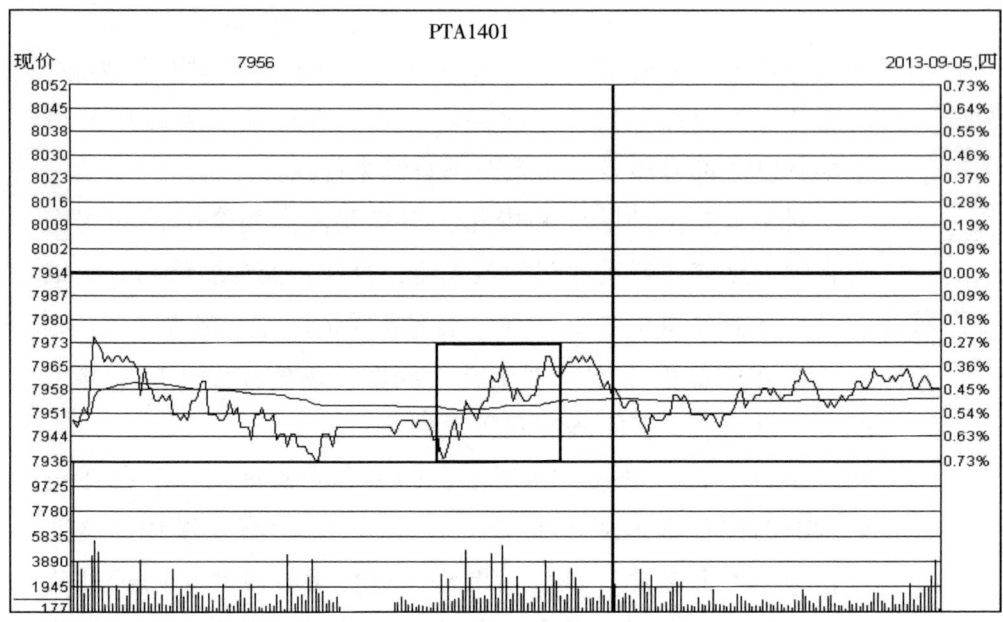

图 6-28

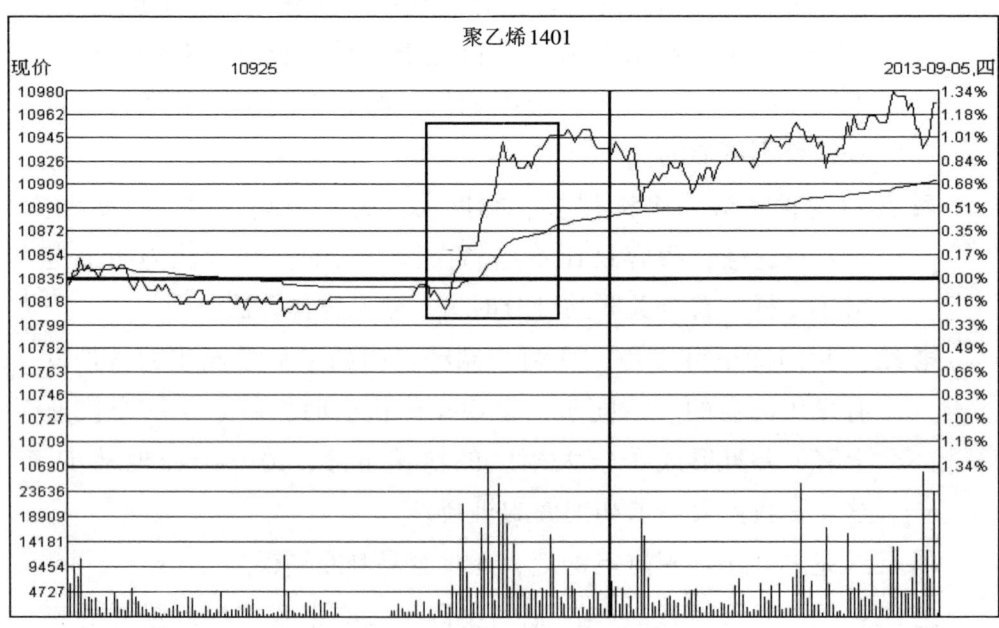

图 6-29

第六章
关联品种分时盲点获利法

　　如图 6-30 和图 6-31 所示的两个品种的比较，虽然一个上涨了，另外一个原地踏步，但是上涨得非常缓慢，不能对关联品种产生明显的刺激作用。

　　我们追求的是急涨急跌的突然爆发所带来的对另一个品种的刺激和带动，缓涨缓跌的力量会被市场所消化，也就等于没有形成集中的合力，其效果没有急涨急跌所产生的效果好。

网友：好的，我记下了，这点也是很重要的。

老纪：任何一种操作方法都不是独立的，包括当前我们所说的这种关联品种分时盲点获利的方法。本次交流的几节内容还比较容易理解，扩展到后面更深层次的内容时，我们便会发现，操作方法必须要建立在更多的操作分析上，且条件更苛刻。

　　分时盲点获利是一种基础的框架方法，我们需要进行其他技术分析来辅助操作。

　　比如说，在当前的几节内容中，我们也可以把技术形态的突破与不突破的分析方法融入进来，并结合交易量的变化来判断高低点和波动方向，这些都是需要我们在掌握了更多的操作方法后融会贯通使用的。

网友：看来我还要继续深入学习，扩大知识面，争取把老师教授的知识都学到手。

老纪：是的。一定要坚持下去，多学、多想、多总结思考，这样做之后我相信获利对于你来说不是什么难题。

网友：谢谢老师的鼓励，我很有信心。

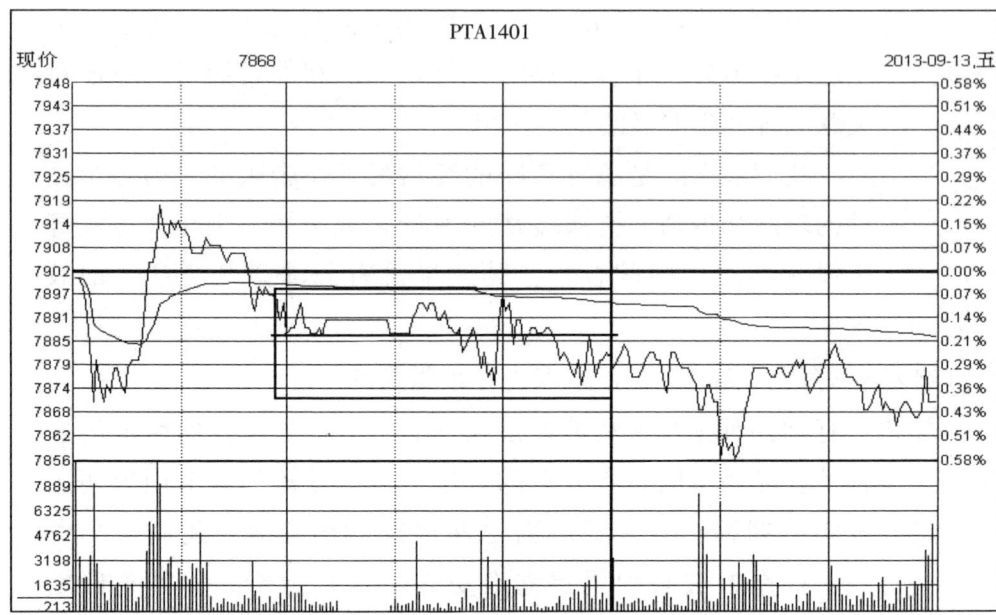

图 6-30

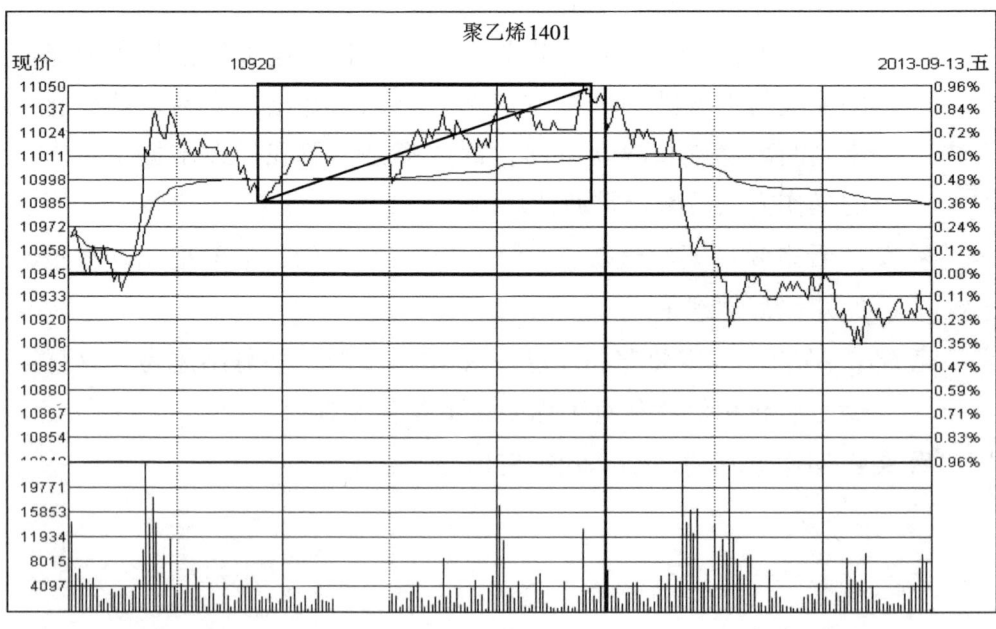

图 6-31

第六章
关联品种分时盲点获利法

网友蓝天的笔记

关联品种分时盲点获利的方法，看上去很简单，但是一定要严格约束条件，否则很容易出现操作变形。

首先，两个关联品种近期走势关联度较高。任何关联品种都有波动相对不关联的时候，只有在高度关联的走势形成的时候，其关联分析才是有效的。

其次，其中一个品种出现快速上涨或下跌，上涨或下跌的幅度一定要大，并且是突然启动。

对于双向保护的获利操作，更是要注意两个品种的配比要合理，这样才能实现利润最大化，且资金安全度最高。

第一种比较容易犯的错误是，关联品种中，一个上涨速度快、角度大，另一个上涨速度慢、角度小，这种走势也属于同步且共振的走势。我们要求两个品种走势同步，不是说一定要完全一样地涨跌，而是保持相对同步就可以了。至于上涨多少，下跌多少，幅度如何，跟是否同步没关系，完全一样是不可能的。

第二种比较容易犯的错误是没有把我们反复强调的突然启动考虑进来。

分时盲点获利是一种基础的框架方法，我们需要进行其他技术分析来辅助操作。任何一种操作方法都不是独立的，我们可以把技术形态的突破与不突破的分析方法融入当前的分析模式中来，结合交易量的变化，来判断高低点和波动方向，这些都是需要我们在掌握了更多的操作方法后融会贯通使用的。

基于逆思维的培养，本章介绍了关联品种分时盲点获利的交易模式。由于篇幅所限，书中仅抛出了小部分交易模型的框架，在实盘操作中还有很多细节需要考虑。我们先理解其含义，暂时不必模仿，后期我们将找机会详细讲解。

附 录
短线交易成功的秘密是什么？

老纪：交易者要想做好短线投机，必须要有良好的交易品质。有些良好的交易品质是与生俱来的，有些良好的交易品质是需要后天培养的。你适合进行短线交易吗？你能够胜任短线交易吗？下面的内容摘录自"短线快枪手"丛书，虽然其以股票交易为背景，但是其中的交易理念、技巧方法以及操作思路与期货是相通的。该丛书对如何强化训练，成为短线交易高手进行了详细讲解，本次摘录其中关于正确认识短线交易方面的内容，希望对大家有所帮助。

短线交易成功的秘密是什么？

胜多败少，小亏大盈，持续增值！

以上十二个字就是短线交易成功的秘密。

道理很多投资者都明白，但是在真正的交易中，有多少投资者能够接受亏损呢？

在笔者身边有很多这样的投资者：和他们一起交易的时候，买入股票后股价只要一下跌，他们就开始着急；买入的股票只要出现亏损，他们就认为总结的方法有问题；买入股票后盈利时，着急卖出手中的筹码，亏损后舍不得止损，坚定地拿着筹码不撒手。

其实，短线交易实现整体胜利的关键不是技术的高低，而是策略是不是够完善、够科学。不是买入的股票质地有多么好,而是能够正确地应对股价的涨跌波动。

我们知道,一只质地优良的股票的长期走势是持续向上的,但是对于短期的波动,谁也不敢保证其是稳定向上的。

本来盘面已经向好,资金也准备入场买入,但是突然大盘受到利空消息的刺激开始狂跌,个股跟着快速下跌,这种短线的不确定性是谁也不能掌控的。

那么,要想实现短线成功获利,投资者就必须要运用良好的交易策略。成熟的交易策略才是短线交易成功的密码,而掌握并正确使用这个密码的投资者少之又少。

胜多败少!

不难理解,只要你在交易中的成功次数远远大于失败次数,总体累加起来就是成功的。

股票交易不同于其他,在考虑手续费后,如果交易成功的比例为51%,而失败的比例为49%,那么从概率上来讲,总体上是可以实现持续盈利的。

交易100次,只要能够保持盈利1元钱,那么交易1000次就会盈利10元钱,交易10000次就会盈利100元钱……长此以往,投资者就可以实现持续盈利,况且我们追求的盈利远远不止1元钱。

这就是短线交易胜多败少可以实现持续盈利的道理。虽然简单,但是一个众所周知却难以遵从和执行的真理。

小亏大盈!

与胜多败少相比,小亏大盈更加重要。

投资者如果能够做到小亏大盈,可以淡化对胜多败少的操作追求。试想,如果我们操作10次,每次操作失败造成账户亏损2%，而每次操作正确盈利10%，这样，仅有的几次成功操作，完全可以抵消掉失败造成的亏损，从而实现盈利。

这个账我想大家都能够算明白。

让错误操作造成的亏损降低，成功操作产生的盈利增加的办法是什么？

止损保护！止损保护可以将我们账户的亏损控制在有限范围内，我们也可以采用止损跟随的方法，让盈利幅度尽可能地扩大。

在发现形势不好的时候，我们可以止损卖出；在股价走势与我们的预期不同的时候，我们可以止损卖出；甚至在我们对后期股价的波动方向看不懂的时候，也可以止损卖出。

不要舍不得止损，小幅止损不会造成账户太大的损失，而我强调的出手必赢的方法，就是选择一个比较合适的位置卖出股票，在盘中实现平盘出局、小利出局的机会非常多。

要用小的亏损来保证实现较大的盈利。

持续增值！

在股票市场上做短线不可能百战百胜，我们所追求的只是一种大概率的盈利模式。

在股票价格的上涨概率比下跌概率大的时候，我们可以进行买入等待上涨的操作，所追求的是大概率事件的发生。

亏损和盈利是短线操作的重要元素。在我们正确地掌控了亏损的幅度，有效地扩大了盈利的幅度的时候，我们的账户就能实现持续增值了。

要树立正确的思维：亏损也是短线操作中实现盈利的一部分。没有亏损，就没有成功的短线操作；不能正确认识亏损，就没有机会接受盈利。

短线操作追求的是在亏损和盈利中间找到一个让账户持

续增值的平衡点，让这个平衡点不断地向盈利的方向靠拢，这就是我们的账户实现持续增值的秘密。

短线交易成功的秘密是一个众所周知的秘密，是一个公开的秘密，关键要看广大短线交易爱好者能不能严格按照这个公开的秘密来科学地制订操作策略并严格执行下去。

买入时的有利条件消失就离场！

本丛书主要针对的是1~5个交易日的持股交易方法，所以"买入时的有利条件消失就离场"这条法则与以上三条同等重要。

短线交易要求我们具有快速决策和反应能力。当我们看好一只股票买进的时候，所期望的是它会按照自己的预期上涨。

股价没有按照预期走，说明我们当初的分析判断出现了错误。这种错误所带来的偏差需要我们在最短的时间内进行补救，最有效的手段就是离场。

当然，我们这里所强调的偏差指的是不利因素增多造成的偏差，有利因素增多时，就需要我们坚定持股的信心。

当股价的攻击性消失，我们可以考虑选择合适的机会离场。当股价的量能出现不在我们预期中的估量时，我们要考虑寻找机会离场。只要出现不利因素增多的情况，我们就可以选择离场。

1~5个交易日的持股操作，其离场点与买入点之间的持股时间较短。只要在买入的时候准确把握分时，运用的操作方法和使用的技巧得当，把握好离场时机，较少的手续费不会为我们的操作带来压力。

在纠错过程中，平盘离场也是一种胜利。

后 记

众网友：有幸参与学习笔记的整理工作，非常高兴。通过对学习笔记的整理，我们再次复习了逆思维的相关知识，感受到了逆思维的交易魅力。

在前期的学习交流中，老师语重心长、耐心讲解；在后期的学习资料整理中，老师不辞辛苦地阅稿、修改。其实，书中的内容基本上都是老师在与大家交流时自己打字、做图的成果，我们只是进行了复制、粘贴及汇总整理后的校对与调整。形成系统的学习资料，几位老师功不可没。

真心地感谢各位老师！

由于水平有限，如有不完整或笔误的地方，请大家原谅。希望广大读者朋友们加入我们这个大家庭，共同学习、讨论，一起提高交易水平。